SAUTER
VERLAG FÜR
SYSTEMISCHE
KONZEPTE

Kind

CHRISTIANE SAUTTER

Meine Kindheit mein Trauma meine Ehe und ich

Verlag für Systemische Konzepte

Die deutsche Bibliothek verzeichnet diese Publikation in der Deutschen Nationalbibliographie.

Christiane Sautter, **Meine Kindheit, mein Trauma, meine Ehe und ich**
ein systemischer Psychothriller

1. Auflage 2010, unter dem Titel „Treibgut meiner Seele,
　　　　　　　Protokoll einer Spurensuche"
2. Auflage 2016 im Paperback

© 2010 by Verlag für Systemische Konzepte, Ravensburg
Alle Rechte vorbehalten, auch der auszugsweisen Wiedergabe in Print- oder elektronischen Medien

Lektorat: Susanne Schefczyk
Umschlaggestaltung: Martin Burger
Foto: Sabine Kunzer
Satz: Verlag für Systemische Konzepte
Druck: CPI, Ulm

Alle Ähnlichkeit mit Personen oder Institutionen sind zufällig.

ISBN 978-3-943239-07-2

Für Alexander

Treibgut meiner Seele
im Meer versunkener Erinnerungen,
an den Strand gespült
vom Sturm erkalteter Gefühle, enttäuschter Hoffnung,
stellt mich vor die bange Fragen:
Was bleibt von mir?
Was geht verloren?

Was in mir muss sterben,
damit ich fähig werde,
meine Liebe zu entdecken,
die, versteckt im Seetang alten Leids,
nur darauf wartet, dass ich wage,
endlich die zu werden,
die ich wirklich bin?
Spricht etwas dagegen?

Maria Hundhausen

Inhalt

Teil I
Trennung
13

Teil II
Klärung
73

Teil III
Heilung
171

Teil IV
Verwirrung
267

Teil V
Lösung
289

Nachwort
316

Teil I
Trennung

1 Diese Geschichte ist die reine Wahrheit. Ich verbürge mich dafür, denn ich habe erlebt, was ich in diesem Buch beschreibe. Zuerst einmal möchte ich mich vorstellen, damit Sie wissen, mit wem Sie es zu tun haben: Ich heiße Maria Hundhausen, bin fünfzig Jahre alt und stehe mit beiden Beinen fest auf dem Boden wissenschaftlicher Tatsachen. Studiert habe ich Betriebswirtschaft, ergänzt durch einige Semester Kybernetik. Vor zehn Jahren gründete ich eine Firma für Systemanalyse, mit der ich auf Anhieb Erfolg hatte. Meine Kunden sind Unternehmer, in deren Betrieben Störungen auftreten. Ich finde die Fehler und biete Lösungen an.

Mein Mann Thomas ist Informatiker, und als er vor fünf Jahren arbeitslos wurde, stellte ich ihn ein. Ich bitte Sie, hätten Sie das in meiner Lage nicht auch getan? In seinem Alter – Thomas ist so alt wie ich – hätte er auf dem freien Markt schwerlich einen ähnlich gut bezahlten Job gefunden, obwohl er geniale Programme schreibt. Thomas und ich, wir teilten also unser Privat- und unser Arbeitsleben.

Ich kann nicht genau sagen, wann die Probleme aus der Firma in unser Privatleben schwappten. Wenn ich es mir recht überlege, dann begann es wahrscheinlich vor etwa zwei Jahren, als es mir gelungen war, den Großkunden zu gewinnen. Dieses Ereignis, für das ich hart gearbeitet hatte, feierten wir mit Champagner. Der Arbeitsaufwand erhöhte sich natürlich, aber die Einnahmen stiegen ebenfalls. Wir konnten uns eine Haushälterin leisten!

Damals begannen wir, die geschäftlichen Probleme mit nach Hause zu nehmen. Stundenlang diskutierten wir abends die Entscheidungen, die die Firma betrafen, und wenn Thomas anderer Meinung war, setzte ich mich auch gegen seinen Willen durch. Immerhin war es mein Laden! Doch das gab schlechte Stimmung und bewirkte, dass wir immer liebloser miteinander umgingen.

Auf die zunehmende Kälte reagierten wir unterschiedlich: Wenn mir alles zu viel wurde, ging ich in die Luft. Dies geschah immer öfter, denn ich stand enorm unter Druck. Außerdem bin ich ein temperamentvoller Mensch und habe keine Schwierigkeiten, meine Gefühle auszudrücken. Das wird Ihnen im Laufe der Geschichte sowieso auffallen. Deshalb kann ich es ruhig gleich zugeben.

Thomas ist eher der ruhige Typ. Er platzte nicht, er entfernte sich innerlich von mir. Das tat er wie viele Männer in meiner Bekanntschaft, indem er seine Freizeit vermehrt ohne mich verbrachte. Er übernahm zusätzliche Aufgaben im Tennisclub und verbrachte jede Woche einige Abende damit, Turniere für den Nachwuchs zu organisieren und Freundschaftsspiele mit dem italienischen Partnerclub zu planen. Dass er immer öfter auch an den Wochenenden trainierte, begründete er damit, dass er jetzt in der Mannschaft spielte.

So lebten wir uns auseinander: Wir zogen nicht nur nicht mehr an einem Strang, wir zogen in entgegengesetzte Richtungen. Dies taten wir nicht offen – wir sprachen nicht darüber –, sondern es geschah einfach: Wir konnten unser Zusammensein nicht mehr genießen, wir lachten immer weniger miteinander, die Gesprächsthemen gingen uns aus und Sex wurde zu einem seltenen Vergnügen. Stattdessen wurden wir immer unzufriedener, bewältigten unsere Pflichten und gingen uns im Privatleben mehr oder weniger aus dem Weg.

Ich war dennoch nicht unglücklich. Meine Arbeit erfüllte mich, und wenn mich ein zufriedener Kunde zum Essen einlud, bekam ich die Bestätigung, die ich in meiner Ehe nicht mehr fand. Da es viele befreundete Paare gab, bei denen es ganz ähnlich lief, hielt ich diesen Zustand für normal, normal für eine so lange Beziehung: Immerhin waren wir seit zwanzig Jahren verheiratet! Ich frage Sie: Ist es nicht völlig normal, dass es in einer langen Beziehung Höhen und Tiefen gibt? Wie hätte ich merken sollen, dass Thomas auf dem Absprung war?

Wenn ich ganz ehrlich bin, muss ich allerdings zugeben, dass in den letzten Jahren die Tiefen eindeutig überwogen. Es gab kaum noch Zeit, in der Thomas und ich uns als Geliebter und Geliebte begegneten. Doch in welcher langen Beziehung prahlen die Leute ausgerechnet mit ihrem spannenden Sexualleben?

Der Trennungswunsch von Thomas traf mich deshalb völlig unvorbereitet und ich brach zusammen. Das ist, wie Ihnen jeder bestätigen wird, der mich kennt, völlig untypisch für mich: Meine Freunde kennen mich als eine Frau, die Krisen löst. Und plötzlich befand ich mich in einer Lage, in der ich unterzugehen drohte, in der ich tatsächlich ernsthaft plante, meinem Leben ein Ende zu setzen. Wie ich heute weiß, haben heftige emotionale Reaktionen in der Gegenwart häufig ihre Wurzeln in der Vergangenheit. Wie ferngesteuert verstricken wir uns in Gefühlen, die zu einer völlig anderen Zeit gehören. Und wenn wir uns nicht um die tatsächlichen Ursachen kümmern, bleiben wir chancenlos.

Ich stürzte also ab. Und weil ich, obwohl ich das zeitweise völlig anders fühlte, doch noch nicht bereit war zu sterben, unterzog ich mich einem schmerzhaften Prozess, der gnadenlose Ehrlichkeit mir selbst gegenüber erforderte: Es ist ja so viel leichter, die Schuld beim anderen zu finden als die

Verantwortung für eigene Fehlleistungen zu übernehmen. Wie leicht war es mir stattdessen gefallen, meinen Mann für meine Wut und meine mangelnde Achtung ihm gegenüber verantwortlich zu machen! Doch ich greife vor. Sehen Sie mir das bitte nach, denn ich weiß natürlich, wie die Geschichte ausgeht. Ich beginne also mit dem Tag, an dem alles anfing.

2   „Ich kann mir ein weiteres Zusammenleben mit dir als Mann und Frau nicht mehr vorstellen. Ich will mich von dir trennen!"
Die Zeit stand still. Das Bild fror ein. Pause …

Ich starrte meinen Mann entgeistert an und konnte nicht glauben, was meine Ohren hörten. Wir saßen noch am Frühstückstisch, hatten endlich mal wieder ein freies Wochenende. Grade hatte ich den letzten Schluck Kaffee aus der Glaskanne in unsere Tassen gegossen. Die Teller waren voller Krümel, brauner Krümel – der Toast war knusprig kross – die ausgekratzten Eierschalen steckten gelbverschmiert in den chromfarbenen Eierbechern.

Beruhige dich, Maria, redete ich mir zu, langsam, immer mit der Ruhe. Das meint er nicht ernst, das kann er gar nicht ernst meinen; das ist eine Überreaktion. Thomas ist im letzten Sommer fünfzig Jahre alt geworden. Nannte man das nicht Midlifecrisis?

„Du bist überarbeitet. Das verstehe ich. Weißt du was? Wir machen Urlaub! Das haben wir uns wirklich verdient." Meine Stimme klang freundlich besorgt. Ich griff nach seiner Hand. Er zog die Hand zurück.

„Ich glaube, du hast mich nicht verstanden! Oder willst

du mich nicht verstehen?" Thomas Stimme klang ärgerlich, seine Miene war steinern, abweisend. Er fuhr sich durch das kurzgeschnittene Haar. Das machte er immer, wenn Gespräche schwierig wurden.

„Thomas", begann ich, „du musst das Kind nicht mit dem Bade ausschütten. Lass uns…" Weiter kam ich nicht. Er fiel mir ins Wort.

„Hör auf, Maria! Du weißt, dass ich es hasse, wenn du mit mir redest, als hätte ich nicht alle Tassen im Schrank. Ich bin kein kleines Kind und ich weiß, was ich gesagt habe! Ich will mich von dir trennen. Unsere Partnerschaft ist beendet!"

„Wenn du nicht willst, dass ich dich wie ein kleines Kind behandle, dann hör auf, dich so zu benehmen. Du sitzt hier am Frühstückstisch und erklärst unsere Ehe für beendet? Das kann doch nicht dein Ernst sein?"

„Was mein Ernst ist, das bestimme immer noch ich!" Seine Stimme klang ruhig und kalt. Er spricht mit mir wie mit einem lästigen Kunden, dachte ich entsetzt. „Meinst du das wirklich ernst? Das kann doch nicht wahr sein!" Meine Gedanken überschlugen sich. Mein Mann wollte sich wirklich von mir trennen?

Langsam sickerte der Sinn seiner Worte in mich hinein. Ein eiskalter Klumpen formte sich in meinem Magen; mein Herz begann zu rasen. Das Blut dröhnte so laut in meinen Ohren, dass ich Mühe hatte, Thomas Stimme zu verstehen.

„Ich meine es ernst, wirklich ernst, Maria! Kapierst du das endlich?"

„Ob ich das kapiere? Nein, das kapiere ich sicher nicht! Was ist mit dem Haus? Was ist mit der Firma?"

„Das ist mir egal", antwortete mein Mann, „ich will nicht mehr."

Er wollte nicht mehr? Es war ihm egal? Ich war ihm egal? Ich zog meinen letzten Trumpf.

„Wie kannst du mir das antun, nach allem, was ich für dich getan habe? Ich hab dir einen Job gegeben, als du arbeitslos wurdest. Das Haus, der Luxus, all das hast du nur, weil ich es dir ermöglichte!"

„Ich habe kein Interesse mehr an all dem Pomp!" Thomas strich sich durchs Haar. „Du kannst alles haben. Ich will nicht mehr!"

„Das sagst du jetzt. Wie willst du leben? Du bist in einer Krise, Thomas. Du brauchst Hilfe. Wir brauchen Hilfe. Lass uns zu Therapeuten gehen!" Er funkelte mich nur abweisend an.

„Hör endlich auf, mich zu erklären; ich ertrage es nicht mehr. Ich habe überhaupt kein Gefühl mehr für dich. Akzeptiere das!" Er hatte kein Gefühl mehr für mich. Er liebte mich nicht mehr. Das konnte nur einen Grund haben: Eine andere Frau! Ich wurde ausgetauscht gegen eine Jüngere mit größerem Busen, strafferen Schenkeln und knackigem Po!

„Du hast eine Andere!", stellte ich fest.

„Nein! Es gibt keine andere Frau." Ich sah ihn an. Thomas hatte mich noch nie belogen. Er erwiderte meinen Blick. Ich entschloss mich, ihm zu glauben. Dann gab es vielleicht doch noch Hoffnung?

„Wenn es keine andere Frau gibt, dann lass uns an unserer Beziehung arbeiten. Bitte!" Meine Stimme hatte einen flehenden Unterton. „Bitte, lass es wenigstens offen! Gib unserer Ehe noch eine Chance." Thomas schob den Stuhl zurück und stand auf.

„Hör auf, Maria. Ich habe meine Entscheidung getroffen! Ich glaube nicht mehr an unsere Beziehung. Die letzten beiden Jahre waren der blanke Horror für mich! Du hast mir nicht den Eindruck vermittelt, dass du mich noch liebst, geschweige denn mich begehrst. Wann hatten wir das letzte Mal Sex? In deinem Leben kommt zuerst die Firma, dann kommen die Kunden und dann komme vielleicht ich. Das reicht mir nicht. Dafür ist das Leben zu kurz."

„Warum hast du mir nicht gesagt wie es dir geht? Warum…" Die Fragen blieben mir im Halse stecken. Thomas Blick wurde weicher.

„Du bist doch auch nicht glücklich in unserer Ehe, Maria. Ich habe das Gefühl, du brauchst einen ganz anderen Mann, einen, der dir all das bietet, was ich dir nicht bieten kann."

„Ich will aber keinen anderen Mann." Ich stand auf und ging mit offenen Armen auf ihn zu. Langsam wich er vor mir zurück. Das reichte! Ich verlor die Fassung, rannte schluchzend ins Schlafzimmer, knallte die Tür hinter mir zu, drehte den Schlüssel im Schloss und warf mich auf mein Bett. Die Haustür fiel zu. Ich hörte, wie sein Auto wegfuhr. Thomas hatte mich tatsächlich verlassen. Zerbrach meine Welt?

Später rief ich im Büro an, meldete mich krank und ließ alle Termine stornieren. Der Tag verging schleppend. Ich schaltete den Fernseher ein, realisierte, dass ich nichts von dem mitkriegte, was da über die Mattscheibe flimmerte, und schaltete den Apparat wieder aus. Ich griff nach einem Buch und legte es wieder weg, starrte aus dem Fenster in meinen Garten, sah die Obstbäume, die der Gärtner zurückgeschnitten hatte, die struppigen, kahlen Ästchen der Sträucher, den fahlgrünen Rasen, der – wie die Blumen – auf wärmeres Wetter, auf den Frühling wartete. Ein leichter Nieselregen fiel aus tiefliegenden Wolken, die die Sicht auf das hügelige Land, auf die fernen Berggipfel verdeckten.

Ich kann nichts mehr sehen, dachte ich. Das, was sonst sichtbar war, ist jetzt von trüben Wolken verdeckt. An Tagen wie heute wird die Sonne, wird ihr helles, strahlendes Licht zu einer fernen Erinnerung, zu einer Erinnerung an etwas, das unwiderruflich vorbei ist und nie wieder kommen wird.

Mir kam der Gedanke, mich zu betrinken, doch Alkohol bekommt mir nicht; der Katzenjammer danach wäre sicher wenig hilfreich, doch die Sehnsucht, die Realität einfach auszuschalten, wurde immer stärker. Ich ging ins Badezimmer und öffnete den Schrank, in dem die Medikamente standen, nahm Schachteln und Fläschchen heraus, suchte und fand endlich die Pillen, die mir der Arzt gegen die Schlaflosigkeit nach Langstreckenflügen verschrieben hatte. Ich nahm ein Glas aus dem Schrank, drehte den Wasserhahn auf, ließ das kalte Wasser fließen. Dabei fiel mein Blick in den Spiegel. Ich sah mich, mein verweintes Gesicht, die Haare, die verschwitzt und strähnig am Schädel kleben, das ausgewaschene T-Shirt. Keine Frage: Es ging mir richtig schlecht.

Die Pille im Mund, trank ich etwas Wasser und spülte sie hinunter. Trotzdem konnte ich nicht schlafen; die Realität blieb mir. Ich lag verschwitzt in meinem Bett, wälzte mich von einer Seite auf die andere und hielt wüste Monologe, die alle gleich endeten: Er war schuld! Es war ganz allein seine Schuld!

3 Der nächste Morgen setzte den Albtraum fort. Ich fühlte mich wie gerädert. Immer noch fiel der Regen, trommelte seinen monotonen Rhythmus auf die Fensterbänke, an die Fensterscheiben. Kein Vogel sang. Dafür heulte der Wind sein Klagelied. Scheißwetter! Scheißtag! Scheißleben! Um sechs Uhr gab ich auf und machte mich auf den Weg zur Kaffeemaschine. Aus dem Wohnzimmer drang leises Schnarchen. Thomas war also zurückgekommen, lag im Wohnzimmer auf dem Sofa und pennte! Während ich litt wie ein Schwein schlief dieser Scheißkerl den Schlaf des Gerechten! Meine Wut explodierte mit der Wucht eines defekten Drucktopfventils. Ich riss die Tür auf und brüllte: „Ich muss mit dir reden, jetzt sofort." Thomas schreckte hoch.

„Jetzt sofort?"

„Hast du keine Ohren im Kopf?" Thomas stand seufzend auf, fegte mit einer Handbewegung seine Kleidung vom Sessel auf den Boden und setzte sich. Er fuhr sich mit der Hand durchs Haar und schaute mich an. Verschlafen sah er aus, zerknittert, das Haar stand in Büscheln ab vom Kopf.

„Muss das sein, Maria? Müssen wir so miteinander umgehen?" Wie ging der Mistkerl mit mir um? Meine Wut loderte. Ich hätte auf ihn losgehen und mit meinen Fingernägeln seine glatte Fassade vom Gesicht kratzen können! Thomas saß einfach da, ließ alles über sich ergehen, bis ich mich heiser gebrüllt hatte. Er sagte kein Wort, ließ mich auflaufen, wie so oft, wenn ich versuchte, seine stahlharte Rüstung zu durchdringen. Ohnmächtig stand ich vor seinem steinernen Gesicht, ohnmächtig vor seinem Schweigen. Er schaute mich an und sagte:

„Solche Gespräche führe ich nicht mehr. Du tust mir überhaupt nicht gut!" Na super, Maria, brüllte es jetzt in mir. Jetzt hast du deine letzte Chance vertan. Messer im Herzen, Messer in meiner Seele. Dann nur noch Leere, die sich zu Druck verdichtete, so unerträglich, so quälend, bis ich platzte.

„Du machst alles kaputt!", schrie ich, und obwohl das meiner momentanen Stimmung entsprach, half es doch nicht weiter. Nichts half! Ich drohte, ich schrie, ich wütete: „Ich mach dich fertig! Ich nehm mir den besten Anwalt, den ich kriegen kann und mach dich fertig!" Er stand auf. Mit steinernem Gesicht stand er vor mir. Glatte, harte Wand: Gefühle prallten ab. Worte prallten ab. Ich prallte ab und wirbelte in einem Ozean aus Schmerz, Wut und Verwirrung. Er ging an mir vorbei ins Bad. Ich hörte die Dusche, bald das Klicken der Haustür und den startenden Motor.

Thomas war gegangen.

Das Telefon klingelte. Rief er an? Tat es ihm vielleicht leid? Ich wühlte hektisch nach meinem Handy.

„Ich wollte nur hören, ob es Ihnen wieder besser geht", sagte meine Sekretärin. Die Enttäuschung schwappte wie ein Eimer eiskaltes Wasser über meine Hoffnung. „Ist alles in Ordnung bei Ihnen, Frau Hundhausen?"

„Nein, ich hab Migräne. Es geht mir miserabel." „Werden Sie morgen trotzdem nach Hamburg fliegen?" Nach Hamburg? Das hatte ich total vergessen! Übermorgen früh hatte ich einen wichtigen Termin mit meinem Großkunden, den ich auf keinen Fall verpassen durfte. Wenn ich den Auftrag nicht schrieb, ging mir die Arbeit von mehreren Monaten verloren. „Morgen bin ich wieder fit. Ich werde auf jeden Fall fliegen!", sagte ich und versuchte, zuversichtlich zu klingen.

„Dann ist es ja gut!", antwortete meine Sekretärin und legte auf. Ich sank auf den Sessel, neben mir auf dem Boden lagen Thomas Sachen: Sie stanken nach Rauch, nach Kneipe. Ich durchsuchte die Taschen seines Jacketts, die Hosentaschen, die Hemdtaschen: Nichts! Ich fand weder eine Restaurantrechnung für zwei Personen, noch das berühmte blonde Haar am Revers. Die eiserne Faust drückte immer noch in meinen Magen.

Ich konnte nichts essen, trank Unmengen Kaffee, irrte durch das Haus, das zwanzig lange Jahre mein Zuhause war. Wie fremd es sich plötzlich anfühlte! Waren das wirklich meine Möbel, meine Bilder an den Wänden, meine Teppiche auf den Böden? Alles aus, alles vorbei! Ich war frustriert, wütend, leer. Er zwang mich tatsächlich, nochmal von vorne anzufangen. Mit fünfzig Jahren! Dabei wollte ich weniger arbeiten, nur noch die gutbezahlten Aufträge annehmen, den gemeinsamen Lebensabend vorbereiten, uns beiden eine gute Basis geben. Waren das alles Fehlplanungen?

Ich starrte hinaus in den Garten, auf die blassen, fahlen Winterfarben. In den Regen hatten sich weiße Flocken gemischt, und das Weiß begann sich durchzusetzen. Schon bilden sich die ersten Schneeflecken auf dem Gras. Den Frühling werd ich hier nicht mehr erleben, schoss es mir durch den Kopf, denn eines stand fest: Ich würde weggehen! Ich würde sicher nicht in diesem Haus bleiben; das würde ich nicht ertragen. Zu viel erinnerte mich an Thomas, an unser gemeinsames Leben. Ich würde in eine andere Stadt ziehen und nie wieder kommen! Nie!

Selbstmitleid überwältigte mich. Ich rollte mich im Sessel zusammen und schluchzte. Warum geschah mir das? Warum geschah alles immer mir? Ich fühlte mich als Opfer, ohnmächtig, ausgenützt, missbraucht. Ich holte mir zwei von den Schlafpillen und spülte sie mit einem Glas Whiskey hinunter. Auf dem Beipackzettel stand, dass Alkohol die Wirkung der Tabletten veränderte. Ich hoffte, er verstärkte sie, kippte gleich noch ein Glas hinterher und versank auf dem Sofa in gnädigem Dunkel.

Quälender Durst und Kopfschmerzen weckten mich. Die Uhr zeigte drei, drei Uhr morgens. So ein Mist! Ich tappte in die Küche, trank Wasser, nahm aber nur eine Kopfschmerztablette. Ich durfte den Flug morgen nicht verpassen! Keine Schlafpille mehr! So lag ich wach, wälzte mich, quälte mich, weinte, monologisierte.

4 Tag drei des Alptraums. Aus dem Schlafzimmer klang leises Schnarchen; das Sofa hatte ja ich belegt. Ich wankte ins Badezimmer, ließ heißes Wasser in die Wanne fließen, gab ein duftendes Salz hinein, holte mir in der Küche einen Kaffee und stellte ihn neben die Wanne. Langsam ließ ich mich in das warme Wasser gleiten. Der starke Kaffee tat seine Wirkung: Es ging mir besser. Ich kleidete mich sorgfältig, schminkte mich leicht, wählte wasserfestes Mascara. Thomas saß schon am Frühstückstisch.

„Fliegst du?"

„Ja, natürlich! Ich lass mir doch die Arbeit von Monaten nicht durch die Lappen gehen!"

„Ich bring dich zum Flughafen, wenn du das möchtest." Ich schaute meinen Mann an. Er trug den anthrazitfarbenen seidenen Morgenrock, den ich ihm vor zwei Jahren geschenkt hatte. Elegant sah er aus, attraktiv. Wieso fiel mir das jetzt erst auf, jetzt, wo ich dabei war, ihn zu verlieren? Oder hatte ich ihn schon verloren?

„Das wäre nett von dir", antwortete ich. Meine Augen füllten sich mit Tränen. Rasch ging ich zur Tür. „Ich fahre ins Büro!"

„Du hast noch gar nicht gefrühstückt", rief er mir nach. Was ging ihn das an? Gingen wir nicht getrennte Wege? Ich antwortete nicht, ließ die Haustür ins Schloss fallen und startete den Motor.

„Sie sehen nicht gut aus", sagte meine Sekretärin besorgt, als sie mir eine Viertelstunde später die Tür zum Büro öffnete. Ich schaute sie an und lag plötzlich schluchzend in ihren Armen. Jetzt war sie richtig alarmiert, führte mich zu einem der eleganten Stühle aus Chrom und Leder und brachte mir ein Glas Wasser. „Was ist los, Frau Hundhausen, was ist denn bloß los?"

„Mein Mann will mich verlassen!" Ihre Hand fuhr zum Mund. Sie starrte mich an. „Das glaub ich nicht", sagte sie, „meinen Sie das ernst?" Ich schlug die Hände vors Gesicht. Sprechen konnte ich nicht.

„Oh, Gott!", sagte sie und ich hörte Betroffenheit und Angst in ihrer Stimme. „Und wie geht es hier weiter? Fliegen Sie trotzdem?" Das wäre ja noch schöner: das Geschäft verpatzen? Eisern rang ich um Fassung. Tief durchatmen, Maria, sagte ich mir. Professionelle Disziplin! Meine Sekretärin schaute mich unsicher an.

„Das, das passt jetzt nicht, ich weiß", stammelte sie, „aber ich habe Ihnen alle Unterlagen in diesen Umschlag gesteckt. Gehen Sie die bitte zur Sicherheit nochmal durch." Sie hielt mir ein weißes Paket entgegen. Ich atmete tief durch, nahm den dicken Umschlag, zog die Unterlagen heraus und vertiefte mich in den Inhalt. Es war alles da, was ich brauchen würde.

„Elisabeth, das haben Sie hervorragend gemacht! Es ist gut zu wissen, dass ich mich auf Sie verlassen kann. Sie behalten natürlich Ihren Job. Auch wenn meine Ehe scheitert, betrifft das nicht die Firma. Und natürlich fliege ich gleich nach Hamburg. Rufen Sie bitte meinen Mann an und sagen Sie ihm, dass ich auf ihn warte."

„Also, ich dachte…", begann meine Sekretärin verwirrt. „Schon gut, Elisabeth. Thomas will mich fahren." Sie tippte die vertraute Nummer und ich hörte, wie sie meine Nachricht weitergab. Thomas klingelte kurz, ich ging die Treppen hinab und stieg in unser Auto. Er bog auf die Schnellstraße zum Flughafen, sprach über das Geschäft, das ich in Hamburg zum Abschluss bringen sollte.

„Ich schätze dich als Geschäftspartnerin, Maria. Ich würde mir wirklich wünschen, dass wir weiterhin zusammenarbeiten. Können wir nicht Freunde bleiben?" Thomas lächelte sein jungenhaftes Lächeln, das ich immer noch unwiderstehlich fand. Warum machte er das? Wollte er seinen Arbeitsplatz sichern? Hatte er seine Meinung geändert?

„Wie meinst du das?"

„Ich würde mir wünschen, dass alles so bleibt, wie es ist. Wir trennen uns als Paar und alles andere machen wir so weiter wie bisher." Messer im Herzen, Messer in der Seele, Druck im Magen. Ich antwortete nicht, hörte einfach auf zu sprechen. Am Flughafen stieg ich aus, ohne mich von ihm zu verabschieden. Mein Körper tobte, das Herz stolperte, Kopfschmerzen, Magenschmerzen, Schwindel, Schwäche. Der Koffer schien mir plötzlich tonnenschwer. Nur mit Mühe schaffte ich es, ihn auf das Gepäckband zu wuchten.

„Frau Hundhausen?" Die Stewardess, bei der ich eingecheckt hatte, lief hinter mir her und reichte mir meine Bordkarte, die ich völlig übersehen hatte. Reiß dich zusammen, pflaumte ich mich an. Du steigst sonst noch in den falschen Flieger! Ich schaffte es, das richtige Abfluggate zu finden und mich im Flugzeug auf den Platz zu setzen, den die Bordkarte mir zuwies. Die Motoren heulten auf, die Maschine rollte auf die Startbahn. Ich schaute aus dem Fenster, schaute hinaus, sah, wie das Flugzeug vom Boden abhob. Die Erde blieb zurück, wurde kleiner, schwankte, schaukelte. Mir wurde noch schwindeliger, noch übler. Nicht kotzen, sagte meine innere Stimme, Augen schließen, Welt ausblenden, Schmerz ausblenden. Ich ertappte mich bei dem Gedanken, dass ich nichts dagegen hätte, wenn das Flugzeug abstürzte.

Hätte ich nichts dagegen, jetzt zu sterben?

Die kleine Maschine schwankte und schaukelte. Wir flogen durch Turbulenzen. Eigentlich müsste ich zumindest ein mulmiges Gefühl haben. Heute nicht! Hoffentlich stürzt das Flugzeug ab, schoss es mir durch den Kopf. Das wäre die eleganteste Lösung, dann müsste ich mich nicht umbringen.

Warum erschien mir der Gedanke plötzlich tröstlich? Der Gedanke, dass ich nicht weiterleben musste? Dass ich aufgeben konnte, wenn das Leben zu schwierig wurde?

„Wir haben mit dem Sinkflug begonnen. Bitte schnallen Sie sich an, klappen Sie die Tische hoch und bringen Sie die Sitzlehnen in eine aufrechte Position", unterbrach die Stimme der Stewardess meine tristen Gedanken. Wie schnell die Zeit vergangen war! Wir waren nicht abgestürzt, ich saß immer noch im Flieger, mein Herz schlug weiter. Ich lebte.

Der Flieger landete sicher, ich ging die Gangway hinab, folgte dem Strom der Menschen zur Gepäckausgabe, nahm meinen Koffer vom Gepäckband und rollte ihn zum Ausgang. Meine Freundin würde mich abholen; sie wusste noch nichts. Ann-Britt ist Schwedin, mit einem Italiener verheiratet, hat eine kleine Tochter, Lucia, deren Patentante ich bin, und arbeitet als Journalistin in einer Hamburger Tageszeitung. Sie ist nicht nur Schwedin, sie sieht auch so aus mit ihren langen blonden Haaren, den blauen Augen und der hellen Haut. Jetzt hatte sie mich entdeckt und winkte mir fröhlich zu. Ich brach in Tränen aus. Sie erschrak.

„Schätzchen, Maria, was ist los mit dir?"

„Thomas will mich verlassen!" Ich sah das gleiche ungläubige Erstaunen in ihrem Gesicht wie in dem Gesicht meiner Sekretärin.

„Das meinst du nicht ernst!", sagte sie. Derselbe Text!

„Meinst du, damit würde ich scherzen?", fauchte ich. Der Ärger vertrieb die Tränen.

„Oh, Scheiße!" Ann-Britts Hand fuhr zum Mund. „Maria, bitte, sei nicht sauer! Natürlich glaube ich dir. Es kommt bloß so plötzlich. Thomas und du, ihr wart doch das ideale Paar!" Ich winkte müde ab. „Schnee von gestern." Schnee? In Hamburg war es bitterkalt. Die Rollen meines Koffers bahnten sich quietschend ihren Weg durch den grauweißen Belag des Trottoirs. Ann-Britt sah mich unsicher an.

„Willst du wirklich arbeiten? Mach doch besser ein paar Tage Pause und gewöhn dich daran, dass du auf dem Singelmarkt wieder zu haben bist!"

„Nein, das ziehe ich durch", antwortete ich, riss mich zusammen, zog ein Taschentuch aus meiner Handtasche, putzte mir die Nase und überprüfte mit meinem kleinen Spiegel das Make-up. Entschlossen entfernte ich die schwarzen Ränder unter meinen Augen. „Das wäre ja noch schöner, wenn mir der Scheißkerl auch noch das Geschäft vermasselt!"

Wir stiegen in ihr Auto. Ich saß neben ihr und stellte Alltagsfragen, während sie uns durch den zähen Hamburger Berufsverkehr lotste. Dann schleppte ich meinen Koffer die zwei Stockwerke hoch zu ihrer Wohnung, begrüßte zuerst den vor Freude jaulenden Hund, nahm mein Patenkind in den Arm und reichte Carlo die Hand. Ich war so froh, bei Freunden zu sein! Carlo hatte gekocht, italienisch natürlich, wir aßen, tranken Rotwein und ich ließ mich dankbar von ihrem quirligen Familienleben einfangen, ablenken. Erst nachdem Ann-Britt ihre Tochter unwiderruflich ins Bett geschickt hatte, sprach ich über die Trennung. Unterstützt von einigen Gläsern Wein erschuf ich eine positive Aufbruchsstimmung, mit der ich mich selbst überzeugte. Wie befreit würde ich mich fühlen, wenn ich diesen Klotz am Bein endlich los sein würde!

Adieu, Thomas! Verpiss dich, du Scheißkerl! Ohne mich bist du nichts! Ohne dich bin ich noch besser!

5 *Es war diesig und schneite, nicht gerade das Wetter, das wir uns für unseren ersten Tag in Venedig gewünscht hatten. Eigentlich sollte es wärmer sein, immerhin befanden wir uns südlich der Alpen, doch es war Dezember und der Winter hielt ausgerechnet heute Einzug in der Lagunenstadt. Tanzende Schneeflocken senkten sich auf die sanft gewellten Fluten der Kanäle. Doch bekanntlich gibt es ja kein schlechtes Wetter, sondern nur falsch angezogene Leute. Und wir waren für alle Eventualitäten gerüstet. Gerade hatten wir unser Hotel verlassen, als uns ein Mann mit hochgeschlagenem Kragen und Gummistiefel an den Füßen ansprach:*

„Mit diesen Schuhen kommen Sie nicht weit! Wir haben aqua alta: Hochwasser!" Wir drehten sofort um und gingen zum Hotel zurück, denn ich hatte auch für diesen Fall vorgesorgt, hatte Gummistiefel besorgt für uns beide: gute, gefütterte, warme Stiefel. Das Hochwasser verdiente seinen Namen, die Calle, die engen Gassen entlang der Kanäle, standen bis zur Oberkante des Stiefelschaftes unter Wasser. Die Boote fuhren langsam und doch drohte ihr Kielwasser oben über den Stiefelrand zu schwappen. Die Einheimischen schlurften be-

dächtig durch das eiskalte Nass, damit es nicht so spritzte.

Skurrile Impressionen: Die junge Frau in Pelzjäckchen und engem Mini, perfekt geschminkt, kunstvoll frisiert, mit pinkfarbenen Gummistiefeln, die ihr weit über die Knie reichten. Der junge Mann hatte sich auf noch Schlimmeres eingestellt: Sein elegantes Jackett fiel locker über braune Gummihosen, die in Gummistiefeln endeten.

Feine weiße Wölkchen stiegen auf bei jedem Atemzug: Es war bitterkalt, die Brücken spiegelglatt, Schneegirlanden zierten die Geländer. Kristallhäubchen schmückten Ananas und Mangos beim Gemüsehändler. Ich schaute, staunte, erlebte mit allen Sinnen Venedig im Schnee mit Hochwasser.

Plötzlich zog sich mein Bewusstsein in meinem linken Schuh zusammen! „Nein, das kann nicht sein", beschloss ich, „die Schuhe sind nagelneu." Ich stieg hinauf auf eine Stufe, denn es kam ein Boot. „Doch", schoss es mir durch den Kopf, „mein linker Fuß ist feucht!" Wahrscheinlich Spritzwasser, nicht schnell genug auf die Treppenstufe gestiegen, zu rasch gewatet… Blickkontrolle: Meine Hosen waren trocken, doch mein Fuß war nass, meine Zehen spürten Wasser, eiskaltes Wasser! Stimmungstief! Warum passierte mir das? Warum ausgerechnet mir! Ich nahm dieses Loch in diesem nagelneuen sündhaft teuren, warm gefütterten Stiefel persönlich, höchst persönlich! Ich zeterte, ich wütete, ich weinte…

Thomas suchte nach einer Lösung, tröstete mich, beschwichtigte, zeigte auf das Schuhgeschäft gegenüber. „Wir haben Glück im Unglück, Maria, nur noch wenige Meter! Die Rettung ist ganz nahe." Den Eingang des Schuhgeschäfts schützte eine Metallplatte; hier war man offensichtlich auf aqua alta eingestellt. Wir stiegen hinüber und Thomas schilderte mein Problem. Der alte Verkäufer lachte:

"Nice boots never good", meinte er in gebrochenem Englisch, *"good boots only in Venecia"*, und schon lief er los, um Schuhe in meiner Größe aus dem Lager zu holen, denn italienische Ladies haben kleinere Füße. Mindestens einen halben Liter Wasser goss ich aus meinem Schuh auf den Fliesenboden des Geschäfts. Socken und Strumpfhose waren nass, mein Fuß eiskalt. Mein Mann reichte mir Papiertaschentücher, mit denen ich die Zehen notdürftig trocknete. Die neuen Stiefel, die ich für 20,-€ kaufte, waren hässlich, eng und unbequem, aber dicht, doch meine Füße schmerzten nach kurzer Zeit, wurden eiskalt und meine Laune blieb schlecht, angespannt, gereizt. Was sagte mir dieses Loch im Stiefel? Sollte es mir etwas sagen?

6   Der Alptraum war zurück. Heute Morgen ging es mir genauso schrecklich wie gestern Morgen. Ich hatte den dunklen Verdacht, dass es der Wein gewesen war, dem ich meine gute Stimmung gestern Abend verdankt hatte. Mein Kopf schmerzte. Wie viel hatte ich getrunken? Eine ganze Flasche? Ich schlich in die Küche, legte eine Patrone in den Kaffeeautomaten, stellte eine Tasse unter den Hahn und drückte auf den richtigen Knopf. Gurgelnd floss duftende schwarze Flüssigkeit in meine Tasse. Ich nippte vorsichtig; der Kaffee war heiß. Warum fiel mir die Werbung mit George Cloony ein? "Nespresso, what else?" Hatte ich nicht andere Sorgen? Meine Freundin öffnete die Küchentür.

„Wie geht es dir?", fragte sie, und ich konnte den mitleidigen Blick, mit dem sie mich anschaute, kaum ertragen.

„Ich hab zu viel getrunken", antwortete ich, „hast du eine Aspirin?" Ich beobachtete, wie sich die Brausetablette sprudelnd auflöste, und trank die Flüssigkeit in kleinen Schlucken.

„Und du willst trotzdem arbeiten?"

„Klar, ich bin doch Profi!" Ein Blick auf die Uhr bestätigte, dass es tatsächlich höchste Zeit wurde, mich wie ein Profi zu benehmen. Ich zog mich besonders sorgfältig an, wählte das italienische Designerkostüm, das ich in Venedig gekauft hatte, bändigte meine Locken in einem seriösen Zopf und legte ein dezentes Make-up auf. So fühlte ich mich in dem anderen, dem vertrauten Modus: Ich war Geschäftsfrau, selbständig, souverän. Lächelnd winkte ich meiner Freundin zu, bevor ich in das wartende Taxi stieg.

Der Wagen brachte mich in die Hafencity. Staunend stand ich vor dem hochmodernen Komplex gegenüber der Baustelle der Elbphilharmonie, in dem die Firma meines Kunden residierte, und spürte leichte Beklommenheit: Es roch nach sehr viel Geld! Hatte ich mir da nicht zu viel vorgenommen? Die Frau an der Rezeption nahm meinen Namen entgegen, tippte auf ihrer Tastatur und schien zufrieden mit dem Ergebnis ihrer Recherche.

„Sie werden erwartet, Frau Hundhausen. Fahren Sie mit dem Lift in den sechsten Stock." Leise zischend hob sich der Aufzug, mir blieb kaum Zeit, meine Selbstzweifel zu bewältigen. Die Tür des Lifts glitt zurück, ich fand mich plötzlich in einem lichtdurchfluteten Raum und schaute staunend durch die Panoramascheiben direkt auf den Hafen. Ein riesiger Passagierdampfer schob sich gerade sehr langsam auf einen der Kais zu, gefolgt von zwei kleineren Booten, auf denen Männer standen, die Arme hochgereckt.

„Gleich fliegen die Leinen", unterbrach eine Männerstimme meine Betrachtung. „Ich heiße Sie willkommen, Frau Hundhausen!" Lächelnd stand mein Kunde vor mir, reichte mir die Hand und führte mich in sein Büro, das dieselbe

Aussicht zeigte. „Sehen Sie!", fuhr er fort, ging die wenigen Schritte zum Fenster, winkte mich zu sich und deutete hinunter auf das Schiff, das langsam an die Kaimauer glitt und dabei das Wasser im Hafenbecken zu riesigen Strudeln verwirbelte.

„Jetzt werden die Leinen um die Poller gelegt." Ich beobachtete, wie ein Mann ein riesiges Leinenauge an einem dünneren Tau zu sich herzog und um einen gewaltigen Stahlpfosten legte. „Dies hier ist ja nur ein kleines Schiff", hörte ich meinen Kunden sagen. Ich sah ihn erstaunt an. Ein kleines Schiff? Er lächelte.

„Klein im Vergleich zur Queen Mary 2. Als die hier am Fenster vorbeifuhr, hat in diesem Büro niemand mehr gearbeitet. Aber das ist das Risiko, wenn man so einen besonderen Standort für seine Firma wählt. Wollen wir beginnen?"

Mein Kunde wies mit der Hand auf einen kleinen eleganten Tisch, auf dem zwei Champagnergläser standen. Wir setzten uns in die einladenden Sessel; eine junge, sehr hübsche Sekretärin schwebte in den Raum und füllte die Gläser.

„Ich dachte, wir nehmen den Aperitif hier in der Firma. Ich darf Sie doch heute Mittag zum Essen einladen?" Es war keine Frage, sondern eine Feststellung, auf die er keine Antwort erwartete. Wir stießen an, ich nippte an dem herbsüß prickelnden Getränk und dachte, dass dieser Champagner sicher nicht vom Discounter stammte. Dann gingen wir die Unterlagen durch.

„Ausgezeichnet!", sagte mein Kunde. „So machen wir es." Wir stießen an und leerten unsere Gläser. Ich fühlte Leichtigkeit, fast Euphorie. Geschafft! Er zückte seinen Füllfederhalter und unterschrieb die Verträge, die ich vorbereitet hatte.

Plötzlich verschob sich mein Fokus. Lag es am Champagner, oder warum sah ich in dem Kunden den möglichen neuen Mann? Er war groß, für meinen Geschmack etwas zu füllig, hatte schütteres graues Haar, blassblaue Augen, war elegant gekleidet, souverän und charmant, etwa in meinem Alter oder etwas älter.

Wäre das ein Mann für mich?

War das die Sorte Mann, von der Thomas meinte, dass sie viel besser zu mir passte als er selbst?

Ein Macho mit guten Manieren? Mein Kunde schaute auf und lächelte. Ich fühlte mich tatsächlich ertappt und hoffte inständig, nicht zu erröten.

„Es ist eine Freude, mit Ihnen zusammen zu arbeiten, Frau Hundhausen! Wann fangen Sie an?" Ich riss mich zusammen. Dies hier war Geschäft, mein Kunde war verheiratet; das Foto auf dem Schreibtisch zeigte ihn im Kreise seiner Familie.

Zum Mittagessen lud er mich in ein Nobelrestaurant ein, das Ambiente edel, die Speisen köstlich. Wir plauderten entspannt. Als er sein Handy zückte, überlegte ich blitzschnell, wie ich reagieren würde, wenn er mich um meine Privatnummer bitten würde. Doch er bestellte mir nur ein Taxi.

Pünktlich um 14.00 Uhr stand vor dem Restaurant das Taxi, das mich zurück zur Wohnung meiner Freundin brachte. Ich schaute auf mein Handy: Thomas hatte nicht versucht, mich zu erreichen, keine SMS geschrieben. Der Scheißkerl fragte noch nicht einmal, ob ich den Auftrag in der Tasche hatte! Was hatte ich erwartet?

Er meinte es ernst. Es war wirklich aus! Plötzlich fühlte ich mich wie betäubt, hatte Mühe, dem Fahrer das Geld abzuzählen, vergaß, mir eine Quittung geben zu lassen, merkte es erst, als das Taxi gewendet hatte und auf der anderen Straßenseite zurück fuhr. Meine Sekretärin wird meckern, dachte ich. Ann-Britt öffnete mir die Tür.

„Hast du den Auftrag?"

„Klar", antwortete ich, bemüht, Fassung zu bewahren.

„Du klingst nicht wie eine Siegerin und du siehst auch nicht so aus", stellte sie fest. „Wann geht dein Flieger zurück?"

„Es reicht, wenn ich in zwei Stunden ein Taxi nehme", hörte ich mich sagen. Ein anderer Teil in mir übernahm urplötzlich Regie, pfiff auf meine Contenance: Meine Knie gaben nach, meine Beine trugen mich nicht mehr, ich sackte zu Boden. Keine Hoffnung, nur noch Schmerz, schwindelnder Abgrund vor mir, in den ich zu stürzen drohte. Erschrocken zog Ann-Britt mich hoch und führte mich zu einem Stuhl.

„So lass ich dich nicht fahren. Du bleibst hier bei uns!" Ich hörte ihre Stimme aus der Ferne, sah wie durch einen Schleier, wie sie in meiner Handtasche nach meinem Ticket kramte, hörte, wie sie am Telefon meinen Flug stornierte. Ich saß mit geschlossenen Augen unter einer Käseglocke aus Milchglas mit Schalldämpfer und Gefühlsdämpfer. Ann-Britt nahm mich an den Schultern und schüttelte mich.

„Maria, schau mich an!" Widerstrebend öffnete ich die Augen. „Wir beide fahren jetzt raus an die Elbe! Du brauchst dringend frische Luft und Polly einen Spaziergang. Zieh dir was Warmes an." Ich tat, was sie sagte.

Der kalte Wind, der mir ins Gesicht wehte, brachte mich irgendwie zu mir, die großen Containerschiffe, die die Steinbefestigung des Elbufers mit ihren Bugwellen unter Wasser setzten, boten willkommene Unterhaltung. Wir redeten über Polly, die abwechselnd in den Sand und in die Wellen biss und uns bellend und wedelnd umkreiste. Dann fuhren wir zurück in Ann-Britts gemütliche Wohnung. Mein Patenkind zeigte sich begeistert über die Verlängerung meiner Anwesenheit und nutzte die Zeit, mich in die Erledigungen ihrer Hausaufgaben einzubinden. Als Carlo nach Hause kam, fragte er erstaunt:

„Es geht dir schlecht? Ich dachte, du bist froh, dass du Thomas los bist!"

„Das war der Wein", erklärte Ann-Britt. „Das kann vorkommen." Nach dem Abendessen schickte sie ihre maulende Tochter ins Bett. Wir setzten uns vor den Fernseher, schauten einen Krimi und tranken Rotwein. „Mach mal langsam", bremste Carlo, als ich mir zum dritten Mal das Glas vollschenke, „zukippen hilft nicht!"

„Heute schon", entgegnete ich. „Ist doch eh alles egal!"

„Wieso ist alles egal?", fragte Ann-Britt.

„Das Leben ist doch scheißegal! Scheiß-e-gal!", antwortete ich und merkte, dass ich Mühe mit dem Sprechen hatte.

„Du hast schon wieder zu viel getankt." Meine Freundin schüttelte den Kopf. „Ich bring dich ins Bett." Sie zog mich hoch, begleitete mich ins Badezimmer, stellte mich vor den Spiegel und drehte den Wasserhahn der Badewanne auf.

„Wisch die Kriegsbemalung ab und nimm ein Bad. Ich bring dir noch eine Aspirin. Du wirst sie brauchen!"

Das warme Wasser entspannte mich und machte mich müde. Dankbar kroch ich ins Bett und streckte mich aus. Ich tastete in meiner Handtasche nach meinem Handy. Thomas müsste eigentlich wissen wollen, warum ich nicht nach Hause komme. Es müsste ihn doch interessieren, wie es mir geht! Voller Hoffnung schaute ich auf das Display. Nichts…

Enttäuschung überwältigte mich. Einsamkeit und Hoffnungslosigkeit umklammerten mein Herz. Unerwartet entstand vor mir das Bild eines sehr langen dunklen Tunnels, durch den ich gehen musste und dessen Ausgang ich nicht sah, wenn es denn überhaupt einen Ausgang gab. Plötzlich wusste ich ganz klar, dass dieser dunkle Tunnel mein weiteres Leben beschrieb, ein Leben ohne Glück, weil ich kein Glück verdiente! Für mich gab es keinen Trost, nur Einsamkeit und Leid. So machte das Leben keinen Sinn.

Der Weg aus dem Tunnel führte in den Tod, in meinen Tod. Es dachte mich, schmiedete in mir einen Plan und ich hatte keine Chance, diese Gedanken zu stoppen; sie drängten sich mir unaufhaltsam auf. Ich würde an dem Tag, an dem alle glaubten, dass ich den Flieger zurück nach Hause nahm, an die Nordsee fahren. Dann würde ich so lange am Strand entlang laufen, bis es dunkel würde. Harter Sand unter meinen Füßen, die Wellen die darüber spülten, auflaufendes Wasser, die nahende Flut.

Den Tod hätte ich in der Plastikflasche mitgebracht: in Wasser aufgelöste Tabletten. Ich würde mich in einen Priel legen, die bittere Flüssigkeit langsam durch meine Kehle rinnen lassen, und einschlafen, um nie wieder zu erwachen.

Und dann? Wie war der Tod? Was kam danach?

Landete ich in der Hölle? Gab es Gnade in gleich welchem Himmel für jemanden wie mich, die ihrem Leben ein Ende setzen wollte, weil die Lebensfreude und die Kraft, noch einmal von vorn zu beginnen, fehlte? Weil in mir nichts mehr war, das kämpfen könnte…

Ich riss die Augen auf und fuhr hoch. Hatte ich da gerade minutiös mein Ableben geplant? Ich war verwirrt. Wieso war mir plötzlich so klar, dass es für mich nur noch den Tod gab? Mein Nachthemd klebte schweißnass an meinem

Körper, mein Herz raste, meine Ohren dröhnten, der Kopf schmerzte und mir war schwindelig.

Jetzt hilft nur noch eine Dusche, dachte ich, tappte ins Bad, drehte das Wasser auf und stellte mich unter den warmen Strahl. Langsam beruhigte sich mein Herzschlag. Dafür wurde der Kopfschmerz trotz der Aspirin noch stärker. Schon wieder zu viel Rotwein getankt, dachte ich, und schluckte eine Schlaftablette, auch wenn das ungesund war.

Das war doch egal, scheißegal!

7 *Das Hotel hatte vier Sterne, deshalb hatten wir es gebucht. Wir wollten uns endlich etwas gönnen: Romantik- und Erotikurlaub in Venedig in luxuriösem Ambiente. Dass italienische Sterne nicht deutsche Sterne sind, hatten wir nicht bedacht.*

Das Zimmer war schmuddelig, auf der dünnen Wolldecke tummelten sich die Flusen, in den Zimmerecken Staubbällchen. Die Heizung war eiskalt, die Klimaanlage, die mit dem Geheul eines auf höchster Stufe eingestellten Föhns kalte Wirbelwinde auf mein Kopfkissen fauchte, konnte man nicht abstellen. Das Fernsehprogramm, das der Nachbarn vorzugsweise in den frühen Morgenstunden konsumierte, schrillte durch die dünnen Wände. Ohne Ohrstöpsel ging hier gar nichts. Romantik? Erotik? Sex? Fehlanzeige!

Das Zimmer verfügte über keinen einzigen Schrank. Die Klamotten quollen aus den Koffern, stapelten sich auf beiden Sesseln. Im Bad blühte der Schimmel in selten erblickter Farbenpracht: von schwarz, anthrazit über rosa bis dunkelgrün.

Der junge arrogante Mann an der Rezeption verdrehte die Augen. Laut seiner Anzeige war die Luft in unserem Zimmer

35° warm. "Wenn Ihnen das nicht reicht...", sagte er mit einem Unterton, der uns zu Querulanten stempelte. Zusätzliche Wolldecken mit neuen unzähligen Flusen brachte das Zimmermädchen. Die halbe Nacht bemühte ich mich, die Berührung von Haut und Decke zu vermeiden.

Warum wir das Hotel nicht gewechselt haben? Wegen des Hochwassers! Die Aussicht, unsere schweren Koffer auf der Schulter über die eisglatten Brücken zu balancieren, schreckte uns ab. Es war feuchtkalt in Venedig, der Wind schnitt ins Gesicht. Dass die riesigen Palazzi nicht zu heizen waren, hatten wir nicht bedacht. Die Angestellten der Museen trugen dicke Wintermäntel, Mützen, Schals und Handschuhe. Und auch in den Restaurants drängten sich die Menschen um einzelne kleine Ölbrenner, die mit der Aufgabe, den Raum behaglich zu erwärmen, völlig überfordert waren. Obwohl ich alle mitgebrachten Pullover und Jacken übereinander gezogen hatte, drang der Frost langsam aber sicher durch alle Kleidungsschichten.

Der einzige Trost war die warme Badewanne mit dem duftenden Sandelholzschaumbad. Doch heute sprudelte kein Wasser aus dem Hahn, kein warmes und kein kaltes. Ein Anruf bei der Rezeption brachte Klarheit: Die Heizung war seit Tagen ausgefallen und die Wasserleitung deshalb eingefroren. Natürlich waren wir keine Querulanten, hatten von Anfang an Recht gehabt und lagen jetzt angezogen in den Betten und warteten auf die italienischen Heizungsmonteure.

Romantik? Erotik? Sex? Falsches Thema.

Warum hatten wir uns ausgerechnet dieses Hotel ausgesucht?

Warum? Loch im Stiefel, Scheißhotel! Unrecht! In mir schrieben sich Beschwerdebriefe, formulierten sich Anklagere-

den. Wenn ich so arbeiten würde, wie die hier im Hotel, könnte ich die Firma schließen!

Thomas versuchte mich zu trösten, doch ich ließ mich nicht trösten, denn ich hatte Recht! Ich fühlte mich als Opfer. Meine Stimmung blieb gespannt.

8 Die Fassade hielt nicht mehr. Seit dem Erlebnis mit dem Tunnel hatte ich das Gefühl, die Kontrolle über mich verloren zu haben. Meine Freundin war entsetzt, als ich ihr am Frühstückstisch davon erzählte, entsetzt und verständnislos.

„Du übertreibst! Wieso willst du wegen diesem Scheißkerl sterben? Du bist gut, du bist stark, deine Firma läuft bestens, deine Kunden sind zufrieden. Ich verstehe ja, dass du leidest, aber das geht vorbei! Gib dir Zeit. Deine Ehe war doch gar nicht glücklich, du hast dich schließlich oft genug über ihn beklagt." Ja, das hatte ich, mich oft genug über ihn beklagt. Ich hatte gute Argumente, ja sogar Fakten, die alle belegten, dass er schuld war an unseren Konflikten.

„Scheißkerl! Mistkerl! Er ist schuld! Er ganz allein! Ich mach ihn fertig! Ohne mich ist er ein Nichts, ein Niemand! Mein Geschäft! Meine Firma!" Meine Wut loderte hoch, erreichte ihren Zenit ... Ich stürzte ab, sah den dunklen Tunnel vor mir, den Tunnel mit nur einem Ausgang. Mein Herz raste, meine Atmung beschleunigte sich, ich hatte Panik! Ann-Britt eilte zu mir und hielt mich fest.

„Maria, ist ja gut! Alles wird wieder gut." Sie sprach mit mir wie mit Lucia, wenn sie sich gestoßen hatte. Langsam beruhigte ich mich. Ann-Britt nahm mich an den Schultern.

„Ich bin heute den ganzen Tag in der Redaktion. Du

musst mir jetzt versprechen, dass du dich nicht umbringst!"

„Das kann ich nicht!" Ann-Britt schaute mich erstaunt an.

„Das kannst du nicht?" In ihrem Gesicht sah ich eine Mischung aus Mitleid und Ärger. Der Ärger siegte. „Ist dir eigentlich klar, was du mir damit antust, wenn du dich umbringst? Womöglich in unserer Wohnung? Das kannst du echt nicht machen! Wie soll Lucia damit umgehen? Sie ist acht Jahre alt und du mutest ihr zu, damit zu leben, dass sich ihre geliebte Maria das Leben nimmt? Willst du sie traumatisieren? Du denkst nur an dich und an deine persönliche Scheißkatastrophe! Du bist nicht die erste, die eine Trennung durchmacht. Es fühlt sich beschissen an, ja, aber es ist kein Grund, das große Drama zu inszenieren!" Ihr Ärger überspülte mich wie eine kalte Dusche. Erschrocken schaute ich sie an.

„Du hast jà Recht, Ann-Britt, aber ich verstehe mich selbst nicht mehr. Keine Ahnung, woher diese Todessehnsucht kommt! Ich kann nichts dagegen tun, glaub mir. Diese Tunnel überfallen mich. Ich bin ihnen ausgeliefert." Ich brach in Tränen aus. Sie nahm mich in die Arme, strich über mein Haar.

„Ist ja gut, Maria. Entschuldige, ich werde dir nicht gerecht. Wäre es nicht besser, wenn wir einen Arzt aufsuchten?"

„Einen Arzt?"

„Einen Psychiater!" Ich brauchte einen Psychiater? So weit war es mit mir gekommen? Wurde ich langsam irre?

„Lass es mich noch einen Tag versuchen, nur noch heute. Ich will nicht zum Psychiater", bat ich und sie willigte ein, obwohl ich sah, dass sie skeptisch blieb.

„Ich muss jetzt los. Du kannst mich jederzeit erreichen, ich lass das Handy an. Gehst du mit Polly raus?" Klar, dass ich das tat! Um mich und sie davon zu überzeugen, dass ich mein Leben allein in den Griff kriegte, machte ich noch viel mehr: Ich saugte die Wohnung, räumte die Spülmaschine aus und wieder ein, machte einen Spaziergang mit dem Hund und kaufte im Supermarkt Gemüse und Fleisch für das Abendessen ein.

Die Ablenkung tat gut, doch nachdem ich mich, die volle Tüte mit den Lebensmitteln in der einen Hand, die Leine mit dem zerrenden Hund in der anderen, in den zweiten Stock geschleppt hatte, fühlte ich mich erschöpft. Das Sofa lockte. Ich deckte mich zu und schlief ein.

Mein Handy klingelte. Mit einem Ruck fuhr ich hoch. Thomas? Mein Herz raste. Das musste er sein! Wir hatten schon so lange nicht mehr miteinander gesprochen. Ich nahm das Gespräch an.

„Hallo", hörte ich eine Frauenstimme, „hier spricht Dr. Wedekind. Ihr Sohn wartet schon seit einer halben Stunde. Wollen Sie ihn nicht endlich abholen?" Ich stürzte von meinem Hoffnungsgipfel, stürzte ab in freiem Fall.

„Ich habe keinen Sohn und Sie haben eine falsche Nummer", murmelte ich und trennte die Verbindung. Einsamkeit umspülte mich, legte sich zäh um mein Herz. Der eiskalte Klumpen im Magen blockierte die Atmung, die immer schneller wurde. Der Wirbel aus Schmerz und Nichts erfasste mich und ich stürzte taumelnd in den Abgrund, fiel, prallte an spitze Angstfelsen, knallte in stahlharte Einsamkeitsschluchten, immer tiefer, in wirbelnde, düstere Gedankenketten, die sich zum Todestunnel formten. In hilflosem Entsetzen griff ich zum Handy und schrieb eine SMS an Thomas: „Mir geht es so schrecklich." Ich starrte auf das Display und wartete, wartete fünf Minuten, zehn Minuten, eine Stunde. Er antwortete nicht. Ich zitterte, weinte. War allein. War so einsam!

Ann-Britt kam endlich von der Arbeit, tröstete mich und hielt mich fest. Langsam beruhigte ich mich. Meine Freundin schaute mich an. Sie hatte dieselbe entschlossene Miene wie wenn sie ihre Tochter abends ultimativ ins Bett schickte. Ich wusste, dass jede Widerrede zwecklos war.

„So geht das nicht weiter. Du hattest deinen Tag. Wir brauchen schnellstens einen Arzt. Ich kann dich schließlich nicht den ganzen Tag bewachen. Wir gehen zum Psychiater. Sofort!" Sie rauschte aus dem Zimmer, schnappte sich ihren Laptop und loggte sich ins Internet ein.

Kurze Zeit später hörte ich sie am Telefon, hörte die Worte „Suizidgefahr" und „Notfall", hörte, wie sie eine Freundin bat, ihre Tochter von der Schule abzuholen, und dann stand sie vor mir: „Wir fahren jetzt sofort. Zieh dich an."

Widerrede zwecklos!

7   Die Fugen der Fliesen in der Dusche hatten Risse. Wir suchten schicke neue Fliesen aus. Thomas hatte sich vorgenommen, die Vorarbeiten selbst auszuführen. Die Fliesen lösten sich leicht von der Wand, viel zu leicht. Beißender Gestank schlug uns entgegen.

Wir fanden verfaulte Gipsplatten bedeckt mit schwarzem Schimmel, dessen Sporen durch die Luft flogen und augenblicklich kitzelnden Husten und heftige Kopfschmerzen verursachten. Es bestand kein Zweifel darüber, dass wir sofort handeln mussten. Thomas bestellte einen Müllcontainer.

Es kam noch schlimmer: Oberhalb der Fliesen bedeckten schwarzer Schleim und zwei Zentimeter dickes Eis die Ziegel-

wand. Hier war, von uns unbemerkt, mit der Isolierung gespart worden. Pfusch am Bau! Ich tobte, wütete!

„Scheiß Architekt! Er hatte die Bauaufsicht! Wir hetzen einen Anwalt auf ihn und machen ihn fertig!"

„Das wird nicht so leicht sein", dämpfte mein Mann meine Erwartungen auf Wiedergutmachung, „das ist zu lange her!"

„Warum hast du überhaupt angefangen, jetzt im Winter?" Mein Mann schaute mich erstaunt an und schwieg. Was hätte er antworten sollen? Dass es meine Idee gewesen war, das Bad im Winter zu renovieren? Die Handwerker waren im Urlaub, so hatten wir keine Hilfe. Wir schufteten, ich mit äußerst mieser Laune, rührte Mörtel, drückte dicke Dämmplatten auf die von Eis und Schleim befreite Wand.

„Hinterher wird es viel schöner", tröstete mein Mann, und er bestellte meine Traumbadewanne, die mit den Löwenfüßen. Warum nur konnte ich nicht aufhören mit meiner Nörgelei? Warum konnte ich nicht gelassen reagieren und das Beste aus der Situation machen? Warum?

Weil andere Schuld waren an meinem Unglück, und darum hatte ich ein Recht auf meine Wut, ein Recht auf meine schlechte Stimmung, ein Recht auf meine Monologe!

Ein Recht!!!

10 Der Arzt, zu dem meine Freundin mich fuhr, hatte seine Praxis in einem unauffälligen Bürogebäude mitten in der Stadt. In dem Haus befanden sich noch ein Zahnarzt, eine Immobilienfirma und eine Werbeagentur. Das entspannte mich. Wenn ich in dieses Haus ging, wusste niemand, wohin ich wollte. Keiner merkte, dass ich so durchgedreht war, dass ich einen Psychiater brauchte. Die Sprechstundenhilfe reichte mir einen Fragebogen, den ich mit meinen persönlichen Daten ausfüllte.

„Nehmen Sie noch einen Augenblick im Wartezimmer Platz", sagte sie. Ich setzte mich neben Ann-Britt in einen der bequemen Sessel im Wartezimmer. Gegenüber stand ein Aquarium, in dem bunte Fische zwischen grünen Pflanzen Versteck zu spielen schienen. Aquarien sollten beruhigen. Ob das hier nötig war?

Außer uns wartete zum Glück niemand. Trotzdem fühlte ich mich unwohl. Es war mir schrecklich peinlich, dass ich mein Leben nicht mehr allein in den Griff bekam! Gegen diese Selbstmordgedanken war ich vollkommen machtlos. So etwas hatte ich noch nie erlebt! War ich geisteskrank? Was, wenn der Arzt feststellte, dass ich in die Psychiatrie gehörte? Plötzlich hörte ich den Uralt-Rap von Jerry Samuels:

"They're coming to take me away, HA HA,
they're coming to take me away, HO HO HEE HEE HA HA,
to the funny farm where life is beautiful all the time.
And I'll be happy to see those nice, young men in their clean, white coats.
And they're coming to take me away, Ha-haaa!"

Die Tür öffnete sich, die Sprechstundenhilfe rief meinen Namen und ich folgte ihr ins Behandlungszimmer. Der Mann, der sich mir vorstellte und mir freundlich lächelnd die Hand reichte, sah überhaupt nicht aus wie ein Psychiater.

Wie hatte ich mir einen Psychiater vorgestellt? So wie in den Filmen von Hitchcock, wo Psychiater immer aussahen wie Sigmund Freud persönlich?

Dr. Maier war einige Jahre jünger als ich, hatte braunes, kurzgeschnittenes Haar, keinen freudschen Wallebart, sondern war glattrasiert, und er trug auch keinen weißen Kittel, sondern Jeans und ein weißes Polohemd. Wir setzten uns und ich erzählte, dass Thomas mich verlassen hatte, erzählte vom Tunnel und von meinen Suizidphantasien.

„Haben Sie früher schon mal an Selbstmord gedacht oder einen Suizidversuch unternommen?"

„Nein. Diese Gedanken erschrecken mich!"

„Wie würden Sie sich umbringen?"

„Mit Tabletten."

„Welche Tabletten?" Ich überlegte.

„Keine Ahnung. Schlaftabletten?"

„Besitzen Sie Schlaftabletten?"

„Ja."

„Welche?" Ich nannte ihm den Namen des Medikaments.

„Mit denen können Sie sich nicht umbringen." Ach so? War ich enttäuscht oder erleichtert?

„Was tun Sie, wenn sich die Suizidgedanken aufdrängen?"

„Einmal hab ich mich unter die Dusche gestellt. Zweimal hat mich meine Freundin gerettet."

„Kann Ihre Freundin Sie beruhigen?"

„Ja, wenn Ann-Britt da ist, geht es mir sehr schnell besser." Ich machte eine verlegene Pause. Und dann traute ich mich doch, die Frage zu stellen, vor deren Beantwortung ich Angst hatte:

„Bin ich geisteskrank? Muss ich in die Psychiatrie?"

„Nein!" Der Psychiater schüttelte den Kopf. „Da kann ich Sie beruhigen. Sie sind sicher kein psychiatrischer Fall. Sie stecken in einer schweren Lebenskrise und brauchen Unterstützung, damit Sie diese Situation besser bewältigen. Ich schreibe Ihnen ein Rezept für Medikamente, die Sie beruhigen werden. Sie trinken Alkohol?" Ich nickte.

„Darauf müssen Sie ab jetzt verzichten. Alkohol verträgt sich nicht mit den Psychopharmaka." Also gut, dachte ich, dann hat sich dieses kleine Problem mit dem Rotwein von selbst erledigt. Der Arzt zückte den Block, notierte zwei Begriffe und schrieb daneben, wie ich die Mittel nehmen sollte. Dann schüttelte er mir zum Abschied die Hand und meinte:

„Wenn Sie nicht klarkommen, dann suchen Sie sich eine gute Privatklinik." Ich war entlassen, nach knapp fünf Minuten. Keine Psychiatrie, dafür Apotheke und Medikamente. Abends nahm ich die Pillen und spürte dankbar, wie die Spannung nachließ und ich endlich nach einer langen harten Woche zur Ruhe kam und schlafen konnte.

11 *„Darum sollten Sie sich lieber selbst kümmern", sagte meine Sekretärin und reichte mir einen Brief. Schon die ersten Sätze machten mich wütend. Da schrieb so eine blöde Kuh von Kundin, dass sie meine Rechnung nicht zahlen wolle, weil ich mich angeblich bei ihrer Beratung nicht genügend konzentriert habe!*

Die hatte doch nicht mehr alle Tassen im Schrank! Ich hätte mich nicht genügend konzentriert? Lächerlich! Für diese Ziege hatte ich mich besonders angestrengt, um eine gute Lösung zu finden. Schon wieder eine Ungerechtigkeit. Im Augenblick schien ich Ungerechtigkeiten anzuziehen wie ein Magnet.

„Mahnen!" fauchte ich. „Mahnen und dann Inkasso!" Ich stürmte in Thomas Büro und knallte den Brief auf seinen Schreibtisch. Mein Mann las den Brief.

„Maria, du nimmst das viel zu persönlich! Bezieh das nicht auf dich! Die will sich doch nur um das Bezahlen der Rechnung drücken." Und wenn schon? Es gelang mir nicht, mich

zu beruhigen. Zu sehr fühlte ich mich betrogen. Ich merkte zwar, dass ich eigentlich zu heftig reagierte, konnte jedoch nichts dagegen tun. Ich fühlte mich ausgenutzt, ich die ich mich für meine Kunden aufopferte und viel mehr tat, als ich berechnete!

Warum passierten mir diese Situationen immer wieder?

Zuerst das Loch im Stiefel, dann das Scheißhotel, dann Schimmel, schwarzer Schleim und Eis im Bad und jetzt zur Krönung dieser Brief!

So irrte ich in einem Labyrinth aus Ungerechtigkeit und Ohnmacht, aus dem ich mich nicht aus eigener Kraft befreien konnte, in dem ich keinen Ausweg, keine Ruhe und keinen Schlaf fand.

12 Am nächsten Morgen wachte ich früh auf. Mir war ein bisschen schwindelig, ein bisschen schwankte der Boden und mein Kopf fühlte sich an, als sei er mit Watte ausgestopft. Doch das alles war besser, als die Einsamkeitsattacken und die Tunnel. Selbst Thomas war mir nicht mehr so wichtig. Ich deckte den Frühstückstisch mit den bunten Tellern, die Ann-Britt aus Schweden mitgebracht hatte, kochte Kaffee, schnitt Brot und stellte Marmelade, Honig und Käse auf den Tisch. Carlo erschien als erster in der Küche und setzte sich zu mir.

„Na, geht's dir besser?" Ich nickte.

„Diese Pillen sind genial. Endlich fühle ich mich wieder wie ein Mensch." Carlo lachte.

„Deswegen machen diese Pillen ja auch süchtig. Nimm die nicht zu lang, Maria, sonst geht der Schuss nach hinten los."

„Weiß ich. Der Psychiater meinte, dass zwei Wochen nichts machen."

„Da bin ich von Berufs wegen anderer Meinung." Na klar, Carlo war schließlich Heilpraktiker. „Für den Notfall sind diese Medikamente – zugegeben – wirklich nützlich, doch schau, dass du bald eine andere Lösung findest." Lucia stürmte herein, gefolgt von ihrer Mutter, flog mir auf den Schoß und bestand darauf, ihr Brot an mich gekuschelt zu essen. Erst als Carlo seine Tochter zur Schule fuhr, wurde es ruhig.

„Ich schaff die Trennung", sagte ich zu Ann-Britt und ich war in diesem Augenblick von dem, was ich sagte, wirklich überzeugt. „Ich krieg das hin! Das wäre doch gelacht!" Meine Freundin schaute mich prüfend an.

„Wie verträgst du die Medikamente?"

„Ganz gut. Mir ist nur ein bisschen schwindelig."

„Ich hab mir heute frei genommen. Sollen wir etwas unternehmen? Schaffst du das?"

„Klar! Das wäre super! Kennst du einen guten Makler? Ich würde mir gern ein paar Objekte in Hamburg anschauen." Ann-Britt nickte. „Wir fahren zu dem Makler, der uns unsere Wohnung vermittelt hat. Der hat eine gute Auswahl und haut dich nicht übers Ohr." Die Stadt war brechend voll, der Verkehr stand mehr als dass er floss. Ann-Britt fluchte leise vor sich hin, trommelte mit den Fingern auf das Lenkrad, verwünschte die Stadtverwaltung, den Bürgermeister, das Ordnungsamt, die es nicht fertig
brächten, den Verkehr so zu regeln, dass man Ziele mit dem Auto zum gewünschten Zeitpunkt erreichte. Ich blieb erstaunlich gelassen.

„Möchtest du eine von meinen Pillen?", schlug ich grinsend vor. Sie zog eine Grimasse.

„Psychopharmaka für Autofahrer an Stelle einer vernünftigen Verkehrsführung? Eine geniale Schlagzeile! Für die Sonntagsausgabe? Ich wette, dass die Pharmaindustrie ganzseitige Anzeigen schaltet! Eine perfekte Win-Win-Situation!"

Das Radio verriet uns zum Glück eine gute Ausweichstrecke, so dass wir nur mit einer halben Stunde Verspätung beim Makler eintrafen. Der schaute demonstrativ auf seine Armbanduhr und bat wortreich um unser Verständnis, weil er nur noch dreißig Minuten Zeit für uns habe.

„Dann lassen Sie uns gleich beginnen", beendete Ann-Britt seine Entschuldigungstiraden. Der geschniegelte junge Mann mit bravem dunkelblauen Anzug, weißem Hemd und einer hellblauen Krawatte mit Paisley-Muster, die mich an den Schlafanzug meines Großvaters erinnerte, räusperte sich verlegen und kam zur Sache.

„In welcher Gegend von Hamburg möchten Sie wohnen? In der City? Ein bisschen außerhalb? Oder auf dem Land mit guter Verkehrsanbindung? Schwebt Ihnen ein Haus oder eine Wohnung vor? Wollen Sie kaufen oder mieten?"

Er deutete auf den Stadtplan über seinem Schreibtisch, schilderte die Vor- und Nachteile bestimmter Stadtteile, zeigte mir dann eine Mappe mit Grundrissen von Wohnungen und Häusern mit den dazugehörenden Fotos von Hausfassaden und Innenräumen. Er redete sehr schnell – um die verlorene Zeit wettzumachen? –, und ich hatte Mühe, dem Sinn seiner Worte zu folgen.

Meine Gedanken schweiften ab. Ich fühlte mich von mir selbst überrumpelt.

Ging das nicht alles viel zu schnell?

Wollte ich wirklich eine Wohnung in Hamburg? Du bist

dabei, dein neues Leben in die Hand zu nehmen, Maria, sprach ich mir Mut zu, riss mich zusammen, zeigte mich interessiert. Obwohl ich kein Interesse mehr hatte, ließ ich mir, mehr um seinet- denn um meinetwillen die Exposés einiger Objekte ausdrucken und steckte sie in meine Handtasche.

Brav folgte ich Ann-Britt in ein exklusives Möbelhaus, in dem es neben modernen Möbeln auch ausgesuchte Antiquitäten gab. Jetzt sollte ich eigentlich so tun, als suchte ich mir Stücke für mein Penthaus mit Blick auf die Elbe aus. Stattdessen fühlte ich mich immer deprimierter. Endlich fand ich Worte.

„Ist das hier gerade wirklich real?" Ratlos schaute ich AnnBritt an. „Das hab ich doch alles! Ich hab doch ein Haus, ich habe Möbel. Und nur weil dieser Scheißkerl keinen Bock mehr hat, soll ich alles verlieren?"

„Dann schmeiß ihn raus und behalte du das Haus!"

„Das schaff ich nicht. Da erinnert mich jeder Teller, jeder Löffel an unsere gemeinsame Zeit." Ich war den Tränen nahe.

„Nimm eine von den Benzos, Maria", sagte Ann-Britt; täuschte ich mich oder klang sie ein klein wenig genervt? „Oder willst du hier vor Publikum eine Panikattacke kriegen?" Eine Szene hier vor Publikum? Nein, das wollte ich wirklich nicht. Um mein Gesicht zu wahren, maulte ich:

„Carlo hat gesagt, dass Benzos süchtig machen", und ich hörte, dass ich wie ein kleines Mädchen klang.

„Quatsch!", sagte Ann-Britt resolut und sie hatte wieder dieses gewisse Etwas im Blick, das keine Widerrede duldete. „Von dieser einen Pille heute wirst du nicht süchtig!" Ich legte eine der weißen Happypillen unter meine Zunge und spürte sofort Erleichterung. Der Druck ließ augenblicklich nach. Ich atmete auf. „Geht doch!" Meine Freundin zog mich in Richtung des Ausgangs.

„Du musst auf andere Gedanken kommen, Maria. Ich hab Lust auf dieses neue Café am Jungfernstieg. Die bakken ihre Torten selbst. Köstlich!" Sie leckte sich die Lippen. „Komm, Maria, lass uns die Süßigkeit des Lebens kosten. Du bist sowieso viel zu dünn. Ein paar leckere Kalorien werden dir gut tun." Keine Widerrede!

13 *Es klingelte. Ein Polizist stand vor der Tür. Mit unserem Hund!* „Ihr Hund hat ein Auto von der Straße abgedrängt. Sie können von Glück sagen, dass die Halterin keine Anzeige erstattet hat." *Ich war sprachlos! Ich hatte an meinem PC ein Angebot für einen Kunden vorbereitet und nicht gemerkt, dass unser Hund abgehauen war. Wer hatte ihn raus gelassen? Thomas, dieser Penner, verdammt noch mal?*

„*Ich hoffe, Sie haben eine Haftpflichtversicherung für den Hund*", meinte der Polizist, „*falls die Fahrerin einen Schaden an ihrem Wagen hat.*" *Jetzt drehte ich durch:*

„*Diese Versicherungen bringen doch sowieso nichts! Wer hat das Scheißvieh überhaupt rausgelassen? Ich weiß von nichts! Wer war das!!!*" *Der Polizist schaute mich erstaunt an. Mein Mann trat hinter mich.*

„*Das tut mir leid*", erklärte er dem Polizisten, „*wir haben nichts davon gemerkt. Wir haben Handwerker im Haus. Wahrscheinlich haben die die Tür offen gelassen und der Hund hat diese Gelegenheit genutzt. Sonst ist er immer im Garten eingesperrt.*"

„*Ich würde Ihnen empfehlen, eine Versicherung abzuschließen*", sagte der Polizist zum Abschied, stieg in seinen Wagen *und fuhr davon. Ich brüllte: „Verdammtes Scheißvieh!" Der Hund duckte sich und klemmte den Schwanz zwischen die Beine.*

„Du kannst dich doch einem Polizisten gegenüber nicht so aufführen! Der hat es doch nur gut gemeint mit der Haftpflichtversicherung!" Thomas Stimme klang vorwurfsvoll. Ich tobte, ich wütete, ich ließ mich nicht beruhigen. Ich war wieder Opfer der Dämlichkeit meiner Mitmenschen.

„Bin ich denn von Idioten umgeben?", schrie ich und knallte Türen. Mein Mann rief den Versicherungsagenten an und schloss eine Hundehaftpflichtversicherung ab. Was war nur los mit meinem Leben? Warum hatte ich in den letzten Wochen nur noch Pech?

Ich stand unter enormem Druck, arbeitete wie eine Besessene, und seit Venedig verging kaum ein Tag, an dem nicht irgendetwas passierte, unter dem ich zu leiden hatte, obwohl ich für die Ursachen nicht verantwortlich war. Ich fühlte mich grauenhaft und schaffte es nicht mehr, ohne Tabletten zu schlafen.

Wie ich in dieser Zeit mit meinem Mann umging? Ich fürchte, ich war ihm gegenüber ziemlich unbeherrscht, obwohl er auch nichts für die Kalamitäten konnte, die fast täglich über uns hereinbrachen. Der Umgangston zwischen uns wurde immer frostiger. Thomas ging mir aus dem Weg.

14 „Ich muss nach Hause", verkündete ich beim Abendessen. Carlo und Ann-Britt schauten mich verwundert an.

„Wir dachten, du suchst dir hier eine Wohnung und holst dann nur noch deine Möbel!"

„Ja, das würde ich auch am liebsten. Aber ich muss mir einen Anwalt suchen und mit dem Steuerberater besprechen, wie ich jetzt am besten vorgehe. Außerdem muss ich mit Thomas reden. Ich kann das nicht alles dem Anwalt überlassen."

„Wenn du klug bist", bestätigte Carlo. „Das wird sonst richtig teuer. Je einiger ihr euch seid, umso weniger verdienen die anderen an eurer Scheidung. Ihr solltet die Geier nicht füttern."

„Genau deshalb muss ich zurück. Kann ich an deinen Rechner, Ann-Britt? Ich möchte mir einen Flug buchen."

„Klar. Die Internetseite meines Reisebüros findest du unter den Lesezeichen", sagte meine Freundin. Ich buchte den Flieger und schrieb Thomas eine SMS:

„Komme morgen Abend mit dem Flieger." Wenig später keckerte mein Handy – eine SMS von Thomas: „Ich hol dich ab."

„Ob das eine gute Idee ist?" Ann-Britt sah skeptisch aus. „Ihr habt euch eine gute Woche nicht gesehen, es ging dir in der Zwischenzeit richtig schlecht und deine Zuversicht verdankst du in erster Linie der Pharmaindustrie. Kannst du dich nicht von jemand anderem abholen lassen?"

„Ich freu mich auf ihn."

„Maria, das ist Quatsch! Du darfst dich nicht auf Thomas freuen. Der Kerl will dich verlassen. Hast du das schon vergessen? Er will dich nicht mehr." Mir schossen Tränen in die Augen. Ann-Britt schüttelte den Kopf. „Das hab ich mir gedacht. Du bist noch lange nicht fertig mit deinem Mann. Hast du noch genügend Benzos?" Ich nickte, schaute die beiden dankbar an und sagte:

„Danke, dass ihr für mich da wart. Das werde ich euch nie vergessen!" Carlo lächelte.

„Dafür sind Freunde da. Weißt du das nicht, Maria?"
Nein, das wusste ich nicht.

„Freunde sind Menschen, um die ich mich kümmere, wenn es ihnen schlecht geht. Dass sich jemand um mich kümmert, habe ich noch nicht so oft erlebt."

„Das könnte daran liegen, dass du nicht zeigst, wie es in dir aussieht."

„Ich erwarte gar nicht, dass sich jemand für mein Innenleben interessiert." Carlo schaute mich nachdenklich an.

„Du erscheinst als so eine Art Superfrau, Maria, und du vermittelst den Eindruck, als ob dir immer alles gelänge. Ich wette, fast niemand weiß, dass du auch schwach und verletzlich bist."

„Meinst du, das will überhaupt jemand wissen?"

„Maria, das klingt traurig. Du scheinst eine Menge schlechter Erfahrungen gemacht zu haben. Hast du schon mal an eine Therapie gedacht? An eine gute Psychotherapie, die dir hilft, die Trennung und das, was dahinter liegt, zu verarbeiten?"

„Ich bin kein psychiatrischer Fall", widersprach ich heftig, „das habe ich amtlich!" Carlo hob beschwichtigend die Hände. „Das wollte ich damit nicht sagen. Ich selbst habe eine Therapie gemacht, und sie hat mich unterstützt, der zu werden, der ich heute bin."

„Du?" Ich war überrascht. Ein italienischer Macho ging zum Therapeuten?

„Klar. Mir hat das sehr viel gebracht. Versprich mir, dass du daran denkst, wenn du allein nicht weiterkommst. Es ist nichts, wofür du dich schämen müsstest."

Nachdenklich ging ich zu Bett, zum ersten Mal seit Tagen ohne Kopfschmerzen. Es tat mir offensichtlich gut, keinen

Alkohol zu trinken. Eine Therapie? Wieso eigentlich nicht? Aber nur dann, wenn ich alleine nicht klarkommen würde, beschloss ich, bevor ich einschlief.

Der Tag der Abreise. Ich wachte früh auf, fühlte eine nervöse Spannung und lenkte mich ab, indem ich AnnBritts Wäsche bügelte, den Hund ausführte und das Mittagessen kochte. Heute würde ich Thomas treffen, der nichts mehr von mir wissen wollte, obwohl ich ihn immer noch liebte, und ich würde eine lange Stunde neben ihm im Auto sitzen.

Ob es wirklich eine gute Idee war, in mein Haus zurückzukehren, das bald nicht mehr mein Haus sein würde?

Ich merkte, wie mein Herzschlag sich beschleunigte und der Druck in mir zunahm, obwohl ich heute Morgen eine Beruhigungspille geschluckt hatte. Erschwerte Bedingungen erforderten offensichtlich andere Dosierungen. Ich legte eine zweite Pille unter meine Zunge. Die doppelte Dosis bewirkte, dass ich gefühllos wurde: Ich fühlte mich weder gut noch schlecht; stattdessen fühlte ich Abstand zum Leben.

Ann-Britt bestand darauf, mich zum Flughafen zu bringen. Ihr konnte ich nichts vormachen.

„Es geht dir nicht gut. Das sehe ich doch", stellte sie bekümmert fest. „Was machst du, wenn du merkst, dass du dir zu viel zugemutet hast? Du kannst dich doch nicht dauerhaft mit Benzos ruhigstellen! Willst du nicht doch noch eine Weile bei uns bleiben?"

„Wenn ich noch länger bei euch bleibe, wird euch das bald auf den Wecker gehen…" Ann-Britt schaute mich empört an und holte Luft, um mir zu widersprechen.

„Nein, widersprich mir nicht. Ich sehe deine guten Absichten und ich bin dir und deiner Familie sehr dankbar. Doch ihr braucht euren Raum für euch. Außerdem brennen mir die ungeklärten Fragen unter den Nägeln. Ich muss jetzt an meine Existenz denken und mit Thomas Scheidungsvereinbarungen aushandeln. Wenn alles glatt läuft, bin ich in spätestens sechs Wochen so weit, dass ich umziehen kann. Und dann habe ich nichts dagegen, wenn du mir hilfst." Ann-Britt war nachdenklich geworden.

„Vielleicht hast du Recht. Aber wenn es nicht klappt, dann ruf mich sofort an!"

„Das verspreche ich dir!" Sie fuhr das Auto in die Haltebucht vor der Abflughalle. Ich stieg aus und wir umarmten uns zum Abschied.

„Pass auf dich auf und ruf mich an!", rief sie mir noch einmal zu, bevor sie losfuhr. Ich winkte bis ihr Auto in der Kurve verschwand. Dann schob ich meinen Koffer durch die Drehtür in die Eingangshalle zum Schalter meiner Fluglinie.

Merkwürdig, wie die Pillen die Wirklichkeit veränderten! Ich schwebte durch eine Welt, die seltsam entrückt zu sein schien. Das Medikament schaffte eine unsichtbare Barriere zwischen mir und der Realität. Das große Bild mit seinen zahllosen Eindrücken schien weit von mir entfernt, doch die Einzelheiten zoomten sich wie mit einem Teleobjektiv in Zeitlupe in mein Bewusstsein.

Ich stellte mich an die weiße Haltelinie. Vor mir wurden drei Leute mit Unmengen Gepäck, seltsam geformten Koffern – Musikinstrumenten? – abgefertigt. Dann war ich an der Reihe und erhielt meine Bordkarte. Langsam schlenderte ich in Richtung der Abflughalle, unsichtbar zwischen vielen Menschen, redenden, lachenden Menschen.

Die zwei vor mir schauten sich verliebt in die Augen und küssten sich. Das hält sowieso nicht, dachte ich, und wandte meinen Blick ab. Bei der Polizeikontrolle zeigte ich Bordkarte und Ausweis, reihte mich in die Schlange der Abfliegenden, nahm die blaue Plastikkiste vom Stapel und legte meinen Mantel hinein, meine Bordkarte, meinen Gürtel. Nahm eine zweite Plastikkiste und legte mein Netbook hinein, dann die Handtasche. Prüfte mit der Hand die Hosentaschen: kein Kleingeld, keine Schlüssel.

Die Beamtin winkte mich durch den Metalldetektor. Es piepste. Wahrscheinlich der BH, dachte ich, oder die Knöpfe? Die Beamtin winkte mich zur Seite, fuhr mit dem Messgerät über meinen Körper. Beim BH piepste es vernehmlich, bei den Knöpfen, beim Reißverschluss meiner Jeans. Ich musste die Schuhe ausziehen; die Beamtin legte sie auf das Band. Im Monitor sah ich das Innenleben meiner Schuhe. Keine Bombe vorhanden. Ich durfte sie wieder anziehen.

„Ich wünsche Ihnen einen guten Flug", sagte die Beamtin und verzog den Mund zum Lächeln. Ich antwortete nicht, nahm meinen Mantel aus der Kiste, zog den Gürtel durch die Schlaufen meiner Hose, steckte Bordkarte und Netbook in die Handtasche. Dann ging ich durch den Dutyfreeshop, durch die Kosmetikabteilung, sah Flaschen, Töpfchen, hell erleuchtete Regale, sanfte Farben, sanfte Musik, roch verführerische und aufdringliche Düfte.

Neben mir nahm ein Mann ein Fläschchen aus einem Regal, führte es zur Nase, schnupperte, schloss die Augen, schnupperte. Entspannter Mund, leichtes Lächeln. Plötzlich glitt ihm das Fläschchen durch die Finger, fiel zu Boden: Aufgerissene Augen, erschreckter Blick, geöffneter Mund. Glasscherbenregen auf weißen Bodenfliesen, honigfarbene Tröpfchenkaskade, Duftattacke – Parfumpuzzle!

Der Mann sprang zurück mit schuldbewusstem Blick. Eine Verkäuferin eilte herbei, beschwichtigendes Lächeln, nichts passiert, Kollateralschaden. „Das war ja nur der Tester", sagte sie, „mögen Sie den Duft?" Sie verwickelte ihn in ein Gespräch und drückte ihm eine zart bedruckte Schachtel in die Hand. Er ging zur Kasse. Verkauf geglückt.

„78 bitte nach 33, 78 bitte nach 33", sagte der Lautsprecher. Eine Putzfrau – Nummer 78? – schob ihren Wagen mit Putzutensilien zum Regal – Nummer 33? –, verwandelte das Parfumpuzzle mit dem Schrubber in einen Scherbenhaufen, vermischt mit Haaren, Flusen und Dreckpartikeln. Putzmittelgeruch überlagerte den Honigduft. Ich ging weiter.

16   *Aufgeregt begrüßte mich meine Sekretärin an der Tür.*
„Frau Hundhausen, da ist ein unangenehmer Brief für Sie. Es tut mir leid!" Am liebsten hätte ich mich auf dem Absatz umgedreht und wäre wieder gegangen. Keine Chance, denn meine Sekretärin hielt mir das Schreiben entgegen. Wortlos steckte ich den Brief in meine Handtasche. Ich würde ihn später lesen, zu Hause.

Abends las ich fassungslos, was auf dem Blatt geschrieben stand: Die blöde Ziege hatte mich angezeigt, warf mir Beleidigung und Inkompetenz vor, hatte sich einen Fachanwalt genommen, wollte mich fertig machen! Mein Magen krampfte, Angst stieg hoch, mein Kopf wurde leer, meine Knie zitterten. Zum Glück stand neben mir ein Stuhl, auf den ich kraftlos sank. Das war zu viel, einfach zu viel! Hörte das denn gar nicht mehr auf?

Dann löste sich ein Schrei aus mir, es schrie mich. Hatte keine Kontrolle mehr, schrie. Konnte nicht mehr aufhören. Thomas stürzte herbei, entsetzt, erschrocken, hielt mich, wiegte mich in seinen Armen. Ich schrie! Bis die Stimme schmerz-

te, bis die Stimme nicht mehr schreien konnte. Thomas telefonierte mit einem Arzt. Thomas telefonierte mit einem Anwalt.

„Das stehen wir gemeinsam durch", sagte er. Dann fuhr er zur Apotheke und holte Pillen, Beruhigungspillen. Die ganze Welt schien sich gegen mich verschworen zu haben: Erst das Loch im Stiefel, dann das Scheißhotel, dann Schimmel, schwarzer Schleim und Eis im Bad, dann dieser üble Brief, dann der Scheißhund und jetzt noch eine Anzeige! Und das alles in knapp 6 Wochen!

Ich stand maßlos unter Druck, sollte in zwei Tagen ein wichtiges Seminar geben, hatte in fünf Tagen einen wichtigen Kundentermin in Hamburg, der klappen musste, der uns ernähren, der unsere Existenz sichern sollte.

An Schlaf war nicht zu denken. Ich wälzte mich, formuliere Plädoyers, verteidigte mich, sah mich als Angeklagte vor Gericht. Doch was ich auch sagte, veränderte die Sicht des Richters nicht.

„Schuldig", hörte ich ihn sagen, „die Angeklagte ist in allen Punkten schuldig!"

17 Ich hatte mich auf einen der unbequemen Plastiksessel vor meinem Abfluggate gesetzt. Vor mir mein Netbook: Ich spielte ein Computerspiel, versuchte, die Wirklichkeit auszublenden, versuchte, mich auf das Spiel zu konzentrieren. Plötzlich eine Stimme neben mir:

„Entschuldigen Sie bitte…" – Die Stimme klang direkt neben mir, sozusagen auf Ohrhöhe. Ein Kind? Langsam drehte ich den Kopf. Kein Kind, eine kleinwüchsige Frau schaute mich freundlich an.

„Bitte, ich habe nicht verstanden", stammelte ich.

„Kein Problem", meinte die Frau lächelnd, „könnten Sie mich bitte auf die Toilette begleiten?" Hatte ich richtig gehört, richtig verstanden? Ich schaute sie an, erfasste, dass ihre Arme nur knapp zwanzig Zentimeter lang waren, dass ihre Hände ihren Hosenbund nicht erreichen konnten. Hastig klappte ich mein Netbook zu und sagte:

„Ja, ja natürlich." Ich fühlte mich in einen Roman von John Irving versetzt, eines Schriftstellers, der bekanntermaßen gerne mit den ungewöhnlichen, skurrilen Situationen spielt.

„Lassen Sie sich Zeit", beruhigte mich die Frau. Ich stand auf, wir gingen quer durch den Raum, ich öffnete die große Tür zur Toilette, suchte eine freie Kabine, öffnete die Tür und sah sie fragend an.

„Gehen Sie bitte mit mir hinein", sagte die Frau, „und ziehen Sie mir die Hose runter. Wie bei einem Kleinkind." Sie lächelte mir aufmunternd zu. Also gut! Ich schloss die Tür hinter uns, öffnete den Knopf ihrer Jeans, zog ihr die Hose runter. Sie war sehr eng und drunter trug sie einen Stringtanga. Warum war ich erstaunt? Was hatte ich erwartet? Liebestöter? Sie schaffte es zum Glück alleine auf die Schüssel.

„Können Sie mich bitte abwischen?", fragte sie, als sie fertig war. Ja, natürlich, dahin reichten ihre Arme auch nicht! Ich schluckte, zog drei Blatt Klopapier von der Rolle, tupfte vorsichtig.

„Gut so?", fragte ich unsicher.

„Ja, danke, ganz prima!", antwortete sie gut gelaunt, rutschte von der Schüssel und ließ sich von mir erst den Slip und dann die Jeans hochziehen. Ich drückte die Spülung und fragte: „Hände waschen?"

„Nein", antwortete sie lächelnd, „brauch ich nicht!" Wie

blöd von mir, natürlich nicht. „Ja, das muss dann wohl ich", sagte ich, und dann konnte ich es mir doch nicht verkneifen und fragte: „Ist es nicht schwierig für Sie, Leute zu fragen, ob sie mit Ihnen auf die Toilette gehen?"

„Ich habe mich daran gewöhnt", antwortete sie, „und ich habe gelernt, die richtigen Leute zu fragen." War das ein Kompliment? Ich beschloss, es so aufzufassen und hielt ihr die Tür auf. Dann wusch ich mir die Hände. Im Flieger ging ich an ihr vorbei und schaute sie an. Sie lächelte nicht. Wie nah ist man einem Menschen, dem man den Po abgewischt hat?

„Boarding is completed!", sagte die Stewardess. Die Türen wurden geschlossen, die Motoren heulten auf. Ich hielt eine Hochglanzzeitschrift in den Händen und versuchte, die dort verzeichneten Hieroglyphen den dazu passenden Bildern zuzuordnen. Es interessierte mich nicht im Geringsten, ob Angelina Jolie Brad Pitt betrog und was Heidi Klum tat, um ihre Ehe frisch zu halten. Das klappt eh nicht, konstatierte die Stimme in mir kalt. Hinter mir ertönten plötzlich laute Stimmen, Rufe. Eine Stewardess lief los, kurze Zeit später sagte die Stimme aus dem Lautsprecher:

„Wenn ein Arzt an Bord ist, bitte melden sie sich!" Ich schien tatsächlich in einem Roman von John Irving zu sein! Zwei Reihen vor mir sprang ein Mann auf und lief ebenfalls nach hinten. Das Motorengeheul erstarb, die Türen wurden wieder geöffnet. Der da hinten hat es vielleicht hinter sich, der Glückliche, kommentierte die kalte Stimme in mir. Sanitäter mit Trage stürmten durch die Tür, eilten zum Ursprung des Getümmels.

„Hier spricht ihr Pilot", meldete sich der Lautsprecher wieder, „einem Passagier ist unwohl und es wird alles getan, um ihn so weit zu stabilisieren, dass er den Flug mit uns antreten kann. Der Start verschiebt sich deshalb um ein paar Minuten." Die Zeit verstrich. Die Sanitäter rücken mit ihrer Trage wieder ab, der Arzt setzt sich wieder auf seinen Platz und schloss den Gurt. Der Passagier war wohl stabil genug, um mitzufliegen. Die Türen wurden geschlossen, die Maschine heulte auf und langsam fuhr der Flieger zum Taxiway.

Es regnete, Tropfen perlten an die Bullaugen, der Asphalt glänzte. Ich spürte Angst, Angst vor dem Wiedersehen nach zwei Wochen, Angst vor meinen Gefühlen, vor seinen Gefühlen. Ich legte eine weitere Pille unter meine Zunge. Die Pille machte mich müde. Ich döste ein und wurde erst wieder wach, als das Flugzeug gelandet war.

18 Ich hatte das Wochenende durchgearbeitet und es war gut gegangen, trotz des Nervenzusammenbruchs vor drei Tagen. Jetzt saßen wir am Frühstückstisch. Mein Mann saß schweigend neben mir. Er war einsilbig heute Morgen.

„Was ist los mit dir?", fragte ich. „Geht es dir nicht gut?" Er antwortete nicht gleich. Dann sagte er:

„Ich sehe schwarz für unsere Partnerschaft. Ich kann mir ein Zusammenleben mit dir als Mann und Frau nicht mehr vorstellen! Ich will die Trennung."

19 Thomas wartete auf mich. Er fühlte sich vertraut und zugleich fremd an. Ich nickte ihm zu und schwieg. Was hätte ich sagen sollen? Wir fuhren schweigend nach Hause.

Nach Hause? Hatte ich noch ein Zuhause?

„Du kannst das Schlafzimmer haben", bot mir Thomas großzügig an. Ich nickte, legte mich gleich zu Bett und schluckte zur Vorsicht noch eine Pille. Trotzdem schlief ich unruhig und schreckte immer wieder hoch. Morgens brachte mir Thomas das Frühstück ans Bett. Das hatte er Jahre lang nicht mehr getan.

„Ich kann das nicht essen", sagte ich und schob das Tablett beiseite.

„Möchtest du etwas anderes?"

„Nein, ich bring nichts runter!"

„Maria!", sagte er weich und setzte sich auf die Bettkante, um mich tröstend zu umarmen. Panisch wich ich vor ihm zurück.

„Fass mich nicht an!", keuchte ich. Er zuckte erschrocken zurück.

„Ich kann doch dein Freund sein", bat er, „bitte, lass mich doch dein Freund sein!" „Nein, das kannst du nicht", stammelte ich entsetzt, „nein, das geht gar nicht. Geh weg!"

Er stand auf, verließ das Zimmer und kurze Zeit später fiel die Haustür ins Schloss. Es zerriss mich, ich weinte, löste mich auf, schluckte noch eine Pille. Die wievielte? Ann-Britt hatte Recht gehabt: Ich hatte mich komplett überfordert, mich komplett falsch eingeschätzt.

Wie hatte ich annehmen können, mein Haus, das bald nicht mehr mein Zuhause sein würde, ertragen zu können?

Wie sollte ich die Anwesenheit von Thomas aushalten, der mein Freund sein wollte und nicht verstand, dass er mich damit mehr verletzte, als wenn er beschlossen hätte, mein Feind zu sein?

Wie sollte ich ihn mir aus dem Herzen reißen, wenn er mir so liebevoll das Frühstück brachte und mich trösten wollte? Ich wählte Ann-Britts Nummer. Sie verstand sofort.

„Das habe ich befürchtet. Hat der Psychiater nicht gesagt, du solltest dir eine private Klinik suchen, wenn du allein nicht klar kommst? Hast du schon darüber nachgedacht?" Nein, das hatte ich total vergessen. „Kriegst du das mit der Klinik hin? Soll ich das für dich organisieren?", fragte Ann-Britt. Ich hörte im Hintergrund die Telefone klingeln, das Stimmengewirr, den Klangteppich einer großen Zeitungsredaktion.

„Frau Persson-Baldini", rief eine Frauenstimme, „Sie werden dringend beim Meeting erwartet!" „Maria", begann Ann-Britt und ich hörte den Stress in ihrer Stimme.

„Ich krieg das alleine hin", unterbrach ich sie. „Geh du mal zu deinem Meeting. Wenn ich nicht klarkomme, ruf ich dich an." Ich startete mein Netbook, klickte auf die Internetverbindung und überlegte Suchworte. Woran litt ich eigentlich? An Trennungsschmerz? Gab es eine Klinik zur Behandlung von Trennungsschmerz? Oder war ich depressiv? Wie fühlte ich mich? Ausgebrannt, ich fühlte mich völlig ausgebrannt und leer. Burnout hieß das. Ich suchte eine Klinik gegen Burnout. Die Suchmaschine lief und spuckte tatsächlich Adressen aus und Telefonnummern, die ich wählte.

„Ja, da sind Sie bei uns richtig", sagte die nette Stimme am Telefon, „aber akut können wir niemanden aufnehmen. Schikken Sie Ihre Unterlagen. In sechs bis acht Wochen könnten Sie kommen." So lange warten? Das ging gar nicht! Ich musste weg von hier, so schnell wie möglich. Am besten sofort.

Ich wählte die nächste Nummer und erhielt überall dieselbe Auskunft: Überall gab es Wartezeiten von mehreren Wochen! Es war zum Verzweifeln. Ich hatte bisher nur im

Umkreis von zweihundert Kilometern gesucht. Jetzt dehnte ich meine Suche auf ganz Deutschland aus. Prompt fand mein Netbook andere Adressen.

„Corpus et Anima, Klinik für psychosomatische Medizin, Sie sprechen mit Frau Brodersen. Was kann ich für Sie tun?", meldete sich eine Frauenstimme. Ich trug mein Anliegen vor. „In drei Tagen könnten Sie kommen, Frau Hundhausen, aber wenn es so dringend ist, dann kommen Sie gleich." Bingo! Endlich hatte ich Glück.

„Es ist sehr dringend. Ich komme so schnell wie möglich. Wo liegt die Klinik?"

„In Söderborg an der Ostsee", antwortete die Frau und fügte unnötigerweise hinzu: „in Norddeutschland."

„In Norddeutschland...", wiederholte ich. Da wäre ich wirklich besser in Hamburg geblieben.

„Ist das ein Problem für Sie?", erkundigte sich Frau Brodersen.

„Nein, nein. Der Weg ist weit, aber das kriege ich hin."

„Wie sind Sie versichert?"

„Privat!"

„Dann ist ja alles klar. Unsere Klinik wird von allen privaten Kassen bezahlt. Wann dürfen wir mit Ihnen rechnen?"

„Morgen", antwortete ich, ohne zu wissen, wie ich das schaffen sollte, „morgen Abend."

Ich schrieb Thomas eine SMS. Er rief gleich zurück und fragte, ob es mir recht sei, wenn er nach Hause käme. Ich willigte ein. Freundlich und hilfsbereit wie immer bot er mir an, mich mit dem Auto nach Söderborg zu fahren. Ich überlegte die Alternativen: Die Flüge in Richtung Hamburg waren für die nächsten drei Tage ausgebucht. Der Zug kam nicht in Frage, denn ich fühlte mich nicht in der Lage, mit schwerem Gepäck von einem Bahnsteig zum nächsten zu hetzen, geschweige denn die vielen fremden Menschen zu ertragen. Mit dem eigenen Auto fahren durfte ich nicht wegen der Medikamente, die ich schluckte. Also nahm ich sein Angebot an.

Thomas hängte sich gleich ans Telefon, verlegte Termine und vertröstete Kunden. Ich sah ihm dabei zu, bemerkte die vertrauten Bewegungen, das typische Hochziehen der Augenbrauen, wenn er eine Frage stellte, das leise Lächeln, wenn ihm die gehörte Antwort gefiel, und die unterstreichenden Handbewegungen, mit denen er verdeutlichte, was er meinte, obwohl sein Gegenüber ihn am Telefon ja nicht sehen konnte. Ich beobachtete ihn schweigend mit brennendem Herzen.

„Das wäre geschafft!" Thomas steckte zufrieden sein Handy in die Jackettasche. „Ich habe mir den morgigen Tag freigeräumt. Am besten packst du gleich deine Sachen. Wir fahren morgen früh um halb sieben los, damit ich abends wieder zurück bin. Jetzt muss ich nochmal ins Büro und weißt du was: Ich schlafe dort. Dann hast du das Haus für dich. Um halb sieben stehe ich vor der Tür." Er winkte mir zum Abschied zu, die Haustür fiel ins Schloss und wieder war er weg.

Ich taumelte hin und her zwischen Erleichterung und Einsamkeit: Erleichterung, weil seine Anwesenheit meinen Schmerz vergrößerte, und Einsamkeit, weil ich mich ohne ihn so alleine fühlte. Hastig nahm ich eine Pille zur pharmakologischen Gefühlsregelung. Dann holte ich die große Reisetasche vom Dachboden und begann, Kleidungsstücke einzupacken: Wintersachen, Frühlingssachen, Sommersachen, den Bikini und die Handschuhe… keine Ahnung, wie lange ich in dieser Klinik sein würde. Ich nahm Bücher aus dem Regal, die zu lesen mir bislang die Zeit gefehlt hatte, überspielte meine Lieblingsmusik auf mein Netbook und versuchte, mich mit dem Gedanken anzufreunden, dass ich ab Morgen Patientin in einer psychosomatischen Klinik sein würde.

They're coming to take me away, HA HA,
they're coming to take me away, HO HO HEE HEE HA HA,
to the funny farm where life is beautiful all the time.
And I'll be happy to see those nice, young men in their clean, white coats.
And they're coming to take me away, Ha-haaa!"

20 Thomas stand pünktlich um sechs Uhr dreißig vor der Haustür und wuchtete meine schwere Tasche in den Kofferraum. Dann fuhren wir los. Das Radio dudelte. Ich holte eine Zeitschrift aus meiner Handtasche und versuchte, mich in Inhalte zu vertiefen, die mich eigentlich interessieren sollten, doch ich war unfähig, mich zu konzentrieren. So schaute ich einfach aus dem Fenster und ließ die Landschaft an mir vorbeiziehen.

Wenn Thomas eine Pause brauchte und in die Raststätte ging, blieb ich im Auto sitzen. Alles ging gut bis ich einschlief. Ich schlief lange und gut und als ich erwachte, fühlte sich alles so normal und vertraut an. Am Steuer unseres Wagens neben mir mein Mann, der mich freundlich anschaute und lächelnd fragte:

„Na, hast du gut geschlafen?" In diesem Augenblick überflutete mich die grausame Wirklichkeit mit der Kraft eines an einer Felswand brechenden Tsunamis: Der vertraute Klang seiner Stimme, seine Freundlichkeit, das alles galt bald nicht mehr mir, das alles war mir ab jetzt verboten. Ich stürzte ab, der Tunnel winkte verführerisch: Lös, einfach den Gurt, öffne die Tür und lass dich auf die Fahrbahn knallen! Thomas sah die Panik in meinem Gesicht und fragte erschrocken:

„Was ist passiert, Maria? Was kann ich tun?" Er streckte die Hand aus, um mich zu berühren. Ich wich aus und schrie:

„Fass mich nicht an!" Er zuckte zurück.

„Okay, okay! Ich fass dich nicht an. Beruhige dich, wir sind gleich da." Ich hörte die Angst in seiner Stimme. „Es sind nur noch zehn Minuten, gleich sind wir da." Ich tastete in meiner Handtasche nach den Beruhigungspillen und schluckte eine Tablette. Das Medikament zeigte sofort Wirkung.

Wir verließen die Autobahn und näherten uns auf kurvigen Landstraßen unserem Ziel. Dann passierten wir das Ortsschild Söderborg und fuhren langsam durch die engen Straßen des typisch norddeutschen Städtchens mit seinen in bunten Farben gestrichenen kleinen Häusern. Auf einem weißen Hinweisschild am Marktplatz stand der Name der Klinik. Wir bogen ab und als wir um eine Kurve fuhren, lag vor uns das funkelnd blaue Meer im hellen Licht der Nachmittagssonne. Im Hafen hatten einige Fischerboote festgemacht. Am Ende der Straße stand ein weißer Leuchtturm mit glänzend rotem Dach. Thomas ließ die Fenster hinunter. Es roch nach Meer. Möwen ließen ihr gackerndes Gelächter erschallen. Mit leisem Plätschern liefen die kleinen Wellen an den Strand.

„Hier wirst du dich gut erholen", sagte mein Mann und obwohl ich ihn für diesen Spruch hätte ohrfeigen können, sagte ich nichts, denn ich wusste, dass er freundlich zu sein versuchte. Dann lag die Klinik vor uns: Ein moderner, dreistöckiger Bau mit angebautem großen Wintergarten mit Blick aufs Meer, umgeben von hohen Bäumen. Thomas parkte das Auto. Wir stiegen aus und er holte meine schwere Tasche aus dem Kofferraum. Entschlossen nahm ich sie ihm aus den Händen.

„Ich muss mich daran gewöhnen, dass ich das ab jetzt selbst tue. Je eher ich damit anfange, umso besser." Thomas schaute mich hilflos an.

„Kann ich noch irgendetwas für dich tun?"

„Geh weg", flüsterte ich, „ab jetzt muss ich alleine klarkommen!" Er streckte mir die Hand entgegen. Ich machte keine Anstalten, sie zu nehmen.

„Ich wünsch dir alles Gute, Maria", sagte Thomas leise, drehte sich um und schlich wie ein geprügelter Hund zum Auto. Ich wandte mich ab und ging langsam auf die Klinik zu, ohne mich noch einmal nach ihm umzudrehen.

Teil II

Klärung

1 Die gläserne Eingangstür glitt vor mir zur Seite. Ich trat ein und stand vor einer Art Rezeption. Der Mann, der mich hinter dem Tresen erwartete, trug den weißen Kittel eines Krankenpflegers.

„Frau Hundhausen? Ich heiße Sie herzlich willkommen! Mein Name ist Jens Bramstedt und ich bin Mitglied des Pflegeteams. Am besten zeige ich Ihnen gleich Ihr Zimmer. Sie haben eine lange Fahrt hinter sich und möchten sich sicher gerne frisch machen." Er schnappte sich meine Tasche und ich folgte ihm die Treppen hinauf in die zweite Etage. Von einem hellen Flur zweigten rechts und links Gänge ab. Wir gingen links herum, der Pfleger schloss das letzte Zimmer auf, öffnete die Tür und sagte:

„Ich hoffe, Sie werden sich hier wohl fühlen." Ich trat ein und schaute mich um: Das Zimmer war sehr hell, nicht übermäßig groß, jedoch mit allem, was ich brauchte, geschmackvoll ausgestattet. Und es hatte zwei Fenster! Der Pfleger war hinter mir eingetreten und hatte das nach vorne zeigende geöffnet. Ich trat neben ihn und schaute hinaus: Hinter dem Hafen ragten am südlichen Ende der Bucht zwischen Baumwipfeln die klobigen Türme einer Burg.

„Da ist ja eine Burg!", rief ich erfreut, denn ich liebte alte Gemäuer. „Kann man da hinein?"

„Nein, die Söderborg ist in Privatbesitz. Nur der Park ist für das Publikum geöffnet." Er ging zur Tür. „In einer halben Stunde hole ich Sie zur Visite bei Dr. Hansen ab und danach zeige ich Ihnen das Haus." Dann war ich allein, stand in meinem neuen Zimmer und versuchte, mich mit der Situation vertraut zu machen. Nein, ich hatte gerade nicht in einem Hotel eingecheckt, um Systemfehler bei einem Kunden zu finden und passende Lösungen anzubieten.

Ich selbst war diesmal diejenige, die in einer Klinik für psychosomatische Medizin auf Lösungen für die Fehler im eigenen System hoffte. Frische kalte Meeresluft strömte durch das geöffnete Fenster. Die Sonne stand schon ziemlich tief, eine breite Wolkenfront zeigte sich grau am Horizont. Bald schon würde es dunkel sein. Ich begann zu frösteln und schloss das Fenster.

Aus dem Augenwinkel nahm ich einen Lichtreflex wahr. Der Leuchtturm hatte seinen Dienst aufgenommen und schickte lange Lichtfinger hinaus auf die anthrazitfarbene bewegte Fläche. Fasziniert beobachtete ich den breiten silbernen Streifen, den das Licht auf das Wasser malte.

Welche Rolle spielte das Meer in meinem Leben? In meinen Phantasien hatte ich im Meer sterben wollen. Und jetzt suchte ich Heilung in einer Klinik am Meer.

Ich hatte gerade den Inhalt meiner Tasche in die Schränke geräumt, als Jens Bramstedt klopfte, um mich zur Visite abzuholen. Das Ärztezimmer, in dem Dr. Hansen mich erwartete, befand sich im Erdgeschoss neben der Rezeption. Der Arzt sah aus wie ein Norddeutscher aus dem Bilderbuch: groß, mit blonden Haaren und blauen Augen. Er begrüßte mich freundlich und erkundigte sich eingehend nach meinen Kümmernissen. Ich begann zu erzählen, und während des Erzählens steigerte sich meine Wut auf meinen Mann: Dieser Scheißkerl! Er allein war schuld, war an allem schuld, machte alles kaputt, nach allem, was ich für ihn getan hatte! Ich merkte, wie sich der Druck in meinem Magen verstärkte. Der Arzt hörte ruhig zu und machte sich Notizen.

„Nehmen Sie Medikamente?", fragte er. Ich erzählte von meinem Besuch beim Psychiater.

„Die Medikamente bekommen Sie ab jetzt von uns", sagte er. „Melden Sie sich bei der Pflege, wenn Sie die Beruhigungstabletten brauchen. Ich wünsche Ihnen einen schönen Abend." Damit war ich entlassen.

Jens Bramstedt erwartete mich schon zur Führung durch das Haus. Wir gingen durch eine breite Tür in den Nebenraum. Unwillkürlich entfuhr mir ein Laut des Erstaunens. Der Anblick des großen Wintergartens, von orangefarbenen Lämpchen sanft erhellt, hatte mich überrascht. Durch die großen Scheiben sah ich die Lichtfinger des Leuchtturms. Ich war beeindruckt.

„Schön, nicht wahr?", stellte der Pfleger fest. Ich nickte. „Sie werden die Aussicht bei jeder Mahlzeit genießen können. Wenn es das Wetter erlaubt, essen wir natürlich auf der Terrasse, aber das ist zu dieser Jahreszeit hier im Norden nicht zu erwarten." Dann führte er mich treppauf treppab durch das große Haus, zeigte mir Therapieräume, Aufenthaltsräume, Kunsträume und Gruppenräume, und nach kurzer Zeit hatte ich die Orientierung vollständig verloren. Hatte sich meine Verwirrung auf meinem Gesicht gezeigt? Grinsend zog der Pfleger ein Papier aus der Kitteltasche und fragte:

„Wollen Sie einen Plan vom Haus?"

„Auf jeden Fall!", antwortete ich erleichtert. Er lachte.

„So geht es allen Neuen hier. Sie werden sich bald zurechtfinden." Er wandte sich zum Gehen, hielt plötzlich inne und drehte sich noch einmal zu mir um. „Ach ja, das hätte ich fast vergessen: Wenn es Ihnen lieber ist, lasse ich Ihnen das Essen heute Abend auf dem Zimmer servieren. Sie können die Mitpatienten morgen beim Frühstück kennenlernen." Dieses Angebot nahm ich gerne an, denn ich fühlte mich erschöpft und ausgelaugt. Die Beruhigungspille hatte aufgehört zu wirken und die Realität schlich sich in mein Bewusstsein. Ich ging zurück in mein Zimmer, setzte mich aufs Bett und schaute hinaus: Es war dunkel geworden; nur der Leuchtturm schickte sein Licht hinaus aufs Meer. Wie lange würde ich hier bleiben müssen?

Wie lange dauerte es, sich Liebe aus dem Herzen zu reißen? Der Druck in meinem Magen verstärkte sich und ich wusste aus Erfahrung, dass er unweigerlich im Tunnel enden würde. Ich betätigte die Klingel. Die Nachtschwester schaute auf ihren Plan und reichte mir die Pille, die den Abstand zu mir selbst herstellte. Ich legte mich in mein Bett und schloss die Augen: Nichts fühlen, nichts denken, nicht sein.

2   Mein Handy weckte mich um viertel nach sieben. Ich stand auf und öffnete das Fenster. Die Sonne verbarg sich hinter einer dicken Wolkenschicht und der kalte Wind blies mir Regentropfen ins Gesicht. Schnell machte ich das Fenster wieder zu. Das Meer sah grau aus; weiße Schaumkronen ließen sich von den Wellen an den Strand tragen. Der Leuchtturm blinkte seine Lichtsignale weit hinaus über die bewegte Wasserfläche. Ich duschte, zog mich an und lief die Treppen hinunter.

Der Wintergarten war noch leer. Zögernd ging ich hinein. Die orangefarbenen Lämpchen kämpften gegen das graue Dämmerlicht des trüben Morgens. Leise trommelte der Regen seinen monotonen Rhythmus aufs Dach. Gleich neben dem Eingang stand ein Tisch, beladen mit allem, was sich ein Mensch zum Frühstück nur wünschen konnte. Ich nahm einen Croissant und etwas Obstsalat und suchte mir einen Platz, von dem aus ich das aufgewühlte Meer betrachten konnte. Die braune Flüssigkeit, die ich aus der silbernen Kanne in meine Tasse geleert hatte, roch nach Kaffee. Nach dem ersten Schluck war ich mir jedoch nicht mehr so sicher: Das Zeug schmeckte schauderhaft. Jemand lachte. Als ich aufschaute, streckte mir eine Frau die Hand entgegen:

„Hallo, ich bin Manuela. Der schmeckt schrecklich, was? Wir befinden uns in einer drogenfreien Zone, deshalb enthält der Kaffee kein Koffein. Versuch es mal mit Tee. – Mensch, hab ich Hunger!" Sie lief zum Buffet, häufte sich den Teller voll mit Leckereien und setzte sich neben mich. Stimmen und Schritte näherten sich und plötzlich drängten sich viele Menschen in den Raum. Manuela stand auf und deutete auf mich.

„Wir haben einen Neuzugang!", rief sie. „Das hier ist Maria."

„Hallo Maria", begrüßte mich ein älterer Mann. „Willkommen bei den Irren!" Die anderen lachten. Der Mann hieß Arnold und war schon zwölf Wochen hier. Es schien ihm Spaß zu machen, die anderen zum Lachen zu bringen.

„Das ist Lorenzo, unser Paganini!", stellte er einen jungen Mann vor, der seinen Teller mit Rührei und Schinken beladen hatte. Dieser klopfte ihm freundschaftlich auf die Schulter.

„Ne, lass mal Arnold, von Paganini bin ich weit entfernt. Früher hätte ich alles dafür gegeben, einmal in der CarnegieHall zu spielen." Ein jungenhaftes Grinsen hellte seine Züge auf. „Heute würde ich meine Geige am liebsten gegen eine Harley tauschen und auf dem Highway Nr. 1 von Alaska nach Kalifornien brausen."

„Kalifornien…". Manuela schaute träumerisch hinaus in

das norddeutsche Schmuddelwetter. „Da ginge es mir wahrscheinlich viel besser. Ich vertrag den Winter einfach nicht. Der macht mich depressiv!" „Meinst du, das liegt am Winter?", fragte Klaus traurig. „Ich habe keinen Grund für meine Depression; ich bin ein hoffnungsloser Fall!"

„Ach, Klaus", sagte eine ältere Frau, die Hedwig hieß, „denkst du, es ist leichter, wenn du weißt, warum es dir schlecht geht? Mir hat das überhaupt nichts genützt." Sie wandte sich mir zu. „Wie lange willst du bleiben, Maria?"

„Ich hatte an maximal vier Wochen gedacht."

„Vier Wochen?" Hedwig schüttelte den Kopf. „Das ist viel zu kurz. Erst wenn du die Klinik dein Zuhause nennst, bist du wirklich angekommen, und dieses Gefühl stellt sich frühestens nach sechs Wochen ein!"

„Solange bleib ich nicht!", entfuhr es mir entsetzt. Ich war doch nicht im Zauberberg!

„Das hab ich auch gesagt. Ich bin übrigens Ingrid", stellte sich mir ein junge hübsche Frau vor, die ihr langes blondes Haar zu einem Pferdeschwanz zusammengebunden hatte und offensichtlich gerne Marmeladenbrötchen aß. „Keine Sorge, du wirst dich hier schon einleben. Alle bleiben länger als geplant. Und es ist ja auch wirklich toll hier! Schaut nur, wie diese Möwen im Wind fliegen!" Fasziniert beobachtete sie die Flugkünste der Vögel unter den graugezackten Wolken.

„Ich hab's! Ich hab's!", rief eine junge Frau, die freudestrahlend in den Wintergarten hüpfte und ein bedrucktes Blatt Papier schwenkte.

„Du hast die Verlängerung, Janine?", rief Hedwig. „Ich freu mich so für dich!"

„Ja, ich kann noch zwei Wochen bleiben", erwiderte die junge Frau glücklich.

„Just another day for you and me in paradise!", stimmte Arnold den Song von Phil Collins an, und alle außer mir lachten.

„Lass dich von der guten Stimmung hier nicht täuschen, Maria", warnte Lorenzo. „Arnold lacht am lautesten und er ist am längsten hier."

„Da seht ihr, wie gut die Therapie bei mir anschlägt", flachste dieser und brach wieder in brüllendes Gelächter aus.

„Paradies, Arnold?", fragte die Frau spöttisch, die gerade ihren Teller auf einen freien Platz am Tisch stellte. „Mein Paradies hat wärmeres Wasser und besseres Wetter. Ich bin Andrea." Sie war jünger als ich, hatte braunes, kurzgeschnittenes Haar, Sommersprossen auf der Nase, und sie lächelte mich an. „Wenn du Lust hast, Maria, zeig ich dir nach dem Frühstück den Strand. Bei Wind ist es dort herrlich!"

„Das würde ich sehr gerne", entschuldigte ich mich, „aber ich hab Musiktherapie. Keine Ahnung, was mich da erwartet."

„Ein Erlebnis der besonderen Art. Wer's mag ist ganz begeistert. Lass dich überraschen!"

3   Es wurde eine Überraschung, wenn auch nicht von der angenehmen Art. Der Musiktherapeut, ein älterer Mann mit schulterlangem, grauen Haar, die schlanke Gestalt in fließende Kleidungsstücke gehüllt, die ich nie der Garderobe eines Mannes zugeordnet hätte, empfing mich an der Tür.

„Ich bin Herr Claaßen", stellte er sich vor. „Folgen Sie mir in mein Reich, Frau Hundhausen." Das tat ich. Neugierig schaute ich mich um. Ich hatte nur in den Konzerten unseres Sinfonieorchesters ähnlich viele Musikinstrumente gesehen: große Gongs hingen von der Decke, ein Flügel stand mitten im Raum, eine Batterie Schlaginstrumente okkupierte die eine Ecke, in der anderen lagen Saiteninstrumente, von denen ich nur Gitarre, Harfe und Sitar kannte. An einer Wand hingen verschiedene Flöten, Rasseln und Tamburine. Herr Claaßen stolzierte durch den Raum wie ein Dompteur für exotische Klangwesen. Ich schaute ihn unsicher an.

„Ich weiß nicht, ob Musiktherapie etwas für mich ist...", begann ich zögernd.

„Sie wollen sich nicht auf die Therapie einlassen!", fiel mir Herr Claaßen ins Wort. „Wenn Sie sich nicht öffnen, kann ich Ihnen nicht helfen!" Mir klappte vor Staunen fast die Kinnlade herunter. Hatte ich das gerade richtig verstanden?

„Sie sind eine typische Karrierefrau", fuhr der Dompteur fort. „Entdecken Sie Ihre Weiblichkeit!" Jetzt wurde ich sauer. Was hatte dieser lächerliche Typ nur für ein Frauenbild? Ich stand auf.

„Ich glaube, Sie haben mich gerade überzeugt, Herr Claaßen. Meine Weiblichkeit werde ich bei Ihnen sicher nicht entdecken!" Leise schloss ich die Tür hinter mir, obwohl ich sie liebend gern ins Schloss gedonnert hätte. Danach stürmte ich hoch zur Rezeption, wo eine Frau hinter dem Tresen Papiere in Aktenordner sortierte.

„Zu diesem impertinenten Menschen gehe ich nie wieder!", rief ich wütend. „Streichen Sie Musiktherapie aus meinem Plan!"

„Guten Morgen, Frau Hundhausen", erwiderte die Frau freundlich. „Ich bin Frau Brodersen. Wir hatten miteinander telefoniert. Ich hoffe, Sie hatten eine gute Reise und haben sich gut bei uns eingelebt." Sie streckte mir die Hand entgegen. Ihre Freundlichkeit hatte mir den Wind aus den

Segeln genommen. Ich nahm die ausgestreckte Hand.

„Guten Morgen, Frau Brodersen, es tut mir leid, dass ich hier so reinplatze. Herr Claaßen hat mich ziemlich aufgebracht", sagte ich entschuldigend.

„Schade, dass Sie mit Herrn Claaßen nicht zurechtgekommen sind", antwortete sie und schien ehrlich bekümmert. „Ich versuche gerne, Ihre Wünsche zu berücksichtigen. Wir verfolgen hier jedoch ein Therapiekonzept, und Sie werden Verständnis dafür haben, dass ich mich daran halten muss. Wenn Ihnen Musiktherapie so gar nicht liegt, könnten Sie sich vielleicht mit Kunsttherapie anfreunden?" Kunst? Auch das noch! Dieses Fach hatte ich schon in der Schule leidenschaftlich gehasst!

„Ich kann nicht malen", bockte ich, merkte aber selbst, dass ich mich wie ein störrischer Teenager aufführte und lenkte ein. „Okay, ich probier es aus." Sie lächelte.

„Das trifft sich gut, denn ich habe Sie für die Kunsttherapiegruppe heute Nachmittag eingetragen." Sie reichte mir einen Zettel mit der Uhrzeit. Ich bedankte mich und stieg hoch in mein Zimmer. Mein Handy lag auf dem kleinen Tischchen neben dem Bett. Ich nahm es und schaute aufs Display: keine Nachricht von Thomas. Ich war ihm tatsächlich völlig egal! Wut stieg in mir auf. Dieser Scheißkerl!

Plötzlich stürzte ich ab. Der Tunnel formierte sich in rasender Geschwindigkeit. „Tod ist besser als Schmerz", flüsterten lockende Stimmen, „das Nichts ist besser als Schmerz." Panisch drückte ich die Klingel. Eine junge Schwester platzte in mein Zimmer.

„Ach du lieber Gott", keuchte sie, „was ist mit Ihnen los?"

„Bitte, ich brauche eine Beruhigungstablette. Es geht mir fürchterlich!"

„Das würde ich Ihnen aber nicht raten. Diese Pillen machen süchtig", belehrte sie mich. „Ich koche Ihnen stattdessen einen Tee." Das brachte die Wut zurück. Ich fauchte: „Ich werde doch nicht mit Ihnen wegen meiner Medikamente diskutieren! Sie geben mir jetzt sofort, was mir der Arzt verschrieben hat!" Sie fauchte zurück:

„Das hab ich ja noch nie erlebt! Sie lassen Ihre Aggressionen an mir aus!" Falscher Text! Jetzt drehte ich richtig auf:

„Ich will sofort Ihre Chefin sprechen. Ich packe gleich meine Koffer!"

„Ist mir doch egal", schnaubte sie.

„Ihnen vielleicht, aber nicht Ihrer Klinik!" keifte ich und stürmte wütend die Treppen hinunter zur Rezeption. Ich war bereit, eine Szene zu machen, dass die Wände wackelten! Was erlaubte sich diese blöde Ziege? Was wusste die von meinem Tunnel und seinen Verlockungen! Frau Brodersen sah mich heranstürmen, fing mich ab und führte mich ins Pflegezimmer. Sie schaute in ihre Unterlagen.

„Natürlich bekommen Sie Ihr Medikament." Sie reichte mir die Pille und ein Glas Wasser. Ich schluckte die Tablette, kippte das Wasser hinterher, rannte zurück auf mein Zimmer und warf mich auf mein Bett. Die pharmakologische Gefühlskontrolle tat sofort ihre Wirkung. Ich spürte, wie der Druck nachließ.

Es klopfte an meiner Zimmertür. Frau Brodersen stand da mit einem Becher Tee. „Ich dachte, der Tee würde Ihnen guttun", sagte sie freundlich und stellte den Becher auf das Nachttischchen. „Wenn ich Ihnen einen Rat geben darf, Frau Hundhausen, versuchen Sie, sich abzulenken: Gehen Sie hinaus in die Natur. Es bringt nichts, wenn Sie sich auf dem Zimmer vergraben."

Ich trank den süßen Tee. Eigentlich mochte ich keine süßen Getränke, doch ich hatte gehört, dass Menschen im Schock Zucker brauchten.

War ich im Schock?

Verursachte Liebe aus dem Herzen reißen schockartige Zustände?

Ich beschloss, den Rat von Frau Brodersen zu befolgen, zog meine warme Jacke an und ging hinaus. Als ich um die Ecke bog, traf mich eine kalte feuchte Böe und riss mir die Kapuze vom Kopf. Feine, salzig schmeckende Tröpfchen besprühten meine Brillengläser und verwischten meine Sicht. Ich zog die Kapuze wieder hoch, steckte die Brille in die Jackentasche und band mir den Schal um den Hals. Zuhause wäre ich bei diesem Wetter nicht freiwillig aus dem Haus gegangen. Der Strand war nass und fest. Die grauen Wellen brachen sich weißschäumend und wenn sie sich zurückzogen, hatten sie gebogene Linien in den Sand gemalt. Seetang, Muscheln und Quallen lagen ausgebreitet am Wassersaum wie Installationen eines modernen Künstlers.

Was waren das für kleine orangefarbene Punkte? Ich bückte mich. Es waren Marienkäfer! Myriaden toter Marienkäfer, vom Sturm überrascht, ertrunken im Meer. Ich lief los, den Blick aufs Meer gerichtet, wo die Möwen mit schrillem Gelächter nach Fischen jagten. Die Böen fegten mir ins Gesicht und zerrten heftig an meiner Kleidung, doch irgendwie tat es mir gut, diesen Widerstand zu überwinden. Erst am Leuchtturm machte ich kehrt. Der Wind drückte jetzt in meinen Rücken und schob mich zurück. Es hatte angefangen zu regnen, und ich war froh, als die Eingangstür der Klinik zur Seite glitt. An der Rezeption saß immer noch die nette Frau Brodersen.

„Frau Hundhausen", rief sie. „Geht es Ihnen wieder besser?" Ich nickte.

„Das Meer tut mir gut!" Sie schaute mich verschwörerisch an und winkte mich näher zu sich.

„Ich habe die Musiktherapie gestrichen! Aber das bleibt unter uns."

4   Es roch sehr lecker nach Fleisch und Gemüse. Das Mittagessen im Wintergarten war serviert. Ich setzte mich auf einen freien Platz neben Andrea.

„Na, wie war die Musiktherapie?"

„Das ist definitiv nichts für mich!"

„Für mich auch nicht. Magst du nach dem Mittagessen einen Kaffee mit mir trinken?" Obwohl ich mich am liebsten wieder auf meinem Zimmer verkrochen hätte, folgte ich Andrea hoch in den Aufenthaltsraum. Neben der Kaffeemaschine stand ein Blech mit Apfelkuchen. Andrea holte Becher aus dem Schrank, stellte sie in den Automaten und drückte auf den Knopf. Zischend und gurgelnd floss das heiße Getränk aus dem Hahn. Sie stellte die Becher auf den Tisch und nahm sich seufzend ein Stück Kuchen.

„Man könnte denken, dass die uns hier mästen wollen. Ich hab schon zwei Kilo zugenommen, aber, kann man bei diesen Leckereien widerstehen?"

„Ich hab überhaupt keinen Appetit, ich krieg nichts runter."

„Was ist los mit dir?"

„Mein Mann hat mich Knall auf Fall verlassen! Nach zwanzig Jahren!", sagte ich und merkte, dass mir die Tränen in die Augen stiegen. „Ich bin völlig fertig!"

„Du Arme!" Andreas Stimme klang mitfühlend. „So ein Scheißkerl! Hat er eine andere?"

„Nein, hat er nicht. Wenigstens sagt er das."

„Glaubst du ihm?"

„Ja! Thomas hat mich nie belogen." Andrea zuckte mit den Schultern und wechselte das Thema.

„Was machst du draußen?"

„Ich bin Systemanalytikerin mit eigener Firma, so eine Art Troubleshooter. Ich komme, wenn es in Firmen nicht mehr rund läuft, finde die Fehler und mache Vorschläge, wie es besser gehen könnte."

„Bist du Informatikerin?"

„Nein. Betriebswirtin mit einigen Semestern Kybernetik. Für die Informatik ist mein Mann zuständig."

„Da hast du bei deinem eigenen System ja ziemlich gepennt?", stellte Andrea trocken fest. „Oder?"

„Thomas ist derjenige, der hier pennt", gab ich hitziger zurück, als ich es vorgehabt hatte.

„Reg dich nicht auf. Zu einer Ehekrise nach zwanzig Jahren gehören immer zwei. Frag mal Hedwig."

„Ich denke, die kommt mit der Berentung nicht klar?"

„Sagt sie, doch in Wirklichkeit kommt sie nicht damit klar, dass ihr Mann sie nach dreißig Jahren gegen eine Jüngere ausgetauscht hat. Fast alle Frauen hier haben so etwas erlebt, außer Janine: Die ist frisch verliebt."

„Du auch?"

„Ja. Bei mir ist das aber schon ein paar Jahre her. Ich bin heilfroh, dass ich den Kerl los bin!"

„Warum bist du dann hier?"

„Burnout: zu viel gearbeitet – ich bin Architektin mit eigenem Büro – und dazu noch alleinerziehende Mutter einer vierjährigen Tochter. Das zehrt an den Kräften." Ich nahm einen Schluck von dem braunen Heißgetränk, das auch nicht viel besser schmeckte als das im Wintergarten.

„Mein Mann führt in meiner Abwesenheit unsere Firma", sagte ich. „Er kann bestimmte Aufträge aber nicht übernehmen, weil ihm dazu die fachliche Kompetenz fehlt. Deshalb kann ich auch nur vier Wochen bleiben, ganz egal, was die hier dazu meinen." Andrea nickte.

„Mir geht es genauso. Ich kann es mir auch nicht leisten, Termine zu verbummeln. Außerdem finde ich, dass vier Wochen eine ausreichend lange Zeit sind. Wir sind doch keine verwöhnten Hühner, sondern taffe Geschäftsfrauen, die gewöhnt sind, Entscheidungen zu treffen und umzusetzen!"

„Also! Abgemacht?", fragte ich und hielt die Hand hoch. „Vier Wochen und keinen Tag länger?" Sie schlug ein.

„Abgemacht!", erwiderte sie. „Vier Wochen! Und wir lassen uns nicht bequatschen. Hast du jetzt auch Kunsttherapie?" Ich nickte. Wir standen auf und gingen zusammen die Treppen hinunter.

5 Die Tür zum Kunstraum stand offen. Die Frauen, die ich beim Frühstück kennengelernt hatte, saßen bereits um einen großen Tisch herum.

„Wo sind die Männer?", flüsterte ich.

„Beim Claaßen in der Männergruppe!" Ich kicherte und hob gerade an, meinen Eindruck über diesen Therapeuten wiederzugeben, als die Tür schwungvoll auflog und Frau Janson, die Kunsttherapeutin, hereinrauschte. Sie wirkte überhaupt nicht wie eine Therapeutin. Zu ihren Jeans, die mit Farbklecksen verschmiert waren, trug sie eine Bluse in knalligen Farben. Ihre hellen Locken hatte sie mit einem bunten Tuch gebändigt, die Lippen dunkel geschminkt. Sie schnappte sich einen Stuhl, setzte sich und schaute lächelnd in die Runde.

„Meinen Damen, wie geht es Ihnen heute?" Jede Frau erzählte etwas. Ich hätte am liebsten geschwiegen, doch das traute ich mich nicht und so sagte ich, ich wolle mich neu orientieren.

„Malen will ich aber nicht!", schloss ich trotzig.

„Das müssen Sie auch nicht", antwortete Frau Janson, „Sie können zusehen." Die anderen holten sich Papier und Stifte, bedeckten ihre Blätter mit Farben, malten mit zarten Kreiden, verwischten die Linien mit den Fingern zu pastelligen Flächen. Ich blieb sitzen und schaute auf die Uhr: noch 60 Minuten! Die Zeit verging so langsam. Mir wurde langweilig.

Sollte ich es nicht doch versuchen?

Nur, um die Zeit totzuschlagen? Ich stand auf, holte mir ein Blatt Papier und stellte es auf die Staffelei. Dann nahm ich mir einen Satz Pastellkreiden aus dem Farbregal. Was sollte ich malen? Die rote Kreide zog mich an. Ein Halbkreis entstand, ein geöffneter Schlund? Ich malte um den Halbkreis einen Kopf und füllte ihn mit roten und orangenen Strichen. Aus dem Schlund fuhren rote, orangene und gelbe Flammen. Dann malte ich ein Auge: schwarze Pupille, knallrote Iris. Warum wurde ich plötzlich so wütend?

Ich griff einen schwarzen Stift. Der Stift fuhr in die Flammen, hart und wütend kratzte er über das Papier. Ein Gitter entstand, unregelmäßig, mit scharfen, spitzen Zacken. Mit rosafarbenen, gelben und orangenen Kreiden malte ich kleine Farbflecke in die Flächen zwischen den Gitterstäben – verlorene Edelsteine in einem trostlosen Labyrinth.

Plötzlich erkannte ich, dass das Labyrinth meinen Zustand wiedergab: Durch die Wucht der Trennung fühlte ich mich wie zersplittert! Tränen stiegen mir in die Augen. Ich ließ sie laufen, schaute fassungslos auf mein Bild, mein schmerzvolles Lebenspuzzle, kristallisiert auf Papier.

„Wie könnte es weitergehen", fragte Frau Janson, die leise neben mich getreten war. Ich zuckte hilflos die Achseln. „Welche Farben könnten einen Weg öffnen?" Ich nahm helles Grün und eine Fläche entstand, ganz zart, kaum sichtbar.

„Das kann ich noch nicht sehen", flüsterte ich.

„Es ist trotzdem gut, dass es da ist", antwortete sie. Weinend stand ich vor meinem Bild und erkannte mich, hatte mich mir selbst erklärt: Ich erkannte mich in dem weit aufgerissenen Schlund, der seinen Schmerz und seine Wut herausbrüllte, in der Zersplitterung, die mich in den Abgrund stürzen ließ.

„Ich, ich bin so allein", stammelte ich weinend. Frau Janson nahm meine Hand.

„Hier sind Sie nicht allein." Die anderen Frauen kamen näher und fassten einander an den Händen. Andrea griff nach meiner Hand und plötzlich war ich ein Mitglied ihres Kreises.

„So geht es vielen von uns", sagte Manuela leise. „Das kennen wir. Hier bist du damit nicht allein." Langsam versiegten meine Tränen. Erst als ich mich beruhigt hatte, löste Frau Janson den Kreis auf.

„Passen Sie gut auf sich auf!", empfahl sie uns. Damit waren wir entlassen. Ich ging hoch in den Aufenthaltsraum. Der Regen hämmerte an die Fensterscheiben, der Leuchtturm malte seine Lichtfinger auf die aufgewühlte See. Ich nahm ein Superriesenpuzzle mit tausend Teilen aus dem Schrank und leerte die Schachtel auf den Arbeitstisch. Dann sortierte ich tausend Teilchen nach Farben und nach Formen.

Dies war mein Leben: Ein zerborstenes Puzzle, und ich hatte keinen Plan, keine Vorlage, wie ich es wieder zusammensetzen sollte.

Wo war mein Leuchtturm?

Gab es für mich einen sicheren Hafen? Nach zwei Stunden fand ich keine Teile mehr. Nichts wollte zueinander passen. Ich ging hinauf in mein Zimmer. Das Abendessen schwänzte ich. Für heute hatte ich genug. Ich fühlte mich total erledigt, erschrocken, was sich da aus mir heraus Bahn gebrochen hatte, beeindruckt von den Kräften, die in mir zu lauern schienen

Keine Nachricht von Thomas!

6   Um drei Uhr wurde ich wach und wälzte mich von einer Seite auf die andere. Gedankenketten liefen wie ein kaputtes Tonband in meinem Hirn. Warum passierte mir das? Er machte alles kaputt! Ohne mich war er doch völlig aufgeschmissen!

Und ich? Schaffte ich mein Leben ohne ihn?

Meine Freunde sagten: Das schaffst du locker, gib dir ein bisschen Zeit, dann startest du durch. Für dich ist das kein Problem. Du bist so stark. Und die Firma gehört sowieso dir. Existenzsorgen musst du nicht haben. Bei dem Wort Existenz blieb ich hängen: War Existenz nicht viel mehr als nur der Job und das Einkommen? Existenz – das war

Heimat, Geborgenheit, Freude, Gemeinschaft mit geliebten Menschen, Vertrauen, Sicherheit.

In diesem Sinne hatte ich meine Existenz verloren. Ich hatte keine Heimat mehr, keine Geborgenheit, keine Sicherheit, mein Vertrauen war zutiefst erschüttert, die Gemeinschaft mit dem geliebten Menschen zerbrochen. Mein Leben hatte einen Sinn gehabt. Ich hatte meine Visionen gelebt, hatte vielleicht nur für meine Visionen gelebt. Doch jetzt war mir schmerzlich klar geworden, dass Visionen eine stabile Basis brauchten: Heimat und Geborgenheit.

Mein Pech war es, eine Frau zu sein. Von einem Mann wurde erwartet, beruflich erfolgreich zu sein. Aber eine beruflich erfolgreiche Frau? Das warf Fragen auf. Wen vernachlässigte sie für ihren Beruf? Außerdem hatte so eine Frau die Hosen an. Welcher Mann konnte es neben so einer aushalten? Und der Beweis lag ja schon vor: Der Mann war ihr weggelaufen, das sprach für sich!

Offensichtlich war ich das Problem!

„Schuldig!", sprach der Richter in mir. „In allen Punkten der Anklage schuldig!" Der Klumpen in meinem Magen wuchs und nahm mir fast die Luft. Der Tunnel winkte. Ich drückte die Klingel. Die Nachtschwester kam, setzte sich zu mir, brachte mir Tee und Baldrianpillen, denn für die Schlafpille war es schon zu spät. So blieb ich schlaflos liegen und wartete auf den Morgen.

7 Als mein Wecker endlich klingelte, stand ich auf, duschte und zog mich an. In meinem Magen befand sich dieser eiskalte Klumpen, mein Herz raste und es dröhnte in meinen Ohren. Ob mit meinem Blutdruck alles stimmte?

„Sie haben völlig normale Werte", sagte Jens Bramstedt, nachdem er die Manschette von meinem Arm genommen hatte. „Ihre Seele steht unter Druck und das kann man nicht messen. Wollen Sie eine Beruhigungstablette?" Ich schüttelte den Kopf, ging in den Wintergarten zum Frühstücken, nahm etwas Obstsalat und brühte mir einen Tee auf. Dann setzte ich mich an einen kleinen Tisch, der abseits der gedeckten Tafel stand. Ich hatte keine Lust auf Gespräche und schaute lieber aufs Meer, das immer noch graue Wellenberge an den Strand schaufelte. Welche Flugkünstler die Möwen waren! Sie nutzten geschickt die Strömungen aus, um dann fast senkrecht hinab ins Wasser zu schießen.

Wie konnte ich die Strömungen des Lebens besser nutzen?

Würde ich das hier lernen?

Die anderen Patienten trudelten nacheinander ein, Arnolds Lachen, begleitet von Ingrids Kichern waren schon von weitem zu hören. Meine Platzwahl wurde respektiert. Die anderen ließen mich in Ruhe.

Gleich nach dem Frühstück klopfte ich an die Tür des Therapiezimmers. Eine ältere Dame, brünett, sportlich gekleidet, öffnete und reichte mir die Hand.

„Sie sind Frau Hundhausen? Ich bin Klara Baumeister. Kommen Sie bitte herein." Ich trat in einen hellen Raum und schaute mich um. An den Wänden standen hohe Regale voller Bücher. Eine Sitzgruppe, bestehend aus einem naturfarbenen Sofa – beladen mit bunten Kissen – und zwei Sesseln, vermittelte eher den Eindruck eines gemütlichen Wohnraums als den eines Behandlungszimmers. Mir gefiel das Foto, das an der Wand über dem Sofa hing und ein Segelboot in den Schären zeigte. Ein mit Papieren beladener

Schreibtisch stand vor dem großen Fenster, das den Blick zum Garten freigab. Zwei Kaninchen hoppelten über die Wiese. Meine Therapeutin folgte meinem Blick.

„Ja, die Kaninchen sind nett. Leider fressen sie fast alle Blumen. Sie leben in den Dünen am Strand und betrachten den Garten der Klinik als eine Art Feinschmeckerrestaurant." Sie fuhr sich durch das glatte, halblange Haar. „Nun ja, wir wollen hier ja keine Bundesgartenschau veranstalten, deshalb tun wir nichts dagegen. Kaninchen gehören irgendwie dazu, wenn man so nah am Meer lebt. Bitte, nehmen Sie Platz." Ich wählte das Sofa, sie setzte sich mir gegenüber.

„Was kann ich für Sie tun?"

„Mein Mann hat mich nach zwanzig Jahren Ehe verlassen. Seitdem fühle ich mich schrecklich."

„Was meinen Sie, kann ich da für Sie tun?"

„Das versteh ich nicht!", gab ich zurück. „Das müssen Sie doch wissen. Das ist doch Ihr Job!"

„Vielleicht ist das, was ich für wichtig halte, gar nicht das, was Sie wollen. Sie sind die Expertin für sich, denn Sie kennen sich am längsten. Deshalb wüsste ich gern von Ihnen, wohin die Reise gehen soll. Ich möchte von Ihnen einen Therapieauftrag." Sie schaute mich erwartungsvoll an. Ich war die Expertin für mich selbst? Dieser Ansatz gefiel mir!

„Ich versteh mich selbst nicht mehr", begann ich zu erzählen. „Seit mein Mann sich von mir getrennt hat, überfallen mich Gedanken an Selbstmord und das macht mir Angst. Ich möchte mit der Trennung anders umgehen."

„Was würde sich für Sie dadurch verändern?"

„Ich könnte den Scheißkerl vergessen und ein neues Leben beginnen!"

„Sie möchten Abschied nehmen von Ihrem Mann, um

frei zu sein für Ihr eigenes Leben?" Ich lachte.

„Entschuldigen Sie meine Ausdrucksweise, aber ich bin ziemlich wütend auf ihn. So wie Sie das sagen, klingt das natürlich viel besser."

„Dann erzählen Sie mal", ermunterte sie mich. Ich berichtete von Thomas, von seinen Fehlern. Dann erzählte ich, was ich alles für ihn getan hatte. Ich war das Opfer. Mich traf keine Schuld! Ich konnte nichts dafür! Aus heiterem Himmel machte er einfach Schluss und gab mir keine Chance, gab uns keine Chance. Dass es mir so schrecklich ging, hatte er zu verantworten! Nur er! Frau Baumeister hörte mir zu.

„Mir fällt auf", sagte sie nach einer Weile, „dass Sie die ganze Zeit nur über Ihren Mann reden. Erzählen Sie mir von sich." Ich stutzte. Ja, das stimmte. Also erzählte ich von dem Druck in meinem Magen, davon, dass ich mich so fühlte, als stünde mir eine Katastrophe bevor, erzählte von dem Bild, das ich gestern gemalt hatte, von der Zersplitterung und der Hoffnungslosigkeit.

„Es ist spürbar, wie sehr Sie leiden", sagte Frau Baumeister mitfühlend. „Was ist das Schlimmste an dieser Situation?" Gute Frage. Ich dachte nach, sah vor meinem inneren Auge Thomas steinerne Miene und hörte in mir seine harten Worte.

„Es kam so plötzlich", begann ich zögernd.

„Ja", sagte sie, „die Ankündigung Ihres Mannes hat Sie völlig unvorbereitet getroffen. Ist die Plötzlichkeit das Schlimmste?" Ich fühlte in mich hinein.

„Schlimmer war", sagte ich leise, „dass ich nichts daran ändern konnte. Ich konnte ihn nicht dazu bewegen, uns noch eine Chance zu geben."

„Fühlten Sie sich seiner Entscheidung ohnmächtig ausgeliefert?" Ohnmächtig? Das Wort traf mich. Ich wurde traurig, spürte meine Tränen.

„Ohnmächtig und hilflos", flüsterte ich. Meine Therapeutin ließ mich weinen. Plötzlich fielen mir meine nächtlichen Gedankenschleifen ein. Und jetzt wusste ich, was das Schlimmste war: „Das Schlimmste ist, dass ich schuld daran bin, dass er sich von mir trennen will", schluchzte ich. „Es ist allein meine Schuld!"

Meine Therapeutin stand auf, holte mir ein Glas Wasser und wartete, bis ich mich beruhigt hatte.

„Wenn ich das, was Sie mir erzählt haben, zusammenfasse", begann sie, „fällt mir auf, dass da etwas nicht zusammenzupassen scheint." Ich stutzte. Sie fuhr fort: „Zu Beginn der Stunde beschrieben Sie sich als Opfer Ihres Mannes: Sie sind völlig unschuldig, haben alles richtig gemacht und die Trennung ist allein seine Schuld. Habe ich das richtig verstanden?" Ich nickte. „Und jetzt bestehen Sie genauso heftig darauf, dass Sie an allem schuld sind. Somit wären Sie ja der Täter! Sind Sie nun das Opfer oder sind Sie der Täter? Beides gleichzeitig geht nicht!" Mir blieb der Mund offen stehen. Sie hatte Recht!

„Aber ich fühle beides!", begehrte ich auf.

„Das glaube ich Ihnen. Könnte es sein, dass es einen Teil in Ihnen gibt, der sich als Opfer und einen anderen Teil, der sich als Täter fühlt?"

„Ich bin doch nicht schizophren", widersprach ich. Oder war ich doch ein psychiatrischer Fall? Ich merkte, wie Angst in mir aufstieg.

„Nein, Sie sind nicht schizophren", beruhigte mich Frau Baumeister. „Das Konzept der verschiedenen Persönlichkeitsanteile ist nur ein Hilfsmittel, das uns erlaubt, genau zu differenzieren, wenn wir über Ihre Gefühle sprechen." Das leuchtete mir ein. Ich beruhigte mich wieder.

„Also gut, dann haben Sie Recht. Es gibt einen Teil in mir, der fühlt sich als Opfer und es gibt einen anderen, der fühlt sich als Täter. Und beides fühlt sich richtig an. Ist das normal?"

„In unserer Psyche können völlig entgegengesetzte Empfindungen gleichzeitig nebeneinander bestehen. Das ist völlig normal, da kann ich Sie beruhigen."

„Warum fühle ich mich gleichzeitig als Opfer und als Täter? Das ist doch verrückt!"

„Mir fällt auf, dass diese Thematik sehr wichtig für Sie zu sein scheint. Für mich ist das ein Hinweis darauf, dass Sie sich schon länger damit befassen. Oder? War Schuld ein Thema in Ihrer Kindheit?" Ich starrte sie an.

„Was hat meine Kindheit damit zu tun?"

„Sie reagieren wie jemand, den man als Kind beschuldigt hat. Deshalb ist es für Sie einerseits so wichtig, dass Sie keine Schuld haben und andererseits ist Ihnen völlig klar, dass Sie allein schuld sind." Ich schluckte.

„Darüber muss ich nachdenken."

„Tun Sie das. Das, was Sie in der Kindheit erlebt und gelernt haben, entscheidet darüber, wie Sie heute die Realität verstehen. In erster Linie haben Sie Ihre Eltern geprägt, aber auch Ihre Geschwister, Verwandte, der Kindergarten, die Schule, die Freunde, die Umwelt, kurz gesagt alles, was auf das kleine Mädchen einwirkte." Sie schaute auf die Uhr.

„Unsere Zeit ist um. Wie wäre es, wenn Sie sich bis zu unserer nächsten Stunde Gedanken über Ihre Kindheit machen? Schreiben Sie einfach alles auf, was Ihnen einfällt. Ich sehe Sie übermorgen." Sie stand auf und reichte mir die

Hand. Was fiel mir zu meiner Kindheit ein? Um darüber nachzudenken brauchte ich frische Luft. Ich ging hoch in mein Zimmer, holte Jacke, Mütze, Handschuhe und Schal, zog meine warmen Schuhe an und ging hinaus an den Strand. Das Meer war immer noch grauweiß geädert. Ich atmete die kalte frische Luft tief in meine Lungen.

8   Ich wuchs im Ruhrgebiet auf, genau gegenüber einer Zeche. Aus unserem Küchenfenster konnte ich beobachten, wie die Kumpels in den Schacht einfuhren. Besonders mochte ich, wenn sie wieder herauskamen: schwarze Gesichter, aus denen weiße Augen leuchteten.

Neben dem Förderturm erhoben sich die Kohlenberge. Lastwagen kippten immer neue Kohle dazu und dann stiegen schwarze Staubwolken in den Himmel. Eisenbahngleise führten bis an die Berge, und ich konnte stundenlang beobachten, wie der Schaufelbagger die Güterzüge mit Kohle belud und diese dann von einer dampfenden Lok weggezogen wurden. Die Lokomotiven meiner Kindheit dampften und tuteten schaurig.

Die wirbelnden Kohlestaubwolken bewirkten, dass meine Mutter spätestens alle drei Tage die Fenster von außen und innen putzen musste, weil wir sonst nicht mehr hätten hindurch sehen können. Die Fensterbänke in der Wohnung mussten täglich von den schwarzen Rußpartikeln befreit werden. Schnee kannte ich in meiner Kindheit auch nur schwarz gesprenkelt, selbst wenn er frisch gefallen war. Danach wurde er grau. Weiß war er nie.

Heizen konnte man in unserer Wohnung nur die Küche. Dort stand ein großer gusseiserner Herd, der mit Kohle befeu-

ert wurde. Wenn die Kohlen rot glühten, füllte meine Mutter sie mit einer Zange ins Bügeleisen, um die Hemden meines Vaters zu glätten, der im Büro immer korrekt angezogen sein musste. Das Kinderzimmer blieb kalt. Im Winter liebte ich die Eisblumen, die die Fenster oft den ganzen Tag verzierten.

Einmal in der Woche wurde Wäsche gewaschen. Der Waschzuber stand in der Waschküche im Keller. Morgens früh füllte meine Mutter den Ofen des Zubers mit Kohle und entzündete ein Feuer, damit das Wasser warm wurde. Dann legte sie die Wäsche ein. Wenn mein Vater nachmittags aus dem Büro kam, half er ihr, die Wäsche mittels eines großen Rührwerks, das manuell betätigt werden musste, durchzuwaschen. Dann wurden die Stücke mit klarem Wasser gespült und kamen in die Wringmaschine, ebenfalls eine kräftezehrende Aufgabe. Die frisch gewaschene Wäsche wurde nur bei Windstille in den Garten zum Trocknen aufgehängt, denn sonst hätte der fliegende Kohlenstaub sie gleich wieder schmutzig gemacht. Meist schleppten meine Eltern die Körbe auf den Dachboden.

Ich liebte und fürchtete den Dachboden. An manchen Stellen konnte ich durch die Löcher im Dach den Himmel sehen. Dort standen Eimer, die nach jedem Regen geleert werden mussten. Am Kamin klaffte ein großes Loch im Mauerwerk. Ich stellte mir vor, dass dort der böse Fuchs aus den Märchen, die mir meine Mutter erzählte, seine Höhle hatte. Das war gleichzeitig wunderbar und schrecklich.

Als meine Schwester geboren wurde, kaufte mein Vater die erste Waschmaschine in unserem Haus. Lieber stotterte er den Betrag in monatlichen Raten ab, als meiner Mutter und sich selbst weiter die verhasste Wascherei zuzumuten.

Mein Wohnort lebte von der Kohle. Als Kind lernte ich jedoch, dass diese Kohle auch tötete. Die Bergleute starben an dem schwarzen Staub, den meine Mutter täglich von den Fenstersimsen wischte. Ich kannte viele Männer mit „Staub": Sie zischten beim Atmen, husteten und konnten kaum sprechen.

Wenn es wieder einen der Bergleute erwischt hatte, wurde sein Sarg an der Haustür seiner Wohnung von seinen Kumpels mit dem Pferdefuhrwerk abgeholt. Und dann zog der Leichenzug mitten durch den Ort. Vorneweg schritt der Spielmannszug „Glück auf". Die Kumpels, angetan mit schwarzen Uniformen und Helmen mit Federquasten, spielten auf großen Glockenspielen. Danach folgte der mit Blumen reich geschmückte Pferdewagen mit dem Sarg und dahinter gingen die Angehörigen und die Freunde des Verstorbenen in Richtung Kirche und Friedhof. Autos gab es kaum in unserem Ort, denn die Bergleute waren arm. Auch wir Kinder litten unter dem Kohlenstaub. Ich erinnere mich an Kopfschmerzen, an Erkältungen, Nebenhöhlen- und Augenentzündungen, die überhaupt nicht mehr aufhören wollten.

Hinter unserem Haus gab es einen Garten, den hauptsächlich meine Eltern pflegten. An der Wiese und den Blumen war ich überhaupt nicht interessiert, auch nicht an der quietschenden Schaukel, denn es gab etwas viel Interessanteres: Das kleine Kaufhaus des Ortes hatte direkt neben unserem Garten seinen Müllplatz, wo vor allem alte Dekorationen und Verpackungen landeten. Herr über diesen Müllplatz war ein ehemaliger Bergmann mit Staublunge, mein erklärter Freund, dem es Freude machte, mich mit den Kartons spielen zu lassen. Meiner Mutter gefiel mein Spielplatz nicht, denn dort lebten auch einige Ratten, Tiere, die ich nett fand, denen jedoch immer wieder mit Gift zu Leibe gerückt wurde. In diesen Zeiten durfte ich nicht in den Garten.

Einmal hatte ich mich beim Spielen völlig vergessen, hatte nicht gemerkt, dass der Himmel dunkel geworden war und ein Gewitter aufzog. Meine Mutter rief mich vom Balkon aus und ich lief hinab in den Keller, durch den ich ins Treppenhaus gelangte. Den Keller mochte ich nicht. Er war dunkel und schmutzig, denn die Hausbewohner lagerten dort ihre Kohlen, und es gab große haarige Spinnen, vor denen ich Angst hatte. An den Lichtschalter reichte ich, wenn ich mich auf die Zehen stellte, gerade mit den Fingerspitzen. Die Glühbirnen waren trüb, das dämmrige Licht ließ Schatten wachsen, die nach mir zu greifen schienen. Deshalb rannte ich so schnell ich konnte, um schneller als die Spinnen und die Schattenmonster zu sein.

Als ich die Mitte des Kellers erreicht hatte, tat es urplötzlich einen ohrenbetäubenden Knall und das Licht erlosch. Ich erinnere mich an meinen furchtbaren Schrecken und mein Entsetzen: Ich brüllte los! Meine Mutter hörte mich trotz des Gewitters und rannte zu meiner Rettung aus dem dritten Stock hinunter, was in meiner Erinnerung eine Ewigkeit gedauert hatte. Seit diesem Erlebnis traute ich mich nur noch bei Sonnenschein in den Garten.

7 Ich blieb wie angewurzelt stehen.

Panische Angst vor Donner? Die hatte ich heute noch! Aber nur nachts. Wie peinlich! Angst vor Donner war total bescheuert. Da lag ich, eine einigermaßen intelligente und erfolgreiche erwachsene Frau, nachts schlotternd im Bett, nur weil hoch über mir die Luftmassen aneinander knallten! Das hatte ich noch niemandem gebeichtet.

Konnte es sein, dass ich die Angst des kleinen Mädchens vor dem heftigen Knall und der plötzlichen Dunkelheit irgendwo in mir gespeichert hatte? Welch bestechende Logik! Ich hatte wirklich nur nachts Angst vor Donner; am Tage machte er mir überhaupt nichts aus. Konnte es sein, dass die Psyche Erlebnisse aus der Vergangenheit so exakt mit der Gegenwart verknüpfte? Und wenn das so war: Welche Macht hatten diese unbewussten Prägungen, wenn sie mein Verhalten fast fünfzig Jahre später noch entscheidend beeinflussten?

Ich drehte um, ging zurück in die Klinik, stieg hoch in den Kunstraum, nahm mir ein Blatt Papier und schrieb auf, was ich herausgefunden hatte. Ich hatte das Gefühl, etwas von mir verstanden zu haben, was mir bisher ein Rätsel gewesen war! Das machte mich erstaunlicherweise zufrieden, so zufrieden, wie schon lange nicht mehr. Wenn das so weiterging, versprach der Weg, den ich hier eingeschlagen hatte, interessant zu werden. Der Druck im Magen hatte sich gelegt.

10 Zum Mittagessen setzte sich Andrea neben mich an den kleinen Tisch.

„Na, wie war deine erste Therapiestunde?", fragte sie interessiert.

„Ich bin total zufrieden. Mir ist da etwas Wichtiges klargeworden: Das, was ich in meiner Kindheit erlebt habe, wirkt sich darauf aus, wie ich die Gegenwart verstehe!"

„Wow! Ich bin beeindruckt. Und was bringt dir das?"

„Es fühlt sich einfach gut an, wenn ich plötzlich Reaktionen von mir verstehe, die mir bis jetzt schleierhaft waren."

„Da habe ich keine Einwände. Welche Termine hast du heute Nachmittag?"

„Eine Massage. Danach hab ich frei." Andrea schaute mich unternehmungslustig an.

„Sollen wir den Schlosspark erkunden? Oder gehen wir ins Städtchen und trinken im Café am Marktplatz richtigen Kaffee, weißt du, den mit Koffein?" Ich schaute auf das bewegte Meer, den fliegenden Sand und die vom Wind gepeitschten Gräser.

„Auf einen Spaziergang habe ich bei dem Wetter ehrlich gesagt keine Lust. Lass uns ins Café gehen."

„Das passt mir gut!", sagte sie fröhlich, „dann sehen wir uns in zwei Stunden!" Wir trafen uns in der Eingangshalle und meldeten uns bei Frau Brodersen ab.

„Die Damen machen einen Stadtbummel! Viel Vergnügen!", wünschte sie uns lächelnd. Von der Klinik führte ein Fußweg zur Hauptstraße, vorbei am Sportplatz, auf dem eine Jungenmannschaft trotz des Wetters Fußball spielte. Wir passierten einige neuere Wohnhäuser, bevor wir den Kern des Städtchens – seinen Marktplatz – erreichten. Von zwei Seiten wurde der Platz von alten, niedrigen Fachwerkhäusern eingerahmt, die eng aneinander gebaut und in bunten Farben gestrichen waren. An der Stirnseite erhob sich klobig die Backsteinkirche. Der Kirche gegenüber befand sich das Zentrum weltlicher Macht: das Rathaus, ein großes gelbes Gebäude, zu dessen Eingangsportal eine breite Freitreppe führte.

Den spitz zulaufenden Giebel schmückte ein Medaillon mit einer Segelkogge. Das herrschaftlich anmutende Haus ließ erkennen, dass dieses Städtchen in früheren Zeiten ein blühender Handelsplatz gewesen sein musste. Unter dem Medaillon hingen Glocken.

„Zu jeder vollen Stunde gibt es Glockenspiel. Wenn wir

uns gegenüber in das Café setzen, wirst du es hören", erklärte Andrea, die sich bereits auszukennen schien.

Das Café war mit plüschigen Sofas und kleinen Marmortischchen eingerichtet. Ein Schwedenofen verbreitete wohlige Wärme. Erleichtert pellte ich mich aus meinen Wintersachen und ließ mich neben Andrea auf dem Sofa nieder. Der Kaffee schmeckte hervorragend. Pünktlich zur vollen Stunde spielten die Glocken. „

Was ist das für ein Lied?", fragte ich die Bedienung, eine alte Frau, die sich so selbstverständlich in dem Raum bewegte, als ob sie den größten Teil ihres Lebens hier verbracht hätte.

„Das ist ein altes Seefahrerlied", antwortete sie bereitwillig. „Söderborg hat eine bewegte Geschichte und die Seefahrt spielte immer eine große Rolle, wenigstens so lange, bis die Zufahrt zum Hafen versandete. Jetzt gibt es hier nur noch ein paar Fischer und natürlich den Segelverein. In dem alten Windjammer am Hafen ist das Museum der Stadt untergebracht. Das sollten Sie sich nicht entgehen lassen!" Sie wandte sich dem Ofen zu, legte ein neues Scheit hinein und verschwand dann in der Küche.

Andrea und ich unterhielten uns so angeregt, als ob wir uns schon lange kennen würden. Die Zeit verging im Fluge. Hatte ich eine neue Freundin gefunden? Erst als ich wieder auf meinem Zimmer war fiel mir auf, dass es mir einige Stunden lang gut gegangen war. Ich hatte überhaupt nicht an mein Problem gedacht.

11 Wir hatten uns nach dem Abendessen im Kunstraum verabredet, dem einzigen Ort, wo wir Musik hören und uns ungestört unterhalten konnten, denn auf den Zimmern durften wir uns nicht besuchen.

„Jetzt bin ich schon die zweite Woche hier", sagte Andrea. „Sag mal, versuchen dich die Therapeuten auch in jeder Stunde dazu zu bringen, länger zu bleiben?"

„Ich habe erst eine Stunde gehabt. Vielleicht kommt das ja später." „Ich brauche in jeder Stunde fast zwanzig Minuten, bevor die mich mit dem Thema zufriedenlassen", beklagte sich Andrea. „Die kapieren einfach nicht, dass ich nicht verlängern kann! Heute hat mir mein Therapeut gesagt, dass nur eine dreimonatige Therapie wirklich etwas bringt. Warum haben die mir das nicht gleich gesagt? Dann hätte ich mir eine andere Klinik gesucht!" Sie war sichtlich entrüstet.

„Also, meine erste Therapiestunde hat mir schon was gebracht", entgegnete ich und erzählte von meiner Erkenntnis bezüglich des Donners.

Im Hintergrund erklang ein neuer Song.

Absturz! Abgrund! Panik!

Ich weinte, ich zitterte, konnte mich nicht mehr halten, drohte vom Stuhl zu kippen. Andrea sprang erschrocken auf, hielt mich mit einer Hand fest, griff mit der anderen über den Tisch und drückte die Notklingel. Rasche Schritte näherten sich. Jens Bramstedt stürzte herein.

„Was ist hier los?", fragte er aufgeregt. „Keine Ahnung! Sie ist ganz plötzlich zusammengeklappt! Wir haben uns nur unterhalten und Musik gehört!"

„Machen Sie bitte die Musik aus", ordnete der Pfleger an und Andrea sprang zum Rekorder.

„Sehen Sie mich an!", sagte der Pfleger zu mir. „Sehen Sie

mich an!" Vorsichtig hob ich den Kopf. Meine Augen fühlten sich an wie zugeklebt.

„Sehen Sie mich an!", wiederholte der Pfleger und ich versuche es wirklich. „Sehen Sie mich an! Ich bin da! Ich bin bei Ihnen!" Jens Bramstedt sprach zu mir wie zu einem kranken Pferd. Ich öffnete die Augen, sah ihn durch einen Tränenschleier. „So ist es gut", lobte er mich. „Was ist passiert?"

„Ich hab keine Ahnung!" Meine Stimme klang zittrig. „Ich hab überhaupt keine Ahnung. Es kam ganz plötzlich."

„Können Sie laufen?" Ich nickte und stand vorsichtig auf. „Ich bringe Sie auf Ihr Zimmer." Er führte mich am Arm, hielt mich fest, ging langsam mit mir die Treppe hoch, schloss meine Zimmertür auf und brachte mich zu meinem Bett.

„Brauchen Sie eine Pille?" Ich nickte, ja, ich brauchte mein Dope. Zu nah war der Tunnel gewesen, zu nah der Ausweg ins Nichts. „Ich komme in einer Viertelstunde wieder mit einem Tee und Ihrem Medikament. Wie wäre es, wenn Sie in der Zwischenzeit zu Bett gehen?" Eine gute Idee. Ich nickte. Mein Herz tat weh, ich fühlte mich schrecklich. Dankbar trank ich den Tee. Dankbar schluckte ich die Pille. Dankbar driftete ich in den Schlaf.

12   Die nette Frau Brodersen an der Rezeption wünschte mir einen guten Morgen.

„Ich habe etwas für Sie", sagte sie und reichte mir einen Zettel: eine zusätzliche Stunde bei meiner Therapeutin – gleich nach dem Frühstück. Na klar, ich hatte Eindruck gemacht mit meinem Zusammenbruch! Ich begegnete Andrea auf der Treppe zum Frühstücksraum.

„Geht es dir wieder besser?", fragte sie besorgt.

„Ja, danke, und gleich habe ich Therapie. Vielleicht kommen wir ja drauf, warum ich gestern so abgeschmiert bin." Wir traten durch die Tür zum Wintergarten. Die anderen Patienten hatten sich an der langen Tafel niedergelassen und hörten Arnold zu, der, den dröhnenden Lachsalven nach zu urteilen, eine seiner lustigen Geschichten zum Besten gab.

An dem kleinen Tisch, an dem ich so gerne saß, hatte sich heute Morgen eine Neue niedergelassen: elegante Erscheinung, bildhübsch, das rote Haar kurz geschnitten, schlanke Figur und dezent teuer gekleidet.

„Die Frau sieht interessant aus", meinte Andrea zu mir und steuerte auf den Tisch zu. Ich folgte ihr. Die Neue stand auf.

„Guten Morgen", begrüßte sie uns, „ich bin Claire." Wir setzten uns auf die freien Plätze.

„Maria", stellte ich mich vor. Andrea nickte ihr freundlich zu.

„Ich bin Andrea. Seit wann bist du da?"

„Seit gestern Abend", sagte sie und strich Butter auf einen Croissant. Andrea schaute sehnsüchtig auf diese Kalorienbombe und verteilte etwas Quark auf ihrem Vollkornbrot. Claire spülte den Bissen Croissant mit einem Schluck Kaffee hinunter. Sie verzog das Gesicht.

„Der schmeckt ja scheußlich!" Andrea und ich grinsten.

„Kein Koffein", erklärte ich, „keine Suchtmittel in der Anstalt."

„Was führt dich hierher?", fragte Claire.

„Ich bin hier, weil mich mein Mann nach zwanzig Jahren Ehe verlassen hat und ich Mühe habe, damit klarzukommen."

„Ach, Scheiße", murmelte Claire, „diese Mistkerle. Kenn ich. Meiner hat mir eine SMS geschickt: ,Tut mir leid, hab eine andere, bye bye, viel Glück!' Könnt ihr euch das vorstellen. Irgend so eine junge mit netter Visage, großem Busen, langen Beinen und rundem Hintern! Ich hatte gerade meine Winterkollektion im Kasten, die Mädels gecastet und die Musiker für die Show bestellt und dann so was! Ich hab nur noch rumgeheult, mit mir war nichts mehr anzufangen. Jetzt veranstaltet mein Team die Show ohne mich! Und ich hatte mich so darauf gefreut!" Claire klang gleichzeitig ärgerlich und traurig.

„Bist du in der Modebranche?", fragte Andrea interessiert.

„Ja, mein eigenes Label. Ich hab ganz klein angefangen und jetzt, wo der Laden brummt, klapp ich zusammen. Scheiße! Scheiße!" Wir nickten mitfühlend. „Und du? Bist du auch wegen einem Kerl hier?"

„Nein, ich bin alleinerziehend und selbständig. Ich hab gedacht, ich tu mal was für mich."

„Alle Achtung! Therapie statt Party. Ich bin ehrlich beeindruckt." Claire schaute Andrea bewundernd an und ließ ihren Blick dann hinaus schweifen. „Die Aussicht ist ja genial!" Sie hatte Recht. Heute schien endlich mal wieder die Sonne. Demzufolge glitzerte das Meer. Das rote Dach des Leuchtturms glänzte wie poliert. Einige Kaninchen hoppelten über die niedrige Düne in den Garten der Klinik und machten sich dort an den Pflanzen zu schaffen. Eine Möwe hatte sich auf dem Geländer der Terrasse niedergelassen und schien uns beim Essen zu beobachten.

„Ja, hier müsste man mal Urlaub machen." Andreas Stimme hatte einen ironischen Unterton. Wir lachten. Mein Handy piepste. Ein Blick auf die Uhr zeigte mir, dass es Zeit war.

„Mädels, ich geh dann mal los, sonst komme ich zu spät zu meiner Therapeutin."

„Lass dich gut beraten!", wünschte mir Andrea und Claire winkte freundlich.

13 Frau Baumeister erwartete mich bereits. Sie reichte mir die Hand und schaute mich prüfend an.

„Geht es Ihnen besser?"

„Ja. Ich war wahrscheinlich einfach nur hysterisch."

„Sie machen mir nicht den Eindruck, als neigten Sie zur Hysterie, was immer Sie darunter verstehen mögen. Bitte erzählen Sie mir, was gestern Abend passiert ist." Langsam fing ich an, mich über mich selbst zu ärgern. Es widerstrebte mir entschieden, über meinen Zusammenbruch zu reden.

„Darüber möchte ich nicht sprechen", sagte ich bockig.

„Warum nicht?"

„Es ist mir unangenehm", antwortete ich. Frau Baumeister fasste mich genau ins Auge.

„Würden Sie es bitte trotzdem tun", sagte sie. „Es scheint wichtig zu sein."

„Frau Markwart und ich, wir haben Musik gehört und uns unterhalten. Plötzlich hatte ich Panik, habe gezittert und geweint, konnte nicht mehr sprechen und wäre fast vom Stuhl gefallen. Ich hab nicht die leiseste Ahnung, warum."

„Worüber haben Sie gesprochen?" Warum wollte sie das wissen? Ich versuchte mich zu erinnern.

„Andrea hat sich über ihren Therapeuten beschwert. Dann habe ich erzählt, dass mir die Sitzung bei Ihnen viel gebracht hat", und ich erzählte ihr von der Erinnerung an das Gewitter im Keller und meiner mir bis dato unerklärlichen Angst vor Donner in der Nacht.

„Hat Sie die Erinnerung daran aufgewühlt?"

„Nein, überhaupt nicht. Im Gegenteil! Ich war froh, mich in dieser Angst verstanden zu haben. Fast glaube ich, dass ich nachts keine Angst mehr vor Donner haben werde."

„Welche Musik haben Sie gehört?"

„Kuschelrock", antworte ich. „Die CD lag im Kunstraum."

„Können Sie sich an das Stück erinnern?" Ich überlegte. Das neue Lied hatte gerade angefangen. Und plötzlich erinnerte ich mich.

„Es war Celine Dion mit My heart will go on."

„Verbinden Sie etwas mit diesem Lied?", fragte Frau Baumeister.

„Nein, eigentlich nicht. Ich hab Titanic natürlich gesehen, doch so toll fand ich den Film gar nicht."

„Worum ging es in dem Film?" Die Frage erstaunte mich.

„Das wissen Sie nicht?"

„Doch, natürlich, aber wenn Sie es mir erzählen, erfahre ich, was Sie damit verbinden."

„Ich fand Titanic nicht gut." Es widerstrebte mir, über den Film zu reden.

„Warum nicht?", bohrte sie. Heute war sie wirklich penetrant!

„Wegen der Liebesgeschichte. Da verlieben sich zwei unsterblich ineinander und dann schafft es einer nicht, diese verdammte Katastrophe zu überleben." Ich merkte, dass ich ärgerlich wurde.

„Der Film handelt von unwiderruflicher Trennung", sagte meine Therapeutin und machte eine Pause. Ich zuckte zusammen und starrte sie an. Die unwiderrufliche Trennung! Die Katastrophe, die einer von beiden nicht überlebt! Das war meine Geschichte, verdammt noch mal, meine eigene Scheißsituation!

„Deshalb bin ich zusammengeklappt? Aber ich hab doch überhaupt nicht richtig zugehört!"

„Ihre Psyche hat den Zusammenhang trotzdem blitzschnell verschaltet." Ich lehnte mich zurück. Meine Psyche schien in rasender Geschwindigkeit Zusammenhänge herzustellen, die meinem Verstand überhaupt nicht bewusst waren! Mir schwindelte. Frau Baumeister beobachtete mich.

„Stehen Sie immer noch unter Druck?"

„Ja, total", bestätigte ich. Worauf wollte sie hinaus? „Ich wache morgens mit dem Druck auf und er bleibt mir fast den ganzen Tag."

„Denken Sie oft an Ihren Mann?"

„Tagsüber versuche ich, nicht an ihn zu denken. Es tut einfach zu weh. Doch wenn ich nachts nicht schlafen kann, überfallen mich die Gedanken, ob ich will oder nicht. Ich sehe die Szene am Küchentisch, höre seine Worte. Ich träume sogar davon." Meine Therapeutin schaute mich nachdenklich an.

„Sie haben klassische Traumasymptome: Sie vermeiden alles, was Sie an das traumatische Ereignis erinnert, Sie leiden an der typischen hohen Erregung, erleben nachts eine Überflutung mit Bildern und Gefühlen. Beweisend ist jedoch Ihre Reaktion auf das Lied – Sie waren getriggert."

„Getriggert?" Der Begriff war mir neu.

„Der Begriff bedeutet, dass Sie durch eine aktuelle Situation an Ihr Trauma erinnert werden, auch wenn Ihnen das nicht bewusst ist. Sie fühlen sich ausgeliefert, ohnmächtig und unfähig, zielgerichtet zu handeln. Der Körper spielt verrückt. Sie zittern, haben Schweißausbrüche und das Herz rast oder stolpert. Wahrscheinlich hatten Sie Schwierigkeiten, sich verbal mitzuteilen." Ich war überrascht: Sie schilderte, was ich gestern erlebt hatte! „Woher wissen Sie das?"

„Weil Menschen ähnlich reagieren, wenn sie getriggert sind. Sie erkennen einen Trigger übrigens daran, dass die Reaktion in keiner Relation zum auslösenden Ereignis steht. Sie reagierten deshalb so heftig auf das Lied, weil Ihr Unbewusstes dessen Inhalt – die unwiderrufliche Trennung – mit Ihrer eigenen Situation verknüpfte." Ich nickte beeindruckt.

„Und was mach ich jetzt?"

„Ich werde vorschlagen, Sie ins Traumaprogramm der Klinik aufzunehmen. Dann lernen Sie, mit den Triggerreaktionen umzugehen. Den ersten Schritt haben Sie in diesem Falle schon getan: Sie wissen, worauf Sie reagiert haben. Das ist sehr wichtig, da Sie sonst denken könnten, dass mit Ihnen etwas nicht stimmt!"

„Genau", bestätigte ich, „entweder bin ich verrückt oder hysterisch. Das ist so wie die Wahl zwischen Pest und Cholera!" Frau Baumeister lächelte, stand auf, holte zwei Gläser und eine Flasche Wasser und schenkte uns ein.

„Sie werden bei mir und den Kollegen verschiedene Techniken lernen, um besser mit den traumatischen Gefühlen umzugehen. Damit erhalten Sie Regie über Ihre Emotionen, und solche Zusammenbrüche wie gestern Abend werden bald der Vergangenheit angehören." Sie trank einen großen Schluck Wasser und fuhr dann fort: „Ich will nicht um den heißen Brei herumreden: Ich habe den Eindruck, dass Sie nicht nur unter der Trennung von Ihrem Mann leiden. Was ist in Ihrer Kindheit passiert?"

„Nichts! Ich war ein Wunschkind, meine Eltern haben sich nicht scheiden lassen, ich wurde nicht geschlagen und hatte immer genug zu essen." Das schien meine Therapeutin nicht zu überzeugen.

„Könnte es sein, dass Sie schon einmal eine traumatische Trennung erlebt haben und demzufolge die Trennung von Ihrem Mann als Trigger fungiert?", fragte sie. „Das heißt nicht, dass ich denke, dass Ihre Eltern Ihnen etwas angetan haben. Krankheiten oder Schicksalsschläge können Mutter und Kind trennen. Niemand kann etwas dafür und trotzdem erleidet das Kind ein Trauma."

„Ich wüsste doch, wenn mir in der Kindheit etwas Schlimmes passiert wäre", wandte ich ein. Frau Baumeister schüttelte den Kopf.

„Das kindliche Gehirn ist sehr empfindlich und verdrängt Erlebnisse, die es überfordern. Ihre Triggerreaktion war gestern jedoch so stark, dass ich davon ausgehe, dass irgendetwas vorgefallen sein muss."

„Irgendetwas, das mit Trennung zu tun hat", sinnierte ich.

„Ja, genau!", bestätigte meine Therapeutin. Sie schaute auf die Uhr.

„Unsere Zeit ist um. Lassen Sie sich meine Hypothese durch den Kopf gehen. Vielleicht fällt Ihnen etwas ein." Sie gab mir die Hand, die Sitzung war vorbei. Ich ging erleichtert hinaus. Ich war nicht hysterisch. Ich war traumatisiert, auch wenn ich mich an nichts erinnerte. Nachdenklich ging ich in mein Zimmer, schob den Sessel vor das Fenster, schaute hinaus aufs Meer und überlegte.

14 *Als meine Schwester geboren wurde, war ich dreieinhalb Jahre alt. Meine Mutter hatte mir erzählt, dass ich bald eine kleine Spielgefährtin haben würde. Als meine kleine Schwester endlich da war, war sie keine Spielgefährtin. Im Gegenteil! Sie war ein kotzendes, schreiendes Bündel und zu nichts* *zu gebrauchen. Irgendetwas bewirkte, dass sie die Nahrung nicht bei sich behielt.*

Meine Mutter war verzweifelt. Sie fütterte das Baby, danach kotzte es und sie musste es waschen und frisch anziehen. Kurze Zeit später hatte es Hunger und schrie und sie konnte die Prozedur wiederholen. In der Wohnung stank es ekelhaft nach erbrochener Milch.

Meine Mutter hatte kaum noch Zeit für mich. Ich war jetzt die Große und musste verstehen, dass sie sich um das kleine kotzende, schreiende, stinkende Baby kümmern musste. Ich war mir nicht sicher, ob ich meine kleine Schwester mochte. Die Große zu sein machte keinen Spaß. Als Große war ich immer schuld, wenn die Kleine Blödsinn machte. „Du hättest besser auf sie aufpassen müssen", schimpfte meine Mutter. Ich passte ja auf sie auf, doch sie hörte nicht auf mich, besonders dann nicht, wenn meine Eltern weg waren.

Meine Eltern waren oft weg. Sie gingen abends ins Kino oder in den Kirchenchor. Ich blieb wach, passte auf meine Schwester auf und wartete darauf, dass meine Eltern zurückkamen. Ich hatte große Angst, denn es knackte und knarzte in der Wohnung. Dann presste ich mich an die Wand und wünschte mir sehnlichst ein Bett, das an allen Seiten geschlossen war. Ich war vier Jahre alt.

Einmal kotzte meine Schwester. Ich wusste genau, was ich zu tun hatte: Ich zog sie aus, brachte die vollgekotzte Wäsche ins Badezimmer, ließ Wasser in die Badewanne und weichte die Wäsche ein. Dann nahm ich einen nassen Waschlappen und wusch meiner kleinen Schwester die Kotze vom Körper. Natürlich hatte sie das überhaupt nicht gern und schrie, doch ich wusch sie trotzdem, denn sonst stank das ganze Zimmer.

Dann suchte ich frische Sachen für sie im Schrank. Der

Schrank war hoch und ihre Sachen lagen ganz oben. Ich schob einen Stuhl an den Schrank und kletterte hinauf, doch das obere Regalbrett konnte ich immer noch nicht erreichen. Also nahm ich ein Nachthemd von mir und zog es ihr an. Sie wehrte sich und schrie, doch ich zog es ihr trotzdem an, denn sonst würde sie sich erkälten und das ließ ich nicht zu. Ich passte gut auf sie auf. Danach ließ ich das Licht an, lag in meinem Bett und wartete.

Irgendwann kamen meine Eltern zurück. Sie waren erschrocken und lobten mich. Ich hatte es gut gemacht.

Ich saß in meinem Sessel, schaute auf das glitzernde Meer und konnte die Angst, die ich als Kind gehabt hatte, deutlich spüren. Waren es diese Kinderängste, die mich heute in so tiefe seelische Abgründe stürzten? Waren das keine Lappalien im Gegensatz zu dem, was Kinder in den Krisengebieten dieser Welt erlebten?

Mein Blick folgte einem Fischerboot, das in den Hafen tukkerte, von kreischenden Möwen umschwärmt, die dem Geruch frischer Fische offensichtlich nicht widerstehen konnten. Tat ich nicht etwas Ähnliches wie der Fischer? Ich fischte im Meer meines Unbewussten nach dort versunkenen Erinnerungen. Was würde ich in meinem Netz finden? Welches Treibgut meiner Seele würde ich den Tiefen entreißen? Und würde mir gefallen, was ich fände?

15 Als ich zum Mittagessen in den Wintergarten trat, saß Andrea schon an unserem Tisch. Irgendwie hatte sich eine Sitzordnung gebildet, an die sich alle hielten: Arnold, Ingrid und Manuela am ersten Tisch, Lorenzo, Klaus, Hedwig und Janine am zweiten. An unserem Tisch saßen Andrea, Claire und ich. Andrea sah traurig aus.

„Was ist los?", fragte ich und setzte mich neben sie.

„Meiner Tochter geht es nicht gut. Ich mache mir solche Vorwürfe! Ich sitze hier und lasse mir die Seele pinseln und gebe mein Kind ausgerechnet meinen Eltern! Ausgerechnet denen! Obwohl ich weiß, dass sich mein Vater nicht immer im Griff hat, besonders dann, wenn er getrunken hat! Aber ich hab sonst niemanden." Ihre Stimme klang zittrig. Sie schien den Tränen nahe zu sein.

„Ist was passiert?" Claire schnappte sich den Stuhl gegenüber und ließ sich mit einem Plumps darauf fallen. Andrea schüttelte den Kopf.

„Nicht wirklich. Meine Tochter war am Telefon total bockig und fand mich doof, weil ich am Wochenende nicht bei ihr sein kann."

„Wie alt ist sie?", fragte ich.

„Gerade vier geworden."

„Warum lässt du sie nicht bei ihrem Vater, wenn deine Eltern nicht zuverlässig sind?" Andrea winkte ab.

„Mein Ex hat auch gesoffen. Der ist noch schlimmer als mein Vater. Da ist sie überhaupt nicht sicher."

„Dein Vater säuft und dann suchst du dir ausgerechnet einen Kerl, der auch säuft! Hast du das nicht gemerkt?", wunderte sich Claire.

„Ne, der war ja zuerst ganz anders", verteidigte sich Andrea, „sonst hätte ich ihn doch nicht geheiratet. Schwierig wurde es erst, als das Baby da war. Da kam er nicht mehr auf seine Kosten und dann konnte er richtig heftig werden." Sie schüttelte den Kopf. „Ich mag gar nicht daran denken! Ich bin so froh, dass ich ihn los bin!"

„Du Arme", meinte Claire mitfühlend. „So ein Scheißkerl!" Andreas Geschichte stimmte mich nachdenklich. Warum fand sie einen Mann, der seinen Frust in Alkohol ertränkte, wenn sie einen Vater hatte, der genau dasselbe machte?

„Themenwechsel!", verkündete Claire mit fröhlicher Stimme. „Wir werden sonst noch trübsinnig. Was machen wir am Wochenende? Wir dürfen raus aus der Anstalt und ich hab dieses kleine schicke Cabrio. Ich bin gern eure Chauffeuse. Wir brauchen nur noch ein geiles Ziel."

„Ich erkundige mich bei der Pflege", sagte ich und stand auf. „Bis später!"

Ich ging hoch auf mein Zimmer. Ich brauchte Zeit für mich. Mein Handy lag stumm auf dem Nachttisch: Wieder keine Nachricht von Thomas. Ich seufzte. Gerade war ich überhaupt nicht wütend, gerade sehnte ich mich nach ihm und fühlte mich sehr einsam. Ich legte mich auf mein Bett und schloss die Augen.

Szenen aus unserer Beziehung zogen an meinem inneren Auge vorbei: schöne Erlebnisse, wunderbare Gespräche, erfüllender Sex und berufliche Erfolge, aber auch hässliche Auseinandersetzungen, harte Worte und beschämende Streitigkeiten. War diese Härte von meiner Seite wirklich nötig gewesen?

Auch wenn ich im Augenblick der Konflikte das, was ich fühlte, ehrlich zum Ausdruck gebracht hatte, stellte sich mir jetzt die brennende Frage, ob es wirklich nur Thomas war, auf den ich reagierte.

Wurde ich durch das, was sich zwischen uns ereignete, möglicherweise an Ereignisse in meiner Kindheit erinnert, und reagierte ich unbewusst auf etwas, das in unserer erwachsenen Realität gar nicht vorhanden war, obwohl es mir real erschien? So wie meine Angst vor nächtlichem Donner oder meine Panikattacke bei einem Liebeslied?

Und galt das nicht auch für Thomas?

Was spielte sich zwischen zwei Erwachsenen ab, die keine Ahnung hatten, welche längst vergessenen Ursachen ihre Gefühle steuerten? Gab es dann überhaupt einen Täter und ein Opfer in unserer Ehe?

Plötzlich konnte ich meinen Anteil an unserer Krise sehen: Ich war in den letzten Monaten, nein, in den letzten beiden Jahren wirklich nicht besonders nett zu Thomas gewesen. Wann hatte ich ihm das letzte Mal gesagt, dass ich ihn liebte? Ich konnte mich nicht daran erinnern. Schamesröte stieg mir ins Gesicht. Anstatt auf ihn zuzugehen, hatte ich das von ihm erwartet!

Und warum hatte ich es erwartet?

Weil ich so viel für ihn getan hatte?

Tränen stiegen mir in die Augen, doch es waren zum ersten Mal seit vielen Tagen keine Tränen der Verzweiflung oder Wut, sondern Tränen der Trauer. Ich konnte weinen um unsere verlorene Liebe, weinen um den Mann, der mir so viel bedeutet hatte und der mir, wie mir erst in den letzten beiden Wochen bewusst wurde, immer noch unendlich viel bedeutete.

Was sollte ich tun? Das Piepsen meines Handys unterbrach meine Gedanken. Ich schaute auf das Display: „Kunsttherapie, 15.30 Uhr", meldete der Wecker. Ich hatte mein Thema für die nächste Stunde.

16 Frau Janson stand am Waschbecken und reinigte Pinsel als ich in den Raum trat.

„Hallo, Frau Hundhausen", begrüßte sie mich und stellte die Pinsel zum Trocknen in ein leeres Marmeladenglas. Sie fasste mich genauer ins Auge und fragte: „Haben Sie geweint?" Ich nickte. „Möchten Sie darüber sprechen?"

„Ja", antwortete ich. Wir setzten uns an den Tisch. „Ich habe mir meine Beziehung zu Thomas durch den Kopf gehen lassen und jetzt weiß ich, dass es bei uns keinen Täter und kein Opfer gibt. Eigentlich sind wir beide abwechselnd Täter und Opfer. Ich reagiere auf seine Muster und er reagiert auf meine. Und diese Muster stammen wahrscheinlich aus unserer Kindheit und sind uns überhaupt nicht bewusst! Es hat mich sehr traurig gemacht, dass wir uns deshalb verloren haben." Frau Janson strich sich die Locken aus dem Gesicht. Sie strahlte mich an.

„Ich gratuliere Ihnen! Das ist ein großer Schritt!" Das verunsicherte mich. Ich fühlte mich überhaupt nicht als Siegerin. „Wir nennen das, was Sie beschreiben, Verstrickung", fuhr sie fort. „Sie und Ihr Mann, Sie haben sich in Mustern verstrickt, die Sie beide aus Ihren Familien mitgebracht haben." Verstrickung – das Wort gefiel mir. Es bewertete nicht. Es beschrieb, was geschah: Verhaltensmuster aus der Vergangenheit legten uns in der Gegenwart Fesseln – Stricke – an.

„Und was mach ich jetzt?", fragte ich unsicher.

„Wenn Sie wissen, dass Sie weder Opfer noch Täter sind, dann können Sie aufhören, sich so zu verhalten, dass Ihr Mann Ihnen gegenüber zum Täter oder zum Opfer wird."

Ich schluckte. Und dann stand es mir ganz klar vor Augen: Ich hatte meinen Mann dafür bestraft, dass er nicht auf mich zugegangen war, obwohl ich ihn gar nicht darum gebeten hatte! Dadurch machte ich ihn zum Täter und mich Opfer. Dann beschimpfte ich ihn für sein Versagen, wurde zum Täter und machte ihn zum Opfer. Ich nickte langsam.

„Ich glaube, dieses Muster habe ich gerade zum ersten Mal wirklich verstanden. Am liebsten würde ich Thomas anrufen und ihn um Verzeihung bitten. Aber ich weiß nicht, ob ich mich traue. Ich habe Angst, dass er mich abweist." Frau Janson nickte.

„Das verstehe ich gut. Warten Sie einfach so lange, bis Sie sich sicher sind. Sie werden wissen, wenn der richtige Zeitpunkt gekommen ist." Sie stand auf und öffnete ein Fenster.

„Ich lass ganz schnell frische Luft herein", sagte sie. „Ich möchte nämlich gleich eine Übung mit Ihnen machen. Sie sind ja ab jetzt in unserem Traumaprogramm, und da ist es wichtig, dass Sie lernen, sich selbst zu trösten und zu stabilisieren. Ich werde Ihnen dazu eine Technik beibringen, die wir Imaginationsreise oder Bilderreise nennen. Wissen Sie, was ich damit meine?"

Ich nickte. Bilderreisen kannte ich aus dem Wellness-Hotel. Die Fitnesstrainerin hatte solche Reisen zur Entspannung angeboten. Frau Janson schloss das Fenster und fuhr fort:

„Diese Imagination wurde für Traumapatienten entwickelt. Sie vermittelt Ihnen das Konzept eines Ortes, an dem Sie vollkommen sicher und geborgen sind. Ich gebe Ihnen allgemeine Inhalte vor, die Sie nach Ihrem eigenen Gusto ausgestalten. Ich bitte Sie, mir die Bilder, die Sie sehen, zu beschreiben, damit ich Sie gut begleiten kann. Setzen Sie sich bequem hin und schließen Sie die Augen." Ich öffnete den Gürtel meiner Jeans, dessen Schnalle mir in den Bauch drückte und setzte die Brille ab. Dann schloss ich die Augen.

„Stellen Sie sich jetzt einen Ort vor", begann Frau Janson mit ruhiger Stimme. „Dieser Ort gehört ganz allein Ihnen. Er ist nur Ihnen bekannt und er ist vollkommen geschützt. An diesem Ort wachsen nur die Pflanzen, die Ihnen gefallen und es gibt dort nur die Tiere, die Sie mögen. Es gibt keine anderen Menschen, aber wenn Sie möchten, sind dort Engel oder andere hilfreiche Wesen."

Ein sicherer Ort für mich? Erst jetzt fiel mir auf, dass ich mich überhaupt noch nirgendwo wirklich sicher gefühlt hatte. Ich war immer auf der Hut, denn ich rechnete in jedem Augenblick damit, dass etwas Schreckliches passieren könnte.

„Einen solchen Ort gibt es nicht für mich!", sagte ich traurig.

„Beschreiben Sie mir einfach trotzdem, was Sie sehen", hörte ich die ruhige Stimme von Frau Janson.

Ein Bild formte sich vor meinem inneren Auge. „Ich sehe einen Baum vor mir, einen hohen Baum mit glattem Stamm und weit ausladenden Ästen. Ich bin ein Vogel und ich halte Wache. Ich darf nicht einschlafen, denn sonst kommt die Katze, um mich zu fressen."

„Kann die Katze auf den Baum klettern?" „Die Katze kann alles", antwortete ich und war erstaunt, wie sicher ich mir dessen war.

„Sehen Sie die Katze?" Ich schaute mich um, und dann sah ich sie: ein dickes, gelbweiß gestreiftes Vieh, das ich auf Anhieb sehr unsympathisch fand. „Sie beginnt den Stamm hinaufzuklettern." Meine Stimme klang leicht panisch.

„Was möchten Sie tun, um die Katze daran zu hindern?" Ich merkte, wie in mir große Wut hochkochte.

„Am liebsten würde ich sie umbringen!", grollte ich. „Doch ich bin nur ein kleiner Vogel." Ich fühlte mich hilflos.

„Sie könnten die Katze verscheuchen!"

„Kann ich das?", fragte ich unsicher.

„Na klar! Dies ist Ihr Bild und hier bestimmen nur Sie."

„Hau endlich ab du blödes Vieh! Lass mich in Ruhe!", brüllte ich. Die Katze stutzte, verlor das Gleichgewicht und stürzte vom Baum in einen Abgrund. War sie tot? Nein! Sie war quicklebendig.

„Sie ist auf ihren Pfoten gelandet und kommt zurück", sagte ich resigniert.

„Das wird ihr nicht gelingen." Die Stimme meiner Kunsttherapeutin klang sicher. „Da gibt es etwas, das sie aufhalten wird." Etwas, was die Katze aufhielt? Plötzlich sah ich am Ende der Schlucht ein Gebäude.

„Da ist so etwas wie ein Gefängnis, ein besonders sicheres Gefängnis."

„Ein Hochsicherheitstrakt?"

„Genau, es ist ein Hochsicherheitstrakt."

„Könnten Sie die Katze dort einsperren?", fragte Frau Janson. Ich schüttelte den Kopf. „Das kann ich nicht. Ich bin ja nur ein kleiner Vogel!"

„Wer kann Ihnen helfen?" Gute Idee! Ich überlegte. Plötzlich fiel mir „Der Herr der Ringe" ein. Mein Helfer müsste sein wie eine Mischung aus Aragorn und Gandalf. Da sah ich ihn: Ein schöner großer Mann, stark, mächtig und weise. Er packte die Katze völlig unbeeindruckt von ihrem Gefauche und ihren Krallen im Genick, und ich sah ihm fasziniert dabei zu, wie er sie in einen Raum sperrte und nacheinander sieben Türen hinter ihr abschloss. Vor der letzten Tür blieb er stehen und sah mich an, und ich verstand, dass er dort stehen bleiben und wachen würde. Ich merkte, wie ich mich entspannte. Plötzlich entdeckte ich etwas: Mitten im Baum, versteckt zwischen den Ästen gab es ein Nest.

„Da ist ein Nest", erzählte ich aufgeregt.

„Der Vogel könnte sich in das Nest setzen, jetzt, wo die Katze eingesperrt ist", regte Frau Janson an. Sollte ich es wagen? Ja! Ich sah, wie der Vogel ins Nest hüpfte, die Flügel anlegte und den Kopf unter den Flügel steckte. Ein Gefühl von Sicherheit und Geborgenheit durchströmte mich.

„Sie sind an Ihrem sicheren Ort angekommen", sagte Frau Janson. „Nehmen Sie sich Zeit!" Eine Zeitlang genoss ich still das behagliche Gefühl. Dann öffnete ich die Augen und blickte in das aufmerksame Gesicht meiner Kunsttherapeutin.

„Wer ist die Katze?", fragte ich.

„Ich glaube nicht, dass die Katze eine einzelne Person darstellt. Ich denke vielmehr, dass die Katze ein Sinnbild für alle Gefahren ist, denen sich der Vogel ausgeliefert fühlt. Katzen bringen Vögel in Lebensgefahr. Genau so fühlt sich ein traumatisiertes Kind!"

„Bleibt die Katze im Gefängnis?" Frau Janson lächelte.

„Die Katze ist ja nur ein inneres Bild. Wenn Sie das Gefühl haben, dass sie sich befreit hat, können Sie sie jederzeit wieder einsperren. Das sollten Sie üben. Ich empfehle Ihnen, sich jeden Tag mehrmals Zeit für die inneren Bilder zu nehmen. Stellen Sie sich zuerst vor, wie die Katze eingesperrt wird. Dann visualisieren Sie den kleinen Vogel im Nest. Erleben Sie das Gefühl, vollkommen sicher zu sein."

„Und das funktioniert?"

„Probieren Sie es aus! Imaginationsreisen haben sich als wirksame Methoden in der Traumatherapie bewährt. Übrigens: Ihr Wächter ist nicht nur für die Katze da. Sie können ihm alles Unangenehme oder Belastende übergeben, damit er es in den Hochsicherheitstrakt sperrt." Sie schaute auf die Uhr. „Unsere Stunde ist um. Wie wäre es, wenn Sie Ihr Nest flechten? Gehen Sie hinaus in die Natur und suchen Sie sich, was Sie dazu brauchen." In mir regte sich eine unbändige Lust, genau das zu tun.

„Das mach ich!", rief ich begeistert.

„Ihr inneres Kind scheint mit dabei zu sein", sagte Frau Janson lächelnd und reichte mir die Hand. „Ich sehe Sie in der nächsten Woche."

Ich holte meine Jacke, lief zum Strand, brach Zweige, sammelte Blätter, Ranken und weiches Moos für mein Nest. Im Kunstraum flocht ich die Zweige ineinander, webte Ranken und Blätter in das Gitter, polsterte mit Moos und umwand das Nest mit farbigen Drähten und Wollfäden, die ich im Schrank fand. Ich hatte endlich meinen sicheren Ort gefunden.

17 Es war noch zu früh am Abend, um ins Bett zu gehen.

Ich stieg die Treppen hinunter zum Aufenthaltsraum. Andrea und Claire saßen auf dem Sofa vor dem Fernseher.

„Komm zu uns!" Claire rutschte zur Seite und klopfte mit der Hand auf die freigewordene Lücke. „Wir sehen gleich einen geilen Film."

„Welchen denn?", fragte ich, „Herzschmerz kann ich nicht brauchen."

„Der Film heißt Chocolat", antwortete Andrea, „und wie der Name schon sagt, geht es vor allem um Schokolade!" Ich quetschte mich zwischen die beiden. Claire hob die Fernbedienung, um den DVD-Rekorder zu starten.

„Einen kleinen Moment noch, Mädels", sagte ich. „Ich habe ein paar Freizeittipps. Wie wäre es morgen mit einem Besuch in einer Therme mit Saunalandschaft? Oder wollt ihr lieber wandern?"

„Wandern?" Claire rümpfte die Nase. „Dazu fehlen mir die passenden Schuhe."

„Wandern klingt anstrengend", sagte auch Andrea.

„Ihr Faulpelze", lachte ich, „na, dann bleibt nur noch die Therme. Oder die Sauna?"

„Sauna klingt verlockend", säuselte Claire und Andrea meinte: „Sauna wäre super. Dann werde ich endlich mal wieder richtig warm! Übrigens, hat jemand Chips oder Popcorn zum Film?"

„Wolltest du nicht …?", begann Claire und knabberte demonstrativ an einer Karotte.

„Halt bloß die Klappe", fauchte Andrea und schob sich trotzig ein Stück Schokolade in den Mund. Claire zielte mit der Fernbedienung auf den DVD-Rekorder. Der Film begann. Ich tauchte ein in die kunstvoll komponierten Bilder. Alles stimmte: die Szenerie, die Kleidung der wunderschönen Schauspielerinnen, die Dialoge. So einen wunderbaren Film hatte ich schon lange nicht mehr gesehen! Wir atmeten auf, als es Josefine endlich gelungen war, sich vor ihrem gewalttätigen, saufenden Ehemann zu ihrer Freundin, der Schokoladenfrau, zu retten. Wie schrecklich, dass der alkoholisierte Ehemann nachts ins Haus der Frauen eindrang, randalierte, die Tür zum Schlafzimmer einschlug und auf die Frauen losging!

Aus Andreas Mund drang plötzlich ein Wimmern. Ihr Atem ging stockend, sie zitterte am ganzen Leib. Ich erschrak!

„Mach die Glotze aus!" rief ich Claire zu. „Mach sofort die Glotze aus." Sie drückte auf die Fernbedienung.

„Andrea!", sagte ich leise. Sie reagierte nicht, zitterte, Tränen liefen ihr übers Gesicht. Mein Gott, sie war getriggert! Ihr Vater war Alkoholiker und hatte sich nicht im Griff, ihr Mann war Alkoholiker und hatte sich auch nicht im Griff! Kein Wunder, dass sie die Filmszene an ihre eigene Geschichte erinnerte! Was soll ich nur tun?

„Sie ist getriggert", rief ich, „hol jemanden von der Pflege!" Claire drückte die Klingel.

„Schau mich an!", sagte ich zu Andrea. Das hatte der Pfleger zu mir gesagt und es hatte geholfen. „Schau mich an!" Ich machte Anstalten, sie zu umarmen, doch sie wich zurück. Was hatte sie Schlimmes erlebt? Hastige Schritte näherten sich. Eine Schwester stürzte ins Zimmer. Ausgerechnet Frau Müller, die Ziege, mit der ich mich angelegt hatte! Offensichtlich war die Abneigung gegenseitig.

„Sie schon wieder!" rief sie. „Sie dürfte man gar nicht alleine lassen. Was treiben Sie eigentlich so miteinander?"

„Frau Markwart ist durch eine Szene im Film getriggert", erklärte ich.

„Die Diagnose überlassen Sie mal schön den Ärzten", wies Frau Müller mich zurecht. „Hobbypsychologen können wir hier nicht brauchen." So eine blöde Kuh! Ich verzichtete jedoch auf eine wütende Antwort, denn auf Zoff mit der Müller konnte Andrea sicher gut verzichten.

„Frau Markwart", sagte die Schwester genervt zu Andrea, „nun steigern Sie sich mal nicht so da rein. Damit machen Sie alles nur noch schlimmer! Sie kommen jetzt mit mir nach unten." Andrea hatte aufgehört zu weinen. Sie stand wortlos auf und folgte der Schwester aus dem Raum. Claire starrte den beiden mit offenem Mund hinterher.

„Hab ich das grade richtig mitgekriegt? Diese Ziege hat Andrea dafür angemacht, dass es ihr schlecht geht? Und dich hat sie angemacht, weil du helfen wolltest?" Ich nickte.

„Das hast du richtig verstanden. Ich hab mich schon mal über diese Kuh beschwert."

„So können die nicht mit uns umgehen!" Claire war jetzt richtig sauer und lief wie eine wütende Tigerin im Raum auf und ab. „So lasse ich mich nicht behandeln. Ich werde mich bei der Klinikleitung beschweren."

„Meinst du das bringt was? Dann wird die Müller bestimmt noch zickiger und wir haben Krieg." Claire blieb stehen.

„Vielleicht hast du Recht." Sie atmete tief durch und setzte sich wieder zu mir aufs Sofa. „Was hast du damit gemeint, dass Andrea durch die Szene im Film getriggert war?"

„Das ist nur eine Vermutung", antwortete ich. „Wenn der Vater Alkoholiker war und geschlagen hat, dann hatte das kleine Mädchen traumatische Erlebnisse. Dasselbe passierte im Film und das hat Andrea wahrscheinlich an ihre Kindheit erinnert." Claire nickte.

„Das klingt plausibel. Warum hat sie wohl nicht früher gemerkt, dass ihr Lover genau dieselbe Macke hatte wie ihr Vater?"

„Darüber zerbreche ich mir auch den Kopf. Es kann doch kein Zufall sein, dass sie sich in genau denselben Typ Mann verliebt! Ich halte es für möglich, dass es bei mir und Thomas auch so läuft." Claire sah mich erschrocken an.

„Wurdest du auch geschlagen?"

„Nein, ich meinte nicht, dass es bei mir genauso war wie bei ihr. Ich überlege mir gerade, ob ich etwas, das in meiner Kindheit nicht gut lief, mit Thomas wiederhole. Warum sollte dieses Prinzip nur für Andrea gelten? Vielleicht gilt das ja für jeden?" Claire stützte den Kopf in die Hände.

„Au weia!", sagte sie leise. „Da beginnt mir gerade einiges zu dämmern…" Sie schaute mich verzweifelt an. „Kommen wir da jemals wieder raus?"

„Das hoff ich doch! Meine Therapeutin sagt, dass wir das, was uns bewusst ist, verändern können. Ich werde Thomas jedenfalls nicht kampflos aufgeben! Wenn ich bedenke, dass es

sein kann, dass ich ihn nur deshalb verliere, weil ich mit meiner Kindheit nicht im reinen bin, könnte ich ausflippen!" Claire stand auf.

„Ich glaube, das reicht mir für heute, sonst habe ich eine schlaflose Nacht. Bleibt es bei unserer Verabredung? Wir fahren nach dem Frühstück in die Therme?" Ich stand ebenfalls auf.

„Ja! Ich freu mich schon. Andrea ist hoffentlich morgen auch wieder fit." Wir gingen die Treppen hinauf. Im zweiten Stock verabschiedete ich mich von Claire, die im dritten Stock wohnte. Erwartungsvoll nahm ich mein Handy vom Nachttisch. Ann-Britt und Carlo hatten mir einen Abendgruß geschrieben.

Keine Nachricht von Thomas.

Zum ersten Mal seit der Trennung war ich darüber weder wütend noch enttäuscht, denn ich verstand, dass er den Abstand brauchte. Zum ersten Mal konnte ich erkennen, wie gut auch mir der Abstand tat. Freiwillig hätte ich nie in dieser Weise über mich und unsere Beziehung nachgedacht. Lag darin die Chance dieser Krise? Ich schluckte meine Baldrianpillen mit etwas Wasser, legte mich ins Bett, setzte meine Kopfhörer auf und lauschte der Lautenmusik von Johann Sebastian Bach, die sich harmonisch mit dem Rauschen der Wellen verband. Ich dachte an mein Nest und merkte, dass ich Ruhe fand.

18 Erstaunlich gut gelaunt überquerte ich am folgenden Morgen den Parkplatz. Die Sonne schien und es war heute zum ersten Mal seit Tagen so warm, dass man den Frühling ahnen konnte. Claires Cabrio war natürlich schwarz und hatte cremefarbene Ledersitze. Sie drückte auf einen Knopf, das Verdeck faltete sich zusammen und verschwand irgendwo hinten im Kofferraum. Kein Wunder, dass da außer unseren Taschen mit den Bademänteln und den Handtüchern nichts hineinpasste.

„Das ist halt ein Kleinwagen", verteidigte Claire ihr Auto gegenüber unseren ironischen Bemerkungen. „Wenn ich gewusst hätte, dass ich Passagiere befördere, hätte ich seinen großen Bruder mitgebracht." Sie schob eine CD in den Rekorder und gleich schufen Pat Methenys Gitarrenklänge eine sorglose Stimmung.

Wir fuhren am Meer entlang, der Wind spielte mit unseren Haaren und wir genossen die Fahrt, die Sonne, die Musik und die wunderschöne Natur. Andrea, die sich auf die Rückbank geklemmt hatte, beugte sich zu mir vor.

„Die Müller war ja gestern Abend richtig ätzend! Hast du dich nicht schon mal mit der angelegt?"

„Gleich am ersten Tag", antwortete ich.

„Ich verstehe nicht, dass so jemand in einer Psychoklinik angestellt wird", sagte Claire. „Die hat das Feingefühl eines Wildschweins."

„Nichts gegen Wildschweine", bemerkte Andrea trocken. „Aber, Spaß beiseite! Jetzt versteh ich, wie es dir vorgestern gegangen ist, Maria. Trigger nennt man das? Was mach ich jetzt damit?"

„Erzähl es deinem Therapeuten", antwortete ich, „dann kommst du sicher auch ins Traumaprogramm."

„Meinst du denn, dass ich traumatisiert bin?"

„Meine Therapeutin sagt, dass man nur getriggert sein kann, wenn man ein Trauma hat."

„Warum hat mir das hier noch niemand gesagt?"

„Das versteh ich auch nicht", sagte ich, „keine Ahnung! Du bist genauso traumatisiert wie ich, und im Gegensatz zu mir weißt du ja sogar, was du erlebt hast."

„Oh ja", antwortete Andrea, „und ich habe überhaupt nicht die geringste Lust, das wieder auszupacken. Eigentlich habe ich genug Probleme in der Gegenwart." Claire seufzte protestierend.

„Mädels, wir haben Freigang! Habt Erbarmen und hört auf mit dem Therapiegequatsche. Ich werd sonst noch ganz trübsinnig und dann bin ich unausstehlich!" Andrea und ich schauten uns an.

„Du hast völlig Recht, Claire", stimmte ich ihr zu, „lasst uns über etwas anderes reden." Claire parkte den Wagen vor der Therme, wir lösten unsere Eintrittskarten und verschwanden in den Umkleidekabinen. Ich hüllte mich in meinen Bademantel, schlüpfte in meine Plastiklatschen und suchte die Poolsauna, in der wir uns verabredet hatten. Meine Brille steckte ich in den dafür vorgesehenen Behälter an der Wand und öffnete die Holztür.

Heiße Luft schlug mir entgegen. Außer Andrea, die schon auf ihrem extralangen Saunalaken lag und mir zulächelte, schwitzte hier noch niemand. Ich breitete mein Handtuch aus und legte mich neben sie. Wunderbare Wärme umhüllte meinen Körper. Es duftete ganz leicht nach Zitrusfrüchten. Die Tür flog auf und Claire stürmte herein.

„Ach Herrjeh ist das warm hier", stellte sie vergnügt fest, breitete ihr Handtuch aus und legte sich uns gegenüber. Andrea setzte sich auf und schaute sie fassungslos an.

„Was ist los, Herzchen?" fragte Claire verwundert. „Was schaust du mich so an?"

„Du bist ja total rasiert!", sagte Andrea. „Nicht rasiert", korrigierte Claire trocken, „epiliert. Und? Das ist doch heute völlig normal."

„Für mich nicht. Warum machst du das? Tut das nicht weh?"

„Kaum der Rede wert. Mein Ex stand drauf."

„Und du hast gemacht, was der Kerl wollte?" Andreas Stimme klang etwas zu scharf. Ich richtete mich auf. Was lief da gerade?

„Ja, hab ich, Herzchen, und wenn es dich stört, dann schau in die andere Richtung!", erwiderte Claire leicht genervt. „Das kann ich einfach nicht verstehen", rief Andrea empört, „dass Kerle Frauen immer noch zu allem rumkriegen."

„Nun mach mal langsam", beschwerte sich Claire, „wir sprechen gerade nur über mein fehlendes Schamhaar. Was regst du dich so auf?"

„Mädels", sagte ich ruhig, „wir kommen aus der Anstalt. Da sind wir vielleicht etwas empfindlicher als sonst."

„Okay, okay", lenkte Andrea ein. „Du hast Recht, ich bin total empfindlich. Entschuldige Claire, dein fehlendes Schamhaar geht mich gar nichts an."

„Schon gut", antwortete Claire, „obwohl mich interessieren würde, warum du bei dem Thema derartig abgehst."

„Das hat wohl mit den Kerlen zu tun, mit denen ich bisher zusammen war." Andrea klang ernüchtert. „Wenn du damit rechnen musst, dass du zusammengeschlagen wirst, wenn du nicht tust, was der Kerl von dir will, dann hast du wenig Verständnis dafür, wenn eine Frau sich freiwillig unterordnet."

„Charles war ganz anders", sagte Claire versonnen. Ich schaute sie an.

„Das klingt spannend! Magst du erzählen?" Claire lächelte geheimnisvoll.

„Nicht hier in dieser Hitze! Da verklebt mein Gehirn zu Glibber."

Ich lag versunken in meine Gedanken auf der harten Holzbank und spürte die Schweißtropfen, die mir von der Nase auf die Wangen perlten. Wie war es in meiner Ehe? Ordnete ich mich Thomas unter wie Claire oder war ich kämpferisch wie Andrea und ließ mir nichts sagen? Die Sanduhr zeigte, dass meine Schwitzzeit sich dem Ende näherte. Langsam setzte ich mich auf und nickte den beiden anderen zu.

„Ich bin draußen im Pool!" Ich ging hinaus und stellte mich unter den Wasserstrahl, der aus einem Rohr in der Wand platschte und so kalt war, dass die Tropfen wie Nadelstiche schmerzten. Trotzdem blieb ich so lange darunter stehen, bis ich zu frösteln begann. Das Wasser im Pool war dagegen schmeichelnd warm.

Warum hatten Thomas und ich uns so wenig sinnliche Erlebnisse gegönnt? Er hatte mir einige Male vorgeschlagen, in die Sauna zu gehen, doch ich hatte nie Lust gehabt und mich immer dagegen ausgesprochen. Weil ich mich ihm nicht unterordnen wollte? Um ihn dann wegen seiner Schwäche zu verachten? Ich schämte mich. Immer wieder traf ich auf den Machtkampf in unserer Beziehung, bei dem ich kräftig mitgemischt hatte. Ich war schuld, dass es nicht geklappt hatte!

Stopp, Maria!

Ich ertappte mich dabei, in mein altes Täter-Opfer-Muster zu rutschen. Thomas und ich, wir hatten dieses Spiel gemeinsam gespielt, hatten uns gemeinsam in diese destruktive Dynamik verstrickt.

„Erde an Maria!" Claires Stimme klang tatsächlich wie aus einem anderen Universum. Verlegen schaute ich auf.

„Na, auf welchem fernen Planeten bist du denn?", fragte sie lachend.

„Wir hätten sie tunken sollen", rief Andrea, die planschend und spritzend zu uns schwamm. „Wer weiß in welchem seelischen Loch sie gerade steckt!" Ich seufzte.

„Mädels, mir wird gerade so einiges klar. Ich glaube, ich habe ganz schön viel Mist gebaut in meiner Ehe." Die beiden schauten mich verwundert an.

„Wir entkommen der Anstalt nicht", sagte Claire resigniert und fuhr sich durch die Haare. „Deine Selbstkritik in Ehren, Maria, aber mach doch jetzt mal einen Punkt! Wir sind in der Sauna und nicht in der Therapie." Obwohl ich zugeben musste, dass sie Recht hatte, verletzte mich ihre Reaktion. Andrea rettete die Situation.

„Wie wäre es, wenn du uns jetzt von dem Typ erzählst, dem du so willig dein Schamhaar geopfert hast", fragte sie und Claire nickte grinsend.

„Na, ihr seid ja mächtig interessiert an meinem Lotterleben. Also gut, ihr Landeier! Charles lebte in London. Er machte irgendetwas an der Börse, verdiente viel Geld und bewohnte ein elegantes Penthaus. Er war ein Mann mit besonderen Vorlieben."

„Welche besonderen Vorlieben?", fragte Andrea. „Was meinst du damit?" Claire schien ein wenig verlegen.

„Na, ja", druckste sie, „er bestand darauf, dass ich ihm jederzeit sexuell zur Verfügung stand."

„Jederzeit? Du bist doch überhaupt nicht der unterwürfige Typ!" Andreas Stimme bekam wieder diesen scharfen Unterton.

„Herzchen, wenn du willst, dass ich erzähle, dann musst du jetzt mal deine Klappe halten, sonst wird das nichts." Andrea nickte schuldbewusst: „Alles klar, tut mir leid."

„Also, Charles verlangte von mir, dass ich tat, was er wollte. Und mir war es ein Bedürfnis, genau das zu tun. Versteht ihr? Das war keine einseitige Geschichte, nicht so, wie bei dir Andrea, wo der Mann dich zu etwas gezwungen hat. Du hast Gewalt erlebt. Ich nicht! Nein, ich wollte mich ihm unterwerfen. Mich erregte es, die Kontrolle aufzugeben, mich seiner Kontrolle anzuvertrauen. Er machte mit meinem Körper, was er wollte, und das war genau das, was ich wollte. Mädels, ich hatte den besten Sex meines Lebens!"

„Nennt man das nicht SM?", fragte ich.

„Ja, das ist der Überbegriff. Im Grunde ist SM eine Art Rollenspiel, in dem es vor allem um Vertrauen geht. Nur wenn du deinem Partner vollkommen vertraust, kannst du dich ihm ausliefern, denn dann weißt du, dass nichts passiert, was du nicht willst."

„Und wenn er doch mal zu weit geht?" Andrea blieb skeptisch.

„Für diese Fälle wird ein Safe-Wort ausgemacht. Wenn einer von beiden dieses Wort sagt, hört der andere sofort auf. Ich habe das Safe-Wort bei Charles nie gebraucht, denn ich hatte nie einen zärtlicheren Partner, keinen, der sich mehr mit mir und meiner Lust beschäftigte. Deshalb tut es auch so schrecklich weh, dass er mich einfach gegen eine Jüngere ausgetauscht hat." Claires Augen wurden feucht. Dann fuhr sie fort:

„Er bestand darauf, dass ich ihn in seiner Wohnung erwartete, gebadet, parfümiert und immer nackt. Dann servierte ich ihm das Essen, das kurz vorher von einem Feinschmeckerrestaurant geliefert worden war. Beim Essen stand ich neben ihm und bediente ihn. Wenn er gut gelaunt war, fütterte er mich, sonst bekam ich nichts zu essen. Deshalb", Claire schaut Andrea an, „habe ich natürlich immer vorher eine Kleinigkeit zu mir genommen. Ein knurrender Magen ist schließlich nicht gerade sexy! Dann habe ich ihm entweder einen geblasen, oder wir haben gevögelt, meist mehrmals hintereinander. An manchen Tagen, wenn es an der Börse nicht gut gelaufen war, hat er mich ans Bett gefesselt, ohne mich anzurühren."

„Und das hat dir gefallen?" Andrea klang immer noch sehr skeptisch.

„Ob du es glaubst oder nicht: Blümchensex erregt mich überhaupt nicht. Ich brauche einen dominanten Mann, damit ich mich fallenlassen kann. Das gibt mir den Kick, den ich bei normalem Sex nicht kriege. Ich weiß ja auch nicht, warum das bei mir so ist!"

„War das schon immer so?", fragte ich.

Es musste doch einen tieferen Grund haben, dass sich eine schöne, intelligente, selbstbewusste Frau wie Claire einem Mann als Sexsklavin überließ. „Seit ich an Sex denke", antwortete sie. „Früher hab ich mich vor meinen Phantasien gefürchtet. Als ich dann Charles traf und er genau das machte, was sonst nur in meinem Kopfkino lief, war ich überwältigt. Ich wurde ihm hörig und damit habe ich eine Grenze überschritten, die ich nicht hätte überschreiten dürfen. Deshalb bin ich ja auch in der Klinik. Eigentlich geht es mir total beschissen. Die gute Laune ist nur Fassade."

„Willkommen im Club. Seit gestern geht es mir genauso!", sagte Andrea.

„Ich versteh mich da selbst nicht", sinnierte Claire, „denn ich bin eher der Kontrollfreak. Deshalb ist es auch so schwer für mich, meinen Assistenten die Show zu überlassen. Das treibt mich schier in den Wahnsinn!"

„Das hat bestimmt etwas mit deiner Prägung zu tun", begann ich. Beide Frauen verdrehten die Augen.

„Maria, hör auf!", würgte mich Claire ab. „Mach mal Pause! Ich bin jetzt reif für einen weiteren Saunagang. Kommt ihr mit?" Klar kamen wir mit, erlebten duftende Aufgüsse, rieben uns mit Eiswürfeln über die heiße Haut, ließen uns von Dampfschwaden im türkischen Bad umschmeicheln.

Müde trafen wir fünf Minuten vor der abendlichen Gruppe in der Klinik ein. Nein, wir hatten nichts Besonderes zu berichten heute Abend. Es ging uns gut. Wir stürzten uns hungrig aufs Abendessen und danach ging jede auf ihr Zimmer. Ich war so müde, dass ich ohne Schlaf- oder Beruhigungspille sofort einschlief.

19 Der Morgen begann mit lautem Geschrei: Eine Möwe hatte sich auf meinem Fenstersims niedergelassen und begrüßte mich auf ihre Weise. Ich stand auf und ging langsam zum Fenster. Sie betrachtete mich mit ihrem schwarzen Knopfauge. Erst als ich den Fenstergriff berührte, flog sie davon. Ich öffnete das Fenster und sah ihr nach, wie sie mit elegantem Schwung in Richtung des Leuchtturms schwebte. Ich nahm mir vor, ihr nach der morgendlichen Therapiestunde dorthin zu folgen.

Nach dem Frühstück ging ich über den Flur und klopfte an das Zimmer meiner Therapeutin. Frau Baumeister saß vor dem Schreibtisch und schrieb auf ihrem Laptop.

„Kommen Sie herein, Frau Hundhausen, ich bin gleich fertig." Sie klappte den Deckel zu, stand auf und setzte sich in ihren Sessel. „Wie geht es Ihnen?", fragte sie interessiert.

„Es geht mir besser." Ich erzählte, dass ich nur noch Baldrianpillen zur Beruhigung brauchte und in den letzten Tagen nicht getriggert gewesen war. Der Druck in meinem Magen war zwar noch vorhanden, doch ich konnte besser damit umgehen. Dann berichtete ich von meinen Erkenntnissen über das Täter-Opfer-Muster in meiner Ehe.

„Ich möchte wirklich wissen, was sich da zwischen mir und Thomas abspielte. Ich habe den Eindruck, dass wir uns gegenseitig getriggert haben."

„Möchten Sie die heutige Stunde dazu nutzen, um über dieses Thema zu sprechen?", fragte Frau Baumeister, die mir aufmerksam zugehört hatte. Ich nickte zustimmend. „Was würde sich für Sie verändern, wenn Sie wüssten, dass Sie sich gegenseitig getriggert haben?"

„Wenn ich wüsste, dass Thomas mich nicht ärgern wollte, könnte ich viel entspannter mit ihm umgehen. Wir müssen in der nächsten Zeit ja sehr viel miteinander regeln." Ich seufzte, denn ich dachte an die Scheidungsvereinbarungen, die wir nach meiner Zeit in der Klinik würden aushandeln müssen.

„Woran würde Ihr Mann das merken?"

„Daran, dass ich nicht mehr auf ihn losgehe. Häufig hat er gar nicht verstanden, warum ich so wütend auf ihn war. Ich habe aber auch nicht immer verstanden, was ihn gegen mich aufbrachte."

„Kindheitstraumata sind Beziehungskiller!", sagte Frau Baumeister mit Nachdruck. „Wenn sich zwei Menschen nahe kommen, bleibt es nicht aus, dass sie sich gegenseitig triggern. Dann entstehen gerne Täter-Opfer-Muster. Solange die Verantwortung für die Triggerreaktion dem Partner zugewiesen wird, wird sich nichts ändern, denn Trigger kann jeder nur selbst bearbeiten. Das Täter-Opfer-Muster ist wiederum eng mit dem Thema Schuld gekoppelt. Wir haben schon darüber gesprochen, dass Ihnen dieses Thema sehr wichtig zu sein scheint. Haben Sie darüber nachgedacht?" Ich nickte wieder zustimmend.

„Mir sind zwei Episoden aus meiner Kindheit eingefallen."

„Na, dann schießen Sie mal los." Frau Baumeister lehnte sich entspannt in ihren Sessel.

Ich fühlte mich hilflos. Ich fühlte mich schrecklich. Ich konnte nicht aufhören zu weinen. Ich weinte und schrie und konnte einfach nicht damit aufhören. Ich war höchstens drei Jahre alt. Vor mir stand meine Mutter, die alles konnte und die offensichtlich nicht damit einverstanden war, dass ich so tobte. Aus ihrem Mund kamen ärgerliche Töne, die ich gar nicht richtig verstand, weil ich so schreien musste. Sie sagte die Worte „unbeherrscht", „sei endlich still" und „sonst bestrafen", doch ich konnte ja nichts machen, war außer mir, kam nicht an meine Steuerzentrale!

„Hilf, hilf, hilf mir, ich, ich will aufhören!", stammelte ich. Meine Mutter schaute erstaunt, ungläubig auf mich herab. Sie konnte offensichtlich nicht fassen, was sie da gerade gehört hatte. Endlich öffnete sie ihre Arme, ich stürzte mich hinein und war in Sicherheit.

„Du bist ein kleiner Zornteufel, ein kleiner Vulkan", sagte meine Mutter. „Das musst du dir unbedingt abgewöhnen. Sonst mögen dich die anderen Kinder nicht."

Mochte meine Mutter einen Zornteufel? Einen kleinen Vulkan? Ich war mir nicht sicher. Ich wusste, dass es an mir lag. Ich war schuld, denn ich war laut und zornig. Ich schrie und weinte und das war schlecht. Ich war schlecht.

„Das ist eine bemerkenswerte Erinnerung", sagte meine Therapeutin. „Sie waren so jung und konnten in dieser Sie überwältigenden Situation um Hilfe bitten. Sie können sehr stolz auf die kleine Maria sein!" Ich schaute sie erstaunt an.

„Warum soll ich stolz auf sie sein?"

„So wie Sie Ihre Gefühle beschreiben, habe ich den Eindruck, dass Sie sich in einer Triggersituation befanden. Ich habe Ihnen meine Hypothese ja bereits mitgeteilt, dass ich glaube, dass Sie in Ihrer frühen Kindheit traumatisiert wurden. Die kleine Maria realisierte, dass sie die Kontrolle verloren hatte, und bat um Hilfe. Das gelingt ja noch nicht einmal Erwachsenen!"

„Das ist überhaupt wahr", rief ich, plötzlich verstehend. „Vielleicht war ich gar nicht wütend, vielleicht war ich getriggert! Dann wäre ich ja gar kein unbeherrschter Zornteufel!"

„Nein", bestätigte meine Therapeutin, „und dann wären Sie auch nicht schuld." Ich lehnte mich zurück.

„Es gibt noch eine Geschichte. Ich bin gespannt, was Ihnen dazu einfällt."

Ein Ausflug zwei Jahre später: Mein Vater schob den Kinderwagen mit meiner Schwester, ich lief neben meinen Eltern her. Wir gingen durch einen Wald, ich sammelte Tannenzapfen. Auf dem Rücken trug ich einen Rucksack mit meiner Leckerkiste. In der Leckerkiste hatte ich den Osterhasen, den ich nicht essen mochte, weil er so süß aussah. Ich mochte den Osterhasen, unterhielt mich mit ihm und trug ihn immer bei mir. Sonst hätte er nicht überlebt...

Meine kleine Schwester hatte aufgehört zu kotzen. Jetzt fraß sie alles, was sie finden konnte. Sie hatte meinen Kaufladen leergefressen, die Schubladen mit dem Zucker und dem Mehl geleert, die Bonbons und die Schokolade vertilgt. Nur das Salz hatte ihr nicht geschmeckt. Am Schlimmsten war, dass sie auch das Marzipanschwein gegessen hatte. Ich hatte es geschenkt bekommen! Es war meins! Ich hatte es noch nicht gegessen, weil ich es an meine Puppen verkaufen und dann selber essen wollte. Meine kleine Schwester wurde nicht bestraft, denn sie war klein.

Wenn meine Mutter davon erzählte, wie meine Schwester das Marzipanschwein unter dem Küchentisch aufgegessen hatte, lachten alle: Die Kleine war ja so süß! Ich lachte nicht. Ich bekam kein neues Marzipanschwein. Deshalb passte ich auf meinen Osterhasen auf und nahm meine Leckerkiste mit.

Es wurde langsam dunkel und meine Eltern wurden un-

ruhig. Mein Vater hatte sich verlaufen und uns den falschen Weg geführt. Er hatte keine Ahnung, wo wir waren. Meine kleine Schwester quengelte. Sie hatte keine Lust mehr, dabei wurde sie geschoben und ich musste laufen. Doch ich war ja auch die Große.

Mein Vater bekam Hunger. Er hatte nichts zu essen mitgenommen und schaute begehrlich auf meine Leckerkiste.

„Gib deinem Vater den Osterhasen", sagte meine Mutter, „der wird sonst schlecht."

„Nein!", sagte ich. „Das ist meine Leckerkiste."

„Maria, ich hab so Hunger, gib mir deine Leckerkiste. Ich kaufe dir nachher beim Kaufmann neue Süßigkeiten."

„Nein!", sagte ich und lief ein bisschen weg von meinem Vater. Mein Vater und meine Mutter blickten einander an. Ich sah an ihrem Blick, dass ich etwas falsch gemacht hatte. Ich hörte das Wort „egoistisch". Ich wusste nicht, was dieses Wort bedeutete. Meine Mutter sang:

„Die Menschen sind schlecht, sie denken an sich, nur ich denk an mich!" Ich verstand nicht, was das Lied bedeutete, doch mir war klar, dass sie damit mich meinte. Das Lied sollte fröhlich klingen, doch ihre Stimme klang nicht fröhlich: ihre Stimme klang vorwurfsvoll. Sie lächelte nicht wirklich, obwohl sie ihre Mundwinkel hochgezogen hatte. Ich war schuld, dass mein Vater hungrig blieb.

Ich hatte nicht auf den Weg geachtet und stolperte. Die Leckerkiste fiel mir aus den Händen, kollerte über den Boden und stürzte eine steile Felswand hinab. Fassungslos schaute ich hinterher: Mein Hase! Meine Eltern lachten.

„Das ist die Strafe", sagte meine Mutter. Ich fühlte mich einsam und verlassen. Ich war fünf Jahre alt.

„Waren Sie egoistisch?", fragte Frau Baumeister.

„Nein!", sagte ich. „Meine Schwester war egoistisch."

„Soweit man das bei einem so kleinen Kind überhaupt sagen kann. Alle Kinder versuchen, so viel wie möglich für sich herauszuschlagen. Das ist völlig normal. Dass Ihre Eltern schon so früh von Ihnen verlangten, großherzig und rücksichtsvoll zu sein, hat Sie dagegen komplett überfordert."

„Und wenn ich nicht geschafft habe, was von mir erwartet wurde, war ich schuld!"

„Ja, so wurde das in Ihrer Familie wohl bewertet." „Langsam verstehe ich meinen Horror vor Schuldsprüchen", sagte ich nachdenklich. „Konnte ich deshalb meinen Beitrag an unseren Paarproblemen so schlecht wahrnehmen? War es mir deshalb so wichtig, meinem Mann die Schuld zu geben?"

„Ein Kind kann nicht zwischen seiner Person und seinem Verhalten unterscheiden. Wenn es getadelt wird, glaubt es, dass es nicht liebenswert ist. Jede Schuldzuweisung Ihres Mannes hat diese tiefe Verletzung wieder in Ihnen wachgerufen. Deshalb haben Sie versucht, dieses Gefühl unter allen Umständen zu vermeiden und haben alle Schuld von sich gewiesen."

„Ja, das habe ich wohl getan", sagte ich leise.

„Gut, dass Sie da einen Schritt weiter sind!", sagte Frau Baumeister anerkennend. „Ihre kindlichen Triggerreaktionen scheinen Ihre Mutter komplett überfordert zu haben, und sie hat erzieherisch darauf mit Zurückweisung und Tadel reagiert. Daraus leitete das kleine Mädchen ab, dass seine Mutter es nicht so liebte wie seine Schwester, und es glaubte, dass es selbst schuld daran sei. Es ist kein Kunststück, dass Sie sich schuldig und minderwertig fühlten, erlebten Sie doch, dass Ihre Mutter mit der Kleinen ganz anders umging als mit Ihnen." Ich atmete tief durch. Ganze Wagenladungen von Steinen schienen von meinem Herzen zu fallen.

„Dann bin ich nicht schuld?", fragte ich unsicher.

„Nach meiner Definition bedeutet Schuld, dass ein Mensch einem anderen bewusst Schaden zufügt. In diesem Sinne kann ein Kind gar nicht schuldig sein. Es macht Fehler, doch das ist völlig normal."

„Das würde alles verändern", sagte ich leise.

„Stellen Sie sich vor, es wäre so! Was würde sich verändern?"

„Ich könnte mich mögen – mit meinen Fehlern! Ich müsste nicht immer perfekt sein."

„Wie würde sich das auf Ihren Mann auswirken?"

„Ich könnte ihn lieben – mit seinen Fehlern – und würde aufhören, Vollkommenheit von ihm zu erwarten."

„Wäre das eine wünschenswerte Entwicklung?", fragte meine Therapeutin. Ich strahlte sie an.

„Na klar, das wäre eine höchst wünschenswerte Entwicklung! Ich danke Ihnen!" Sie lachte.

„Schön, wenn meine Arbeit solchen Anklang bei Ihnen findet. Sie machen aber auch prima mit. Es macht Spaß, mit Ihnen zu arbeiten." Sie nahm Ihren Kalender und schaute hinein. „Wir sehen uns Morgen früh. Ich wünsche Ihnen noch einen schönen Tag!" Damit war ich entlassen.

20 Ich ging zurück in mein Zimmer und zog mir meine warme Jacke an. Auf Handschuhe, Mütze und Schal konnte ich verzichten: Die Sonne schien und der sanfte Wind roch auch heute unmissverständlich nach Frühling. Der Weg am Strand entlang führte mich bis zum Leuchtturm und schließlich stand ich vor dem hohen weißen Turm

mit seinem glänzenden roten Dach. Hinter dem Turm befand sich ein weißes Haus, das ich von meinem Fenster aus nicht hatte sehen können. Neugierig ging ich näher. Wohnte dort der Leuchtturmwärter? Gab es den überhaupt noch?

An den Fenstern im Erdgeschoss hingen kurze Häkelgardinen, darunter stand das Modell eines Segelschiffs. Plötzlich öffnete sich ein Fenster im oberen Stockwerk und eine alte Frau schaute heraus.

„Suchen Sie was?", fragte sie. Ich zuckte zusammen.

„Ich wollte mir nur den Leuchtturm ansehen", erklärte ich und kam mir wie ein Eindringling vor.

„Na, dann komm' Sie man rein", antwortete die Frau zu meinem Erstaunen und verschwand. Wenig später öffnete sich die Haustür, sie trat heraus und winkte mich zu sich. „Moin! Ich bin Frau Petersen. Kommen Sie, kommen Sie!" Zögernd trat ich näher. Sie reichte mir die Hand.

„Maria Hundhausen", stellte ich mich vor. „Macht es Ihnen wirklich keine Umstände, Frau Petersen?"

„Umstände?", wiederholte sie erstaunt. „Nein! Ich freu mich über Besuch. Wer nimmt sich schon die Zeit, eine alte Frau wie mich zu besuchen? Den Leuchtturm kann ich Ihnen allerdings nicht zeigen. Das ist vom Amts wegen nicht mehr erlaubt." Sie winkte mich durch einen dunklen Flur in eine im Stil der sechziger Jahre eingerichtete Einbauküche: olivgrüne Fliesen mit ockerfarbenem Blumenmuster an den Wänden, abgestoßene Arbeitsflächen aus Resopal, auch olivgrün, und Schränke in derselben Farbe. Am Fenster standen ein Tisch, bedeckt mit einer gestickten Decke, und vier Stühle. Die Frau lächelte entschuldigend.

„Hier ist schon lang nichts mehr gemacht worden. Seit mein Mann tot ist, kümmert sich niemand mehr um das

Haus, aber für mich reicht es allemal. Setzen Sie sich!" Sie wies mit der Hand zum Küchentisch. Ich zog einen Stuhl hervor und setzte mich. Sie nahm mir gegenüber Platz. Ich schaute sie an. Sie hatte die hellblauen Augen der Küstenbewohner. Ihr weißes Haar hatte sie zu einem Knoten geschlungen. Über ihrem dunklen Kleid trug sie einen buntgemusterten Kittel. Die tiefen Falten in ihrem Gesicht berichteten von einem langen, ereignisreichen Leben. Sie schaute mich lächelnd an.

„Na, dann schießen Sie man los!"

„Leben Sie hier ganz allein?", fragte ich. „Ja, seit fast dreißig Jahren, seit dem Tod von meinem Mann. Karl war hier der Leuchtfeuerwärter. Interessiert Sie das überhaupt?"

„Ja", antwortete ich. „Ich sehe den Leuchtturm von meinem Zimmer und jeden Abend freue ich mich an seinem Licht." Sie nickte wissend.

„Ja, ja, Leuchttürme sind was Besonderes. Wenn das die Bürokraten, die sie alle abschalten wollen, doch nur begreifen würden!" Sie stand auf, um vom Fensterbrett eine gerahmte Fotografie zu holen, die ein junges Paar und drei kleine Kinder vor dem Leuchtturm zeigte. „Da, sehen Sie. Da war ich noch jung und schön und mein jüngster Sohn noch nicht geboren. Wir waren grad hier eingezogen." Sie lächelte wehmütig. „Karl kümmerte sich um das Feuer."

„Das Feuer?"

„Es war natürlich kein richtiges Feuer mehr. Diese Zeiten waren lang vorbei. Als Karl anfing, war der Leuchtturm grad von Gas auf Strom umgestellt worden. Das erleichterte die Arbeit: Keine verrußten Fenster mehr im Turm, die täglich geputzt werden mussten, keine leeren Gasflaschen, die er rechtzeitig hätte wechseln müssen! Doch die Linsen brauchten Pflege und vor allem der Motor, der die Linse im richtigen Takt drehte, damit die Kapitäne draußen wussten, wo sie waren."

„Das klingt total romantisch!", warf ich ein. Die alte Frau lachte.

„Ne, Kindchen, das war überhaupt nicht romantisch! Das war harte Arbeit! Karl kannte kein' Dienstschluss und es gab auch kein' Urlaub. Wenn es stürmte, saß er die ganze Nacht oben im Turm und beobachtete das Meer, um Schiffe, die dem Riff zu nahe kamen, über Funk zu warnen. Es gab ja damals noch keine Satelliten, die den Steuermännern draußen zeigten, wo Sie waren. Und bei Nebel betätigte er das Nebelhorn: alle fünf Minuten, auch nachts! Ne, Kindchen, romantisch war das nicht." Sie stand auf, nahm eine Thermoskanne von der Arbeitsfläche, stellte zwei Becher auf den Tisch und goss Tee hinein. Dann setzte sie sich wieder und fuhr fort:

„Karl war Tag und Nacht mit dem Feuer beschäftigt, so dass der Rest an mir hängen blieb. Ich kümmerte mich um meine vier Kinder und den Haushalt und zog im Garten unser Gemüse, denn viel Geld verdiente Karl nicht. Ich fuhr auch mit dem Boot hinaus zum Fischen, wenn er es nicht schaffte, denn Fleisch konnten wir uns nicht leisten.

Dann begann der Krieg. Zum Glück galt Karl als unabkömmlich und wurde nicht an die Front geschickt und das wog alle Mühsal auf. Schmeckt Ihnen der Tee nicht?" Ach ja, der Tee. Ich trank pflichtschuldig einen Schluck. Er schmeckte bitter.

„Doch, doch, der Tee schmeckt gut", log ich und lächelte.

„Vierzig Jahre lang hat Karl das Feuer betreut. Dann schickten die Amerikaner Satelliten in den Himmel und

Computer fingen an, Menschen zu ersetzen. Diese Entwicklung machte auch vor uns nicht halt. Vor dreißig Jahren begann das Amt für Seefahrt damit, die Türme umzustellen. Die Pfennigfuchser dort hatten bemerkt, dass es billiger war, die Leuchtfeuer von einer Zentrale aus elektronisch zu steuern. Ausguck halten war ja ebenfalls überflüssig geworden, denn die Kapitäne hatte jetzt Geräte – GPS –, die mit den Satelliten kommunizierten und so wussten sie auch im dichtesten Nebel, wo sie waren. Karl war einer der letzten, den sie in den Ruhestand schickten." Sie wischte sich mit der Hand über die Augen.

„Das ist eine bittere Geschichte für mich", fuhr sie fort.

„Wenn Sie lieber aufhören wollen…", unterbrach ich sie.

„Nein, nein, Kindchen, die Geschichte braucht einen Schluss. Karl erwartete täglich seinen Nachfolger. Er glaubte bis zum Schluss nicht, dass Maschinen in der Lage wären, seine Arbeit zu tun. Doch dann kamen Männer und bauten den Leuchtturm um. Können Sie sich das vorstellen? Sie bauten alles um und danach lief das Feuer von selbst." Sie hielt inne und schaute in die Ferne.

„Sie bewiesen ihm, dass seine Arbeit überflüssig war. Er hat das nicht verkraftet und ist bald drauf gestorben. Mein Karl könnte noch leben. Die Elektronik hat ihn auf'm Gewissen." Sie schaute aus dem Fenster auf das Meer. „Jetzt kommt einmal im Monat so'n junger Mann im Anzug und kontrolliert den Computer. Und irgendwann werden sie das Licht abstellen. Da bin ich mir sicher." Sie schaute mich traurig an.

„Der Leuchtturm gehört ans Meer, und wenn er nicht mehr leuchtet, dann wird was fehlen in Söderborg! Mich können sie zum Glück nicht vertreiben. Ich bleibe hier, bis ich sterb, denn ich hab lebenslanges Wohnrecht." Ich zwang mich, noch einen Schluck Tee zu trinken. Sie schaute mich neugierig an.

„Kommen Sie aus der Klinik?"

„Ja!"

„Lassen Sie sich dort nicht krank machen, Kindchen. Schauen Sie lieber aufs Meer. Es gibt nichts, was das Meer nicht heilen könnt!"

„Meinen Sie?"

„Ich weiß, was ich sag. Glauben Sie einer alten Frau, die Ihre Mutter sein könnt! Bleiben Sie nicht zu lang dort, sonst gewöhnen Sie sich dran, krank zu sein."

„Ich bin nicht krank, ich komme gerade mit dem Leben nicht mehr klar." Sie schaute mich nachsichtig an und nickte.

„Ja, ja, ihr Jungen habt andere Nöte als wir. Wir warn froh, wenn wir genug zu essen hatten und die Nazis uns in Ruhe ließen. Unser Lehrmeister war das Meer – es gibt und es nimmt. Wenn es stürmt, dann bäumt es sich auf und tobt; und dann wieder liegt es so wie heute ruhig und still in der Sonne. Und immer ist es dasselbe Meer. Nur wir Menschen wolln, dass alles so bleibt wie es ist. Doch ich will Sie nicht langweiln." Ich hob protestierend die Hände.

„Sie langweilen mich überhaupt nicht!"

„Dann ist es ja gut." Die alte Frau lächelte, stand auf und ging zur Tür. Ich folgte ihr. „Jetzt muss ich zurück an meine Arbeit. Wenn es Ihnen langweilig ist, dann besuchen Sie mich einfach. Ich bin immer zu Hause." Ich reichte ihr die Hand zum Abschied.

„Das mache ich, Frau Petersen, und vielen Dank."

„Da nicht für", antwortete sie, winkte mir zum Abschied zu und schloss die Tür

21 Ein Blick auf die Uhr zeigte mir, dass ich mich sputen musste, um pünktlich beim Mittagessen zu sein. Außer Atem kam ich im Wintergarten an. Andrea saß neben Claire an unserem Tisch und hatte einen Arm um sie gelegt.

„Ist was passiert?"

„Meine Vergangenheit ist mir passiert", antwortete Claire leise. „Ich wusste, dass ich das nicht gut verkrafte."

„Hast du Therapie gehabt?", fragte ich. „Ja, und mein Therapeut wollte heute unbedingt die alten Geschichten aufwärmen. Was soll mir das bringen, wenn ich in der alten Scheiße stochere."

„Na ja, vielleicht will er dir deine Prägungen bewusst machen, denn die wirken sich ja heftig auf die Gegenwart aus."

Prägung? Das Wort hat mein Therapeut nicht gebraucht", erwiderte Claire. „Der hat sowieso fast nichts zu dem gesagt, was ich erzählt habe."

„Deine Therapeutin geht irgendwie ganz anders an die Sache heran", bestätigte Andrea. „Wenn du erzählst, hat man den Eindruck, als gäbe es bei dir so etwas wie einen roten Faden in der Therapie. Ich kriege tatsächlich mehr Denkanstöße durch das, was du von deinen Therapiestunden erzählst, als durch meine eigenen Sitzungen. Das ist doch irgendwie schräg!"

„Einen roten Faden in der Therapie?" Claires Stimme klang ärgerlich. „Machst du Witze? Ich bin jetzt eine Woche hier und habe fast jede Stunde einen anderen Therapeuten! Ich habe meine Geschichte schon fünf Mal erzählt. Was soll mir das eigentlich bringen? Wieso nimmt diese Klinik Patienten auf, wenn sie nicht genügend Therapeuten für eine kontinuierliche Betreuung hat!"

„Viele sind im Urlaub", sagte ich entschuldigend. „Super,

Maria, dich sollten sie zur Pressesprecherin der Klinik machen", kommentierte Andrea spöttisch.

„Ihr habt ja Recht", lenkte ich ein. „Das ist bestimmt nicht lustig. Bei mir macht das alles irgendwie Sinn: Ich verstehe mich immer besser und das tut mir gut."

„Und was machst du mit den Gefühlen, die in der Therapie hochkommen? Wie gehst du damit um?", fragte Claire. „Das ist nämlich mein Hauptproblem!"

„Ich sperre sie in meinem Hochsicherheitstrakt ein und lege mich dann in mein Nest." Claire schaute mich verwundert an.

„Du sprichst in Rätseln!"

„Ich habe mir einen inneren Ort geschaffen, an dem ich meine belastenden Erinnerungen aufbewahren kann. Und ein Nest! Das ist der Ort, an dem ich vollkommen sicher bin."

„Wie spannend!", rief Claire. „Wo hast du das gelernt?"

„Ich bin im Traumaprogramm der Klinik und da hat mir Frau Janson diese Techniken beigebracht. Ich verstehe allerdings überhaupt nicht, warum ihr das nicht auch lernt. Ihr könntet das doch genauso brauchen."

„Ich weiß nicht, ob ich traumatisiert bin." Claire klang skeptisch. „Wahrscheinlich bin ich einfach nur hysterisch oder depressiv oder ich habe eine narzisstische Störung, wie einer der Therapeuten vermutet."

„Was soll das denn sein?"

„Das bedeutet, dass ich die Trennung von Charles deshalb nicht verkrafte, weil die Kränkung zu stark für mein Ego ist. Ich bin auch nur deshalb in der Modebranche, weil ich so viel Aufmerksamkeit brauche, und zwar nicht nur die meines Teams, sondern aller meiner Kunden. Wisst ihr, ich hab wohl einen ziemlichen Knall!" Sie sah uns verzweifelt an.

„Wer sagt das?", fragte ich empört. „Wie kommt jemand dazu, dich so abzuwerten?"

„Das ist keine Abwertung", stellte Andrea richtig, „das ist eine ganz normale Diagnose. Viele von uns haben narzisstische Störungen. Deshalb können wir die Realität so schwer akzeptieren."

„Was, wenn die Therapeuten Recht haben? Sie sind doch Fachleute und haben viele Jahre studiert!" Claires Gesicht zeigte, wie beunruhigt sie war. Entschlossen schob sie den Stuhl zurück und stand auf.

„Mir reicht's. Ich geh mal eine rauchen, ich mag nichts mehr essen. Bis später!" Auch Andrea stand auf.

„Ich ruf meine Tochter an, wir sehen uns später." Ich sammelte die Teller ein, die die beiden vergessen hatten, stellte sie auf den Servierwagen und ging hoch in den Aufenthaltsraum. Obwohl der Kaffee grausig schmeckte, zog ich mir eine Tasse aus dem Automaten. Die Sonne schien und es war heute zum ersten Mal so warm, dass ich mich auf den Balkon setzte. Unter mir öffnete sich die Terrassentür. Ich hörte Claires Stimme. Sie sprach englisch. Eine Männerstimme antwortete englisch.

Wer war das denn?

Wer von den Mitpatienten sprach englisch?

Claire setzte sich in einen der Korbsessel auf der Terrasse, der Mann hockte sich neben sie. Er fischte ein Feuerzeug aus seiner Hosentasche und gab ihr Feuer. Jetzt konnte ich ihn besser sehen, sein schwarzes Kraushaar, die dunkle Hautfarbe: Es war Piet Fonseca, der Tanztherapeut, und er stammte aus der Karibik von der Insel Curacao. Piet verschlang die schöne Claire geradezu mit den Augen und machte ihr

Komplimente. „Du bist eine wundervolle Künstlerin, Claire. Dafür habe ich einen Blick, denn ich bin selbst Künstler."

„Danke, Piet", flötete Claire, „Es tut mir gut, dass du das sagst."

„Ich bin auch Therapeut", säuselte Piet, „und ich verspreche dir, dass ich alles tun werde, damit du bald wieder glücklich bist." Ich stutzte. Was er wohl damit meinte? So wie er Claire anschaute, bezog sich sein Glücksverständnis wohl eher auf den eigenen Unterleib. Claire drückte ihre Zigarette in den Aschenbecher und sprang auf.

„Excuse me, Piet, ich muss gehen. Meine nächste Therapiestunde fängt gleich an."

„Bye my dear, bis bald", schleimte dieser. Es schauderte mich. Piet war doch Therapeut! War es Therapeuten nicht strengstens verboten, ihre Patientinnen anzubaggern? Oder sah ich das viel zu provinziell? Hatte Claire zur Abwechslung einfach mal Lust auf einen schwarzen Lover?

Doch irgendetwas in mir schlug Alarm. Irgendetwas fühlte sich überhaupt nicht gut an! Ich trank den letzten Schluck Kaffee, spülte die Tasse in der Spüle und trocknete sie ab.

Sollte ich mit meiner Therapeutin über Piet Fonseca sprechen? Doch was, wenn ich mich irrte? Das könnte möglicherweise schlimme Folgen für ihn haben. Ich beschloss, nichts zu sagen und meine Augen offen zu halten.

Dann ging ich auf mein Zimmer.

Ich hatte mich entschieden.

Thomas war jetzt wahrscheinlich zu Hause. Die Zeit war gekommen, ihn um Verzeihung zu bitten.

22 Mein Herz klopfte bis zum Halse. Ich hörte das Rufzeichen: einmal, zweimal, dreimal… War er nicht zu Hause? Hatte er schon Ersatz für mich gefunden? Mein Magen krampfte sich zusammen. Viermal, fünfmal…

„Ja? Maria?" Die Stimme meines Mannes klang verhalten, vorsichtig.

„Ich möchte mich bei dir entschuldigen", sagte ich leise. Ich hörte meinen Mann tief ausatmen.

„So?"

„Es tut mir so leid, wie ich mich dir gegenüber verhalten habe. Ich habe dich schlecht behandelt, habe dich ausgegrenzt aus meinem Leben, habe dich für alles, was in unserer Beziehung schief lief, verantwortlich gemacht. Dabei habe ich dich verloren!" Mein Mann atmete tief ein und aus.

„Ich sehe jetzt, was ich dazu beigetragen habe, dass wir in diese Krise geraten sind. Ich habe dich abgewertet und lieblos behandelt. Das tut mir unendlich leid, und das wollte ich dir heute sagen." Mein Mann atmete auf.

„Du klingst anders als sonst", sagte er schließlich. „Was du sagst, tut mir gut."

„Ich kann verstehen, dass du dich trennen willst." Ich schluckte. Der nächste Satz fiel mir schwer, auch wenn ich wusste, dass er richtig war. „Du bist nicht schuld daran, dass es mir so schlecht geht." Mein Mann seufzte und atmete auf.

„Ich konnte nicht mehr so leben", sagte er. „Ich habe das nicht gegen dich getan, Maria. Ich musste für mich handeln."

„Das verstehe ich jetzt. Ich trage für meinen Teil die volle Verantwortung und das, was nicht gut lief, will ich ändern."

„Ich freue mich für dich und für mich." Thomas Stimme klang berührt.

„Ich lerne hier jeden Tag so viel über mich, Dinge, die ich gar nicht wusste. Zum Beispiel, wie sich Erlebnisse aus meiner Kindheit auf unsere Beziehung auswirken." Er schwieg. Ich hörte seinen Atem. „Ich bin traumatisiert", erklärte ich. „Ich muss in meiner frühen Kindheit irgendetwas erlebt haben, das mit Trennung und Tod zu tun hat. Meine Therapeutin meint, dass mich die Trennung daran erinnert hat und dass es mir deshalb so schlecht geht. Deshalb stehe ich so unter Druck." Dann erzählte ich ihm von Trauma und Triggern, davon, wie logisch die Seele Erlebnisse aus der Vergangenheit mit der Gegenwart verknüpfte und wie wir als Erwachsene emotional auf diese Vergangenheit reagierten, ohne dass uns dies bewusst war.

„Dann müsste ich mir meine Familiengeschichte auch mal angucken", sagte mein Mann nachdenklich. „Weißt du was? Ich suche mir auch einen Therapeuten, denn ich möchte wissen, was ich dazu beigetragen habe, dass unsere Liebe verloren ging."

„Haben wir nicht doch noch eine Chance, Thomas?"

„Ich weiß nicht", sagte mein Mann und ich hörte, dass seine Stimme wieder kühler klang. „Ich möchte keine falschen Hoffnungen wecken, denn mein Gefühl für dich ist weg. Ich weiß nicht, ob ich die Liebe zu dir wiederfinde. Und den Druck, unter dem du dauernd stehst, den halte ich sicher nicht mehr aus."

„Ich auch nicht! Ich bin diese Dauerspannung leid, das kannst du mir glauben."

„Du klingst wirklich anders heute", stellte mein Mann fest, „irgendwie viel weicher."

„Ich habe meinen sicheren Ort gefunden", berichtete ich und dann erzählte ich von der Katze, die ich im Hochsicherheitstrakt eingesperrt, und von dem Nest, das ich zuerst in meiner Innenwelt gefunden und dann aus Zweigen, Blättern, Ranken und Moos geflochten hatte.

„Es freut mich, dass du in der Klinik so gut aufgehoben bist", sagte mein Mann freundlich. „Ich wünsch dir eine gute Zeit, Maria!"

„Das wünsche ich dir auch", sagte ich. Dann hörte ich nichts mehr. Auf dem Display meines Handys standen die Worte: „Verbindung getrennt". Ja, im Augenblick war meine Verbindung zu Thomas wirklich getrennt. Ich merkte, wie der Druck in mir wieder zunahm und schluckte eine Baldrianpille. Immerhin hatten wir entspannt miteinander gesprochen und das war schon ein großer Fortschritt. Auch wenn ich mir mehr gewünscht hätte.

23 Am Nachmittag stand Körpertherapie auf meinem Plan. Eigentlich wusste ich gar nicht, was ich da sollte, denn ich hatte keine Beschwerden, die eine Physiotherapeutin hätte lindern können. Vielleicht konnte sie ja massieren?

Ich stieg die Treppen hinunter zum Körpertherapieraum. Die Therapeutin erwartete mich vor der Tür. Sie wirkte durchtrainiert und dynamisch. Ihre blonden Haare hatte sie zu Zöpfen geflochten, was sie gleichzeitig jung und frech aussehen ließ.

„Guten Tag, Frau Hundhausen", sagte sie. „Ich bin Frau Nilsen." Sie öffnete die Tür zu ihrem Arbeitsraum und wies auf zwei Stühle. Wir setzten uns. „Was kann ich für Sie tun?"

„Wenn ich das wüsste! Ich habe keine Schmerzen, deshalb weiß ich nicht, was Sie für mich tun könnten."

„Gibt es irgendwelche anderen körperlichen Symptome? Es müssen keine Rückenschmerzen sein." Ich überlegte.

„Ich stehe total unter Druck, deshalb kann ich nur wenig essen. Aber dieser Druck ist psychisch!"

„Wenn sich psychische Ursachen in körperlichen Symptomen äußern, kann ich mit Körpertherapie versuchen, Sie bei der Bewältigung zu unterstützen", erklärte die junge Frau. „Ich würde Ihnen Craniosacraltherapie vorschlagen."

„Was ist das?"

„Eine Form der manuellen Körpertherapie, die sich mit dem Energiefluss in der Wirbelsäule – vom Schädel – Cranium – bis zum Kreuzbein – Sacrum – befasst. Strömt die Energie, die wir „Atem des Lebens" nennen, ungehindert, fühlt sich der Mensch wohl. Emotionale Blockaden oder seelische Traumata zeigen sich dagegen als Verspannungen oder Stockungen im Energiefluss. Meine Aufgabe besteht darin, diese Blockaden sanft zu lösen."

Also gut, warum nicht? Ich legte mich auf die Liege und überließ mich den Händen der jungen Frau. Sie begann mit einer ganz normalen Massage, die mich sehr entspannte. Nach einer Weile sagte sie:

„Bitte legen Sie sich auf den Rücken. Jetzt beginne ich mit der Craniosacraltherapie." Sie legte ihre Hände unter mein Kreuzbein, drückte sanft und schüttelte. Ich spürte, dass sich meine Entspannung vertiefte. Dann nahm sie meinen Kopf in ihre Hände und hielt ihn, was sich sehr angenehm anfühlte. Sie legte den Kopf ab und drückte mit den Fingern ganz sanft an meine Schläfen.

Urplötzlich fielen mir meine kindlichen Ängste ein. Ich konnte diese Ängste deutlich spüren, und zugleich wusste ich, dass diese Gefühle zu dem kleinen Mädchen gehörten, das ich einmal gewesen war.

„Was ist los?", fragte die Körpertherapeutin. „Sie wirken plötzlich angespannt."

„Ich spüre Angst, und ich weiß, dass es ganz alte Angst ist."

Ich stehe im Schlafzimmer vor dem Bett meiner Eltern. Ich bin noch sehr klein, denn das Bett ist groß und hoch. Ich weine, habe große Angst und zerre an der Bettdecke. Die Decke ist hellblau. Ich will rein ins Bett, will, dass Mama mich in ihre Arme nimmt und die Angst vertreibt.

Doch Mama antwortet nicht.

Papa antwortet auch nicht.

Ich weine und zerre an der Decke. Es ist eiskalt im Zimmer. Ich friere. Plötzlich wird mir klar, dass Mama und Papa gar nicht da sind, dass ich alleine in der dunklen Wohnung im dunklen Schlafzimmer bin. Die Angst wird überwältigend stark, ich spüre, dass ich das nicht aushalten kann. Das Gefühl ist zu mächtig.

In diesem Augenblick treffe ich einen Entschluss: Ich entscheide, dass Mama und Papa ganz fest schlafen und mich nicht hören. Sofort wird die Angst erträglicher. Ich kann sie aushalten.

Ich weinte. Wie verlassen musste ich mich als Kind gefühlt haben! Wie einsam! Die Körpertherapeutin reichte mir ein Papiertaschentuch.

„Bitte legen Sie sich wieder auf den Bauch. Ich helfe Ihnen, die Gefühle zu integrieren", sagte sie. Ich drehte mich um, und sie begann, sanft über meinen Rücken zu streichen. Langsam beruhigte ich mich.

„Warum erinnere ich mich plötzlich an diese Szene, wenn Sie an meine Schläfe drücken?"

„Es scheint so etwas wie ein Körpergedächtnis zu geben, obwohl niemand wirklich weiß, wo es sich befindet. Ich erlebe immer wieder, dass Patienten sich erinnern, wenn ich Blockaden löse."

„Erst kamen die Gefühle, dann die Bilder. Ich kann noch keine zwei Jahre alt gewesen sein. Meinen Sie, dass das eine reale Erinnerung war?" Die junge Frau schaute mich nachdenklich an und strich sich eine widerspenstige Haarsträhne aus der Stirn, die sich aus dem Zopf gelöst hatte.

„Das glaube ich schon. Warum sollten Sie sich so etwas ausdenken? Passt die Erinnerung denn in Ihre Geschichte?"

„Nur zu gut! Ich weiß, dass mich meine Eltern oft alleingelassen haben."

„Dann sollten Sie das Erlebnis mit Ihrer Therapeutin besprechen." Sie schaute auf ihre Uhr. „Sie haben jetzt noch etwa fünf Minuten Zeit, sich zu entspannen. Dann ziehen Sie sich bitte wieder an. Wir sehen uns in der nächsten Woche." Ich fühlte mich berührt und beeindruckt.

War diese Erinnerung das fehlende Puzzlestück? War dies das Trauma, dessen Wirkung mich heute als erwachsene Frau eingeholt hatte? Und was sollte ich jetzt damit machen?

Mir fiel mein Hochsicherheitstrakt ein: Diese Erinnerung war ein Fall für meinen schönen Wächter. Ich stellte mir also vor, dass ich die Bilder von dem verzweifelten Kind auf eine DVD speicherte und sie Aragorn-Gandalf überreichte. Er lächelte mich an und nahm sie an sich. Ich atmete auf und fühlte mich tatsächlich erleichtert! Bis zu meiner nächsten Therapiestunde konnte ich das Erlebnis getrost vergessen.

Nach dem Abendessen ging ich hoch in mein Zimmer,

öffnete das Fenster und schaute hinaus aufs Meer, in dem sich die Farben des Abendhimmels spiegelten. Ich dachte an das Gespräch mit meinem Mann. Wie lange war es her, dass Thomas und ich so entspannt miteinander gesprochen hatten!

War das ein neuer Anfang?

Langsam, Maria, dämpfte ich meine aufkeimende Hoffnung, langsam. Jetzt war ich schon eine Woche in der Klinik am Meer und es hatte sich schon mehr verändert, als ich es mir je hätte träumen lassen. Offensichtlich befand ich mich am richtigen Ort. Ich zog mich aus, legte mich auf mein Bett und spürte wohlige Müdigkeit. Das leise Rauschen der Wellen begleitete mich in den Schlaf.

24 „Wieso sind Sie sich eigentlich so sicher, dass ich traumatisiert bin?", fragte ich meine Therapeutin am nächsten Morgen, kaum dass ich auf dem Sofa Platz genommen hatte. Frau Baumeister lachte.

„Moin, Frau Hundhausen. Sie fallen mit der Tür ins Haus. Weil Sie die entsprechenden Symptome haben."

„Aber zwei meiner Mitpatientinnen haben ähnliche Symptome und können sich an wirklich schlimme Ereignisse in der Kindheit erinnern, und denen wird gesagt, sie hätten narzisstische Störungen." Meine Therapeutin schien zu überlegen. Dann sagte sie:

„Wir arbeiten hier zwar in einer Klinik, doch wir haben verschiedene Methoden. Ich komme ohne solche Diagnosen aus."

„Und wenn ich doch eine narzisstische Störung habe?"

„Was würde es verändern, wenn ich Ihnen diese Diagnose

gäbe? Würden Sie sich anders fühlen?" Interessante Frage! Ich dachte nach.

„Ich hätte eine Störung", antwortete ich. „Der Feind wäre in meinem Inneren."

„Richtig! Die systemische Psychotherapie geht im Gegensatz dazu davon aus, dass jeder Mensch zu jeder Zeit sein Bestes gibt, um mit den Situationen umzugehen, die sein Schicksal ihm beschert. Wir sprechen deshalb nicht von Störungen, sondern von Lösungsstrategien. Diese Lösungsstrategien werden häufig in der Kindheit entwickelt und passen nur selten auch zum Leben der Erwachsenen. Deshalb versuchen wir gemeinsam herauszufinden, was Sie mit Ihren Lösungsstrategien bezweckt haben, damit wir sie bei Bedarf gegen besser passende ersetzen können."

„Sind Triggerreaktionen auch Lösungsstrategien?"

„Nein, Triggerreaktionen entstehen ohne Ihr Zutun durch das autonome Nervensystem. Ganz anders sieht es mit Verhaltensweisen aus, die Sie aufgrund Ihres Kindheitstraumas entwickelt haben. Da sprechen wir von Lösungsstrategien."

„Ich glaube, da bin ich einen Schritt weiter gekommen. Gestern Nachmittag hatte ich ein heftiges Erlebnis in der Craniositzung." Ich erzählte von dem kleinen Mädchen vor dem leeren Bett.

„Sie können sich an den Augenblick erinnern, wo Sie sich entschlossen haben, lieber zu glauben, dass Ihre Eltern Sie nicht hören als sich einzugestehen, dass Sie allein in der Wohnung sind?", fragte meine Therapeutin. Ich nickte. Ja, das konnte ich.

„Damit haben Sie ein ausgezeichnetes Beispiel für eine Lösungsstrategie, mit der sich das kleine Mädchen in diesem Augenblick geholfen hat, die Situation zu ertragen. Haben Sie diese Strategie beibehalten? Neigt die erwachsene Frau auch dazu, belastende Aspekte auszublenden?" Ich stutzte. Dann fiel es mir wie Schuppen von den Augen.

„Ja klar, sonst hätte ich viel früher realisiert, dass meine Ehe in Gefahr ist. Ich habe alles, was nicht gut lief, einfach wegrationalisiert, und so getan, als sei das Leben, das wir führten, ganz normal!"

Ich konnte es nicht fassen!

Ich hatte die Schwierigkeiten in meiner Ehe mit der Lösungsstrategie eines nicht einmal zwei Jahre alten Kindes zu bewältigen versucht! Und das tat ich nicht nur in meiner Ehe!

„Deshalb passiert es mir immer wieder, dass ich mich so sehr in Menschen täusche", sprudelte ich los. „Und ich hatte geglaubt, ich sei naiv! Dabei bin ich überhaupt nicht naiv. Ich folge dieser uralten Lösungsstrategie." Das war der Gipfel! Gegen diese unbewussten Muster hatte ich überhaupt keine Chance! „Da glauben wir, Kraft unseres freien Willens zu entscheiden, und tatsächlich fühlen und handeln wir als willenlose Sklaven unserer vergessenen Vergangenheit!" Meine Therapeutin beobachtete meinen inneren Aufruhr.

„Was ist das Schlimmste an dieser Erkenntnis?", fragte sie mich ruhig.

„Dass ich überhaupt keine Kontrolle darüber habe! Ich weiß noch nicht einmal mehr, ob ich emotional auf die Gegenwart oder die Vergangenheit reagiere! Das macht mich total unsicher." Frau Baumeister nickte.

„Das verstehe ich", sagte sie. „Es gibt jedoch ein wichtiges Unterscheidungsmerkmal: Immer dann, wenn Sie nicht wie eine erwachsene Frau, sondern wie ein überfordertes Kind reagieren, ist es wahrscheinlich, dass Sie die Vergangenheit mit ihm Boot haben. Das betrifft natürlich alle Triggerreaktionen, aber auch Lösungsstrategien, die nicht wirklich zielführend wirken."

„Das ist so ungerecht!", rief ich aufgebracht. „Weil meine Eltern keine Lust hatten, abends auf mich aufzupassen, muss ich mich mit diesem Mist auseinandersetzen!"

„Ich kann gut verstehen, dass Sie das gerade so empfinden. Abgesehen davon hatten Ihre Eltern keine Ahnung, wie sich ihre abendlichen Ausflüge auf Sie auswirken würden. Sie haben Sie nicht bewusst geschädigt! Auch Ihre Eltern folgten Lösungsstrategien." Natürlich! Sie hatte Recht! Ich hatte keine bösen Eltern.

„Sie hatten gerade den Krieg überlebt", überlegte ich. „Ihnen war die Jugend gestohlen worden, und da kann ich verstehen, dass sie sich vergnügen wollten. Aber sie hätten einen Babysitter organisieren müssen!"

„Da gebe ich Ihnen Recht. Sie hätten sich darum kümmern müssen, dass ihr Kind gut versorgt war. Dafür haben Ihre Eltern die volle Verantwortung. Die Folgen tragen Sie trotzdem. Das ist natürlich ungerecht, doch so funktioniert das Leben auf diesem Planeten nun einmal. Alle Eltern geben ihre unbewussten Lösungsstrategien an ihre Kinder weiter und alle Kinder müssen sich mit den Folgen auseinandersetzen. Dass wir hier in Europa Mittel und Wege haben, dies erfolgreich zu tun, ist allerdings reiner Luxus."

„Was mach' ich denn jetzt?", fragte ich leicht verzweifelt.

„Wir wissen jetzt, dass Sie ein Verlassenheitstrauma haben", fasste meine Therapeutin die Situation zusammen. „Sie erinnern Situationen, in denen Sie allein gelassen wurden und überwältigende Angst und Verlassenheit erlebten. Jedes Mal, wenn Ihre Eltern Sie wieder allein ließen, wurde dieses Trauma reaktiviert. Durch die Trennung von Ihrem

Mann wurde dieses Verlassenheitstrauma massiv getriggert. Die Ängste des kleinen Mädchens vermischen sich mit dem Schmerz der erwachsenen Frau. Und Sie haben heute in der Craniositzung erlebt, wie überwältigend die Angst des Kindes war." Das machte Sinn.

„Wenige Tage nach der Trennung wollte ich nur noch sterben, und dazu bestand – trotz aller Schwierigkeiten – kein Grund. Waren das die Ängste der kleinen Maria?"

„Ja, das waren wohl die Gefühle des kleinen Mädchens." Meine Therapeutin stützte das Kinn auf ihre Hand und schaute mich nachdenklich an. „Lassen Sie uns über Ihre Lösungsstrategien sprechen, Frau Hundhausen. Ernste Probleme übersehen Sie. Bei überwältigenden Ängsten wollen Sie sterben. Gestern haben wir darüber gesprochen, dass Sie als Kind aufgrund von Triggern Wutanfälle hatten. Kennen Sie solche Reaktionen auch aus Ihrer Ehe?"

„Ja, klar. Wenn mir alles zu viel wurde, dann bin ich oft geplatzt."

„Etwa so wie bei Frau Müller?" Oh, je! Da hatte jemand gepetzt!

„Sie wollte mir mein Medikament nicht geben", rechtfertigte ich mich. Meine Therapeutin winkte ab.

„Sie werden Ihre Gründe gehabt haben. Mich interessiert vielmehr, wozu Ihnen diese Lösungsstrategie diente? Dazu können wir dieses kleine Beispiel aus der Klinik gerne nutzen."

„Ich war kurz davor, in diesen furchtbaren Abgrund zu stürzen, in dem mich die Suizidgedanken überfluten." Meine Therapeutin schaute mich nachdenklich an.

„Könnte es sein, dass Sie Ihre traumatischen Ängste durch Wut in Schach halten?", fragte sie. Ich dachte nach.

Und dann fiel mir plötzlich ein Zusammenhang auf, den ich bisher noch nicht verstanden hatte.

„Immer, wenn ich besonders wütend auf Thomas war, bin ich total abgestürzt. Könnte es sein, dass Wut und Tod die zwei Seiten derselben Medaille sind?"

„Wut und Tod oder Wut und Depression", stimmte mir Frau Baumeister zu. „Ein Kleinkind hat ja auch nicht viel mehr Möglichkeiten, auf ein traumatisches Ereignis zu reagieren."

„Meinen Sie, dass ich immer, wenn ich wütend werde, in Wahrheit schreckliche Angst habe?"

„Möglicherweise nicht immer", antwortete meine Therapeutin. „Es gibt bei Ihnen wahrscheinlich verschiedene Formen des Ärgers und der Wut. Können Sie diese Formen unterscheiden?"

„Nein, das kann ich sicher nicht. Dieser Zusammenhang wird mir ja gerade erst klar!"

„Stellen Sie sich vor, Sie könnten die Formen Ihres Ärgers unterscheiden. Was würde sich für Sie verändern?"

„Wenn ich wüsste, dass ich in Wahrheit gar nicht wütend bin, könnte ich das andere Gefühl zeigen."

„Befassen Sie sich bitte bis zu unserer nächsten Stunde mit der Frage, in welchen Situationen Sie wütend werden", sagte Frau Baumeister. „Dann werden wir gemeinsam überlegen, ob sich hinter der Wut andere Gefühle verbergen."

„Ich danke Ihnen für Ihre Fragen", sagte ich. „Ich nehme aus jeder Stunde so viel für mich mit. Kann ich noch etwas fragen?" Meine Therapeutin nickte.

„Meine Mitpatientinnen beklagen, dass bei ihnen der rote Faden in der Therapie fehlt. Bei mir ist das ganz anders. Liegt das an Ihrer Methode?"

„Ich halte mich nur an Ihren Therapieauftrag", antwortete meine Therapeutin, ohne auf die Methoden ihrer Kollegen einzugehen. „Ihr eigener Therapieauftrag ist der rote Faden." So einfach war das. Ich bedankte mich. Sie lächelte und gab mir die Hand. „Wir sehen uns in zwei Tagen."

25 Ich holte meine Jacke und ging zum Strand. Der Himmel war grau. Am Horizont näherte sich rasch ein dunkles Wolkenband. Es sah nach Regen aus. Kein Lüftchen regte sich und das Wasser war spiegelglatt. Ich suchte mir flache Steine und ließ sie über das Wasser hüpfen. Besonders gut war ich nicht, denn mehr als dreimal sprangen sie nie.

Plötzlich färbte sich das Wasser schwarz, die Oberfläche kräuselte sich und mich traf ein heftiger Windstoß. Aus dem grauen Wolkenband sah ich helle Regenschleier stürzen, die auf dem Wasser weiße Gischt aufwirbelten. Dieser Schleier näherte sich rasend schnell und ich blieb fasziniert am Ufer stehen.

Eine starke Böe fauchte mir ins Gesicht, das Meer produzierte plötzlich Wellen mit kleinen Schaumkronen. Ich breitete die Arme aus. Und dann hatte sie mich, die Regenbö!

Eiskalte Tropfen prasselten auf mich nieder und durchnässten mich in Sekunden. Wellen leckten über meine Schuhe, Regen perlte in mein Gesicht, Wind riss an meinen nassen Haaren. Ich stieß einen lauten Jubelschrei aus: Ich lebte!

Als meine Zähne aufeinanderschlugen wusste ich, dass der Zeitpunkt gekommen war, ins Haus zurückzukehren. Jens Bramstedt hatte Dienst an der Rezeption und sah mich völlig entgeistert an. Ich lachte, zog einen Schuh aus und leerte seinen nassen Inhalt demonstrativ auf den Fliesenboden. Welch Unterschied zu Venedig! Ich leerte auch den anderen Schuh, winkte dem Pfleger freundlich zu und ging auf Socken hoch in mein Zimmer.

Nach einer heißen Dusche hüllte ich mich in meinen Bademantel und schaute hinaus auf das aufgewühlte Meer.

Würde es mir gelingen, auch die Stürme des Lebens auch so gelassen abzuwettern?

26 Nach dem Mittagessen traf ich mich mit Andrea im Kunstraum.

„Was hätte ich jetzt gern ein Bier!", sagte sie sehnsüchtig.

„Und ich ein Glas kühlen italienischen Weißwein."

„Dies ist doch keine Suchtklinik. So ein bisschen Alkohol könnten die uns doch wirklich gönnen! Stattdessen müssen wir unseren Frust in Tee und Mineralwasser ertränken."

„Weißt du was von Claire?"

„Seit dem Mittagessen gestern hab ich sie nicht mehr gesehen. Es geht ihr wohl nicht gut. Wie war denn deine Therapiestunde?"

„Fantastisch! Übrigens habe ich keine narzisstische Störung und du hast auch keine. Wir sind traumatisiert, weil wir typische Traumasymptome haben."

„Und wieso sagt mir das hier keiner?", beschwerte sich Andrea.

„An dieser Klinik wird halt mit unterschiedlichen Methoden gearbeitet. Du, ich hab wieder so viel über mich erfahren!"

„Erzähl!", bettelte Andrea. „Vielleicht kann ich was für

mich gebrauchen." Ich erzählte also von meinen Lösungsstrategien, davon, dass ich schmerzhafte Erlebnisse bisher einfach ausgeblendet hatte, und dass ich meine Ängste durch Wut zu kontrollieren versuchte.

„Ausblenden tu ich auch." Andrea wirkte nachdenklich. „Sonst hätte ich eher gemerkt, dass mein Ex ein Suchtproblem hat. Und in meiner Familie hätte ich es sonst überhaupt nicht ausgehalten. Wenn mein Vater besoffen war, hat er mich und meine Mutter verprügelt, und am nächsten Morgen war er der liebe Papa und ich sollte ihm ein Küsschen geben. Das ist doch völlig schräg!"

„Was sagt dein Therapeut dazu?"

„Er sagte: ‚Sie sollten das Gespräch mit Ihrem Vater suchen!' Als ob das was bringen würde! Mein Vater streitet sowieso alles ab: sein Alkoholproblem und seine Prügelorgien. Worüber soll ich mit ihm sprechen?"

„Warst du als Kind auch wütend?"

„Nein! Bist du wahnsinnig? Das wäre ziemlich gefährlich gewesen. Mein Bruder hat das nur einmal versucht. Mein Vater ist auf ihn losgegangen und hat ihn gewürgt. Meine Mutter und ich gingen dazwischen, sonst hätte ich keinen Bruder mehr und mein Vater säße als Mörder im Knast."

„Was war denn deine Lösungsstrategie?"

„Ich hab versucht, genau das zu tun, was mein Vater von mir erwartet hat. Dann hat er sich beruhigt. Mensch, das hab ich bei meinem Ex auch gemacht! Scheiße! Und das hat solange gut funktioniert, bis unsere Tochter da war." Andreas Stimme begann zu flattern.

„Du musst das nicht erzählen, wenn es dir zu viel wird."

„Ne, lass mal. Ist vielleicht ganz gut, wenn ich mal darüber rede. Lena hat natürlich nicht getan, was er wollte. Dazu war sie viel zu klein! Er wollte ein ruhiges Baby. Sie war ein Schreikind; monatelang hat sie nur geschrien. Das hat mein Ex nicht ertragen. Schließlich geriet die Situation völlig außer Kontrolle. Er ging auf das Kind los, ich hab mich dazwischen geworfen und dann hat er mich verprügelt." Andrea stockte, den Blick nach innen gerichtet.

„Kein Wunder, dass du von der Szene im Film getriggert warst", sagte ich.

„Ja, das war fast wie bei mir zu Hause." Andrea lächelte traurig. „Ich hab gewartet bis er eingeschlafen war, habe einen Koffer mit dem Nötigsten für mich und die Kleine gepackt und bin gegangen. Die Nacht habe ich bei einer Freundin verbracht. Am nächsten Tag bin ich zuerst zum Arzt gegangen und habe meine Verletzungen dokumentieren lassen. Danach war ich beim Anwalt. Der wollte natürlich, dass ich meinen Ex anzeige, doch ich wollte für meine Tochter keinen Vater, den ihre Mutter in den Knast gebracht hat. Seitdem hab ich die Nase voll von Kerlen. Ich hab viel zu viel Angst, dass ich mir wieder einen ähnlichen Typen anlache."

„Ich hoffe doch, dass sich durch die Therapie etwas verändert!"

„Schön wär's. Wie steht's denn mit deinem Mann?"

„Wir haben friedlich miteinander geredet. Er macht mir zwar keine Hoffnungen, aber vielleicht hat unserer Beziehung doch noch eine kleine Chance."

„Das wünsch ich dir! Vielleicht lernen ja nur Claire und ich die Scheißkerle kennen", sagte Andrea traurig.

„Apropos Claire", unterbrach ich ihre trüben Gedanken. „Ich hab heute auf dem Balkon gesessen und mitgekriegt, wie der Fonseca sie angebaggert hat."

„Was?" Andreas Stimme klang plötzlich viel frischer. „Der Fonseca steht auf Claire? Ist das nicht verboten? Sie ist doch Patientin hier und er ist Therapeut."

„Das hab ich mich auch gefragt. Soll ich mal mit ihr reden? Aber vielleicht will sie sich nach der Nummer mit der Sklavin zur Abwechslung mal einen schwarzen Lover gönnen, der sie verwöhnt."

„Einen schwarzen Lover!" Andrea kicherte. „Du hast Nerven. Aber mal unter uns, der Typ sieht doch klasse aus und hat einen richtigen Knackarsch."

„Knackarsch hin oder her, er bleibt Therapeut und ich hab bei der Sache einfach kein gutes Gefühl."

„Dann sprich mit ihr. Sie wird sich von dir den Spaß schon nicht verderben lassen, wenn sie scharf auf ihn ist. Obwohl ich mir das im Augenblick beim besten Willen nicht vorstellen kann, so schlecht wie es ihr gerade geht."

„Weißt du was von ihrer Geschichte?"

„Maria auf der Suche nach der Seelenlogik", grinste Andrea. „Sattle um und werd Therapeutin! Ich weiß nur, dass ihre Eltern als Entwicklungshelfer in Südamerika gearbeitet haben und das war bestimmt kein Ponyhof für ein kleines Mädchen. Aber frag sie besser selbst, wenn du so neugierig bist." Mein Handy piepste mich an. Ich trank meinen Becher leer.

„Ich habe gleich freies Gestalten. Wir sehen uns später!"

27 Auch beim Abendessen fehlte Claire, doch das schien niemandem außer Andrea und mir aufzufallen. Ingrid erzählte begeistert von ihrer Suche nach einer neuen Wohnung. Lorenzo hatte sich Prospekte von Harley Davidson kommen lassen und schwärmte von der PS-starken Chromschönheit wie von seiner neuen Freundin. Manuela und Janine hatten sich neue Schuhe gekauft und beglückwünschten sich gegenseitig zu dem guten Kauf. Hedwig und Klaus verabredeten eine Schachpartie. Ich ging hoch in mein Zimmer und schluckte zwei von den Baldrianpillen.

Sollte ich Thomas eine SMS schicken und ihm eine gute Nacht wünschen? Einerseits wollte ich auf gar keinen Fall den Eindruck erwecken, als ob ich mich an ihn klammerte; andererseits sollte er ruhig wissen, dass ich um ihn kämpfte. Ich nahm mein Handy und schrieb:

„Ich wünsche dir eine gute Nacht!", und drückte auf „senden", ehe ich es mir anders überlegen konnte. Dann legte mich ins Bett und vertiefte mich in mein Buch, um nicht an ihn zu denken. Irgendwann fiel es mir immer schwerer, die Schrift im Buch zu entziffern.

Ich löschte das Licht, schloss die Augen und stellte mir meinen sicheren Ort vor. Ich war der kleine Vogel und schaute von einem Ast hinüber zum Hochsicherheitsgefängnis. Aragorn-Gandalf hielt dort Wache und lächelte mir zu. Alles war in Ordnung. Der kleine Vogel hüpfte in sein Nest, legte sich hin und steckte den Kopf unter den Flügel. Ich spürte Ruhe und Frieden.

Teil III

Heilung

1 Heute Morgen stand nichts auf meinem Therapieplan. Das Wetter hatte sich beruhigt und ich beschloss, mir im Schlosspark ein geschütztes Plätzchen zu suchen, um mich dort mit dem Thema „Maria und ihre Aggressionen" zu befassen.

Um dieses Thema hatte ich bisher einen Riesenbogen gemacht, und wenn ich es mir recht überlegte, war das überhaupt kein Wunder: Schließlich galt Wut in meiner Kindheit als mein schlimmster Charakterfehler! Die Möglichkeit, dass meine Aggressionen einen ganz anderen Zweck erfüllten, wirkte dagegen sowohl als Erlösung als auch als Einladung, mich intensiver mit diesem Thema auseinanderzusetzen.

Heute wehte ein milder, sanfter Wind. Das Meer lag vor mir wie ein blau glänzendes Tablett, lässig mit Möwen gesprenkelt. Ihr lachendes Gekreische vermischte sich mit einem neuen Klang: dem Frühlingsruf der Meisen.

Ich folgte der schmalen Straße, vorbei an den eingezäunten Gärten vor den bunt gestrichenen, niedrigen Holzhäusern. Je näher ich dem Hafen kam, umso imposanter wurden die Gebäude mit ihren Wintergärten, Terrassen und Balkonen. In einigen der gut gepflegten Gärten lagen große Anker, was darauf schließen ließ, dass in diesen Anwesen Kapitäne wohnten oder gewohnt hatten. Dann stand ich am Hafen. Am Kai lag ein großes altes Segelschiff, an dessen Heck ein verziertes Holzschild mit dessen Namen prangte: *Wappen von Söderborg*. Sonst schaukelten nur einige Fischerboote an den Stegen.

Das Schloss, dessen klobige Türme eher an eine Burg erinnerten, war dicht ans Wasser gebaut. Eine hohe zinnenbewehrte Mauer schirmte es vor den neugierigen Blicken der Besucher ab. Wo lag der Eingang zum Park? Ich folgte dem

Weg am Wasser entlang und erreichte ein hohes schmiedeeisernes Tor. Neugierig schaute ich durch die schwarz lackierten Streben auf eine breite Allee und ein kleines, aus Backsteinen erbautes Pförtnerhaus. Gerade öffnete sich die Haustür, ein älterer Mann trat mit einer Palette Stiefmütterchen heraus und stellte diese ächzend auf einen Rollwagen. Er richtete sich auf, rieb sich mit beiden Händen den Rücken und wandte sich dann wieder der Haustür zu.

„Entschuldigen Sie bitte, ist der Park geöffnet?", rief ich. Er drehte sich um und spähte durch die Gitterstäbe.

„Komm' Se man rein! Das Tor is' auf." Ich drückte gegen den rechten Flügel, der sich quietschend nach innen öffnete, und trat auf den breiten, mit Kies bestreuten Weg. Der Gärtner war wieder im Haus verschwunden und kam mit einer Kiste rosafarbener Bellis heraus, die er neben die Stiefmütterchen auf den Wagen stellte.

„Kann man hier einfach so spazieren gehen?", fragte ich ihn. „Ist das nicht privat?" Er richtete sich auf und schaute mich aus klaren blauen Augen an.

„Ne, isses nich", antwortete er, „da hängt dann 'ne Kette quer überm Weg. Das könn' Se nich falsch machen!" Ich betrachtete die Blumen und fragte:

„Kommt jetzt der Frühling?" Er kratzte sich am Ohr, schaute in den Himmel und sagte:

„Das will ich meinen. Zeit wird's!"

„Danke für die Auskunft."

„Da nich für!", antwortete er, winkte mir zu und schob seinen Rollwagen in den Park hinein. Ich folgte der Allee in Richtung der alten Burg bis zur Kette und bog dann nach links auf einen schmalen Pfad ab. Plötzlich sah ich durch die Bäume einen hellgrünen Schimmer. Neugierig ging ich näher. Vor mir lag ein Pavillon aus dunkelbraunem Holz, gedeckt mit einem hellgrünen Kupferdach. Mit seinen Schnörkeln und Verzierungen hätte dieses Dach eher auf einen Kirchturm gepasst, denn es endete oben in einem kleinen Türmchen mit Wetterfahne. Zweifellos hatte sich irgendein Schlossherr hier ein ganz besonderes Plätzchen geschaffen.

Eine geschwungene Brücke, die einen Bachlauf überspannte, führte mich auf eine von hohen Bäumen und Büschen bewachsene Lichtung, in deren Mitte der Pavillon stand. Er hatte hellgelb getönte Glasfenster und war mit einer geschnitzten Holztür verschlossen. Ich drückte ohne große Hoffnung auf die Klinke. Zu meiner Überraschung öffnete sich die Tür: Ich hatte mein geschütztes Plätzchen gefunden.

Der Raum war nicht sehr groß. Eine umlaufende Bank diente als Sitzgelegenheit, ein kleiner runder Tisch stand in der Mitte. An den Balken zwischen den hellgelben Fenstern, die für ein freundliches Licht sorgten, waren schmiedeeiserne Kerzenhalter angebracht. Bei meinem nächsten Besuch würde ich Kerzen mitbringen.

Ich setzte mich und schaute hinaus: Vor mir lag die von Weiden umstandene Bucht, in der sich die Enten sehr wohl zu fühlen schienen, denn unzählige Vögel saßen in den Bäumen und auf den Steinen im Wasser. Wenn ich nach rechts hinüber schaute, sah ich das Schloss: Die hohe Mauer, die ich schon vom Hafen aus gesehen hatte, schützte das Bauwerk auch von der Landseite.

Die Dächer der Türme und Erker waren teils aus demselben hellgrünen Kupfer wie der Pavillon, teils mit grauem Schiefer gedeckt. Wie gern hätte ich mehr gesehen! Es kostete mich Überwindung, mich vom Zauber dieses Ortes loszureißen, doch es wurde langsam Zeit, mich mit meinem Thema zu befassen. Also zog ich mein Notizbuch aus der Handtasche und legte es auf den Tisch.

Welche Situationen machten mich wütend? Wenn ich es mir recht überlegte, hatte ich meist schon morgens schlechte Laune. Warum? Weil ich mich morgens häufig nicht wohl fühlte. Entweder hatte ich Kopfschmerzen oder ich fühlte mich einfach nicht fit. Warum erfüllte mich das Gefühl von Schwäche mit Wut? Ich schrieb:

Ich werde wütend, wenn ich mich unwohl fühle.

Und dann das Frühstück! Das kam eigentlich immer viel zu spät und das machte mich richtig sauer! Warum schaffte es Thomas nicht, wenigstens diese Mahlzeit pünktlich auf den Tisch zu bringen? Ich schrieb:

Ich werde wütend, wenn ich hungrig bin.

Wann war ich zum letzten Mal morgens aufgestanden und hatte mich auf den Tag gefreut? Ich konnte mich nicht daran erinnern. Vollgestopft mit Terminen und Verpflichtungen folgte ein grauer Tag dem anderen. Das machte mich richtig wütend. Warum? Ich schrieb:

Ich werde wütend, wenn ich gestresst bin oder mich überfordert fühle.

Und wenn Thomas sich dann über meine schlechte Laune beschwerte, konnte ich ausflippen. Ich hielt inne. Eigentlich konnte ich es überhaupt nicht ertragen, dass er mich kritisierte. Obwohl es mir schwer fiel, dies zuzugeben, schrieb ich:

*Ich werde wütend,
wenn jemand etwas Negatives über mich sagt.*

Ich schaute auf mein Heft. Der Druck in mir nahm spürbar zu. War ich etwa nicht kritikfähig? In der Firma galt ich im Allgemeinen als umgänglich und lösungsorientiert. Wenn ich Fehler gemacht hatte, konnte ich diese ohne weiteres zugeben und berichtigen. Das Problem mit der Kritik bezog sich nur auf mein Privatleben. Ich formulierte einen neuen Satz:

Ich werde wütend, wenn jemand, der mir nahe steht, etwas Negatives über mich sagt.

Das schien tatsächlich ein zentraler Punkt zu sein. Wenn ich nur daran dachte, fühlte ich mich ohnmächtig, ängstlich und hilflos und der Druck in meinem Magen steigerte sich. Hier schien die Wut tatsächlich andere Gefühle zu überdecken. Ich nahm den Stift und schrieb:

*Warum ist es so wichtig für mich,
dass mich die Menschen, die mir nahe stehen,
nicht kritisieren?*

Ich überlegte und plötzlich wusste ich die Antwort:

*Negative Rückmeldungen von Menschen,
die mir nahe stehen, bedeuten,
dass sie mich nicht lieben, und ich weiß,
dass ich nichts daran ändern kann!*

Ich atmete auf. Dieser Satz traf genau mein Befinden. Merkwürdigerweise fühlte ich mich sofort besser. Ich schrieb:

Wenn ich mich selbst verstehe, geht es mir besser!

Das reichte! Ich klappte das Notizheft zu, steckte es in die Handtasche und schloss die Augen. Sofort sah ich meinen schönen Wächter, Aragorn-Gandalf, vor mir. Ich stellte mir vor, dass ich alle belastenden Gefühle der letzten halben Stunde in eine Kiste packte, übergab ihm das Paket und bat ihn, es für mich wegzusperren. Er nahm es lächelnd in Empfang. Dann flog ich als der kleine Vogel hoch in meinen Baum, legte mich in mein Nest und genoss eine Weile die Ruhe, den Frieden und das Gefühl vollkommener Sicherheit.

Der Druck in meinem Magen war verschwunden.

Der Wecker meines Handys erinnerte mich daran, dass das Mittagessen in der Klinik nicht auf mich warten würde. Ich nahm Abschied von meinem sicheren Ort, stand auf, schnappte mir meine Handtasche, schloss die Tür des Pavillons hinter mir und machte mich auf den Rückweg. Der Gärtner, der einige Beete mit Stiefmütterchen und Bellis bepflanzt hatte, winkte mir freundlich hinterher.

2   Ich war eine der letzten, die zum Mittagessen im Wintergarten auftauchte. Gedämpftes Gemurmel erfüllte den Raum. Selbst Arnold erzählte heute keine Witze. Andrea saß schon an ihrem Platz, vor sich einen Teller mit dampfender Suppe. Ich ließ mich auf den Stuhl ihr gegenüber fallen und bediente mich ebenfalls aus der Terrine. Andrea schaute missmutig auf ihren Teller.

„Schmeckt's?", fragte ich.

„Keine Ahnung! Ist mir auch völlig wurscht!"

„Oh, oh, was ist los?"

„Scheiß Morgen", sagte sie, „wir reden später."

„Alles klar", sagte ich, obwohl ich sehr neugierig war und gern gleich mehr gewusst hätte. Claire schlich herein, ein Schatten ihrer selbst. Statt des gewohnten dezenten Schicks trug sie einen schlabbrigen Jogginganzug in einer Farbe, die sie noch blasser machte, als sie sowieso schon war.

„Ich fühle mich schrecklich!", sagte sie zur Begrüßung und setzt sich neben uns.

„Willkommen im Club", murmelte Andrea.

„Was ist denn los?", fragte ich.

„Nicht hier", sagte auch Claire und schaute angewidert auf die Terrine. „Ich glaub, ich krieg keinen Bissen runter."

„Suppe musst du nicht beißen", versuchte ich zu scherzen, „iss was! An dir ist sowieso nichts dran." Folgsam leerte sie eine Kelle in ihren Teller und nippte am Löffel.

„Spargelsuppe", murrte sie, „aus der Tüte!"

„Wie wär's mit einem Besuch in einem Feinschmeckerlokal am nächsten Wochenende, Mädels?", versuchte ich die Stimmung aufzuheitern. Vergeblich, die beiden reagierten nicht. Was war bloß los?

Der Koch räumte die Terrinen ab und brachte Platten mit Gemüse und Fleisch. Ich bediente mich. Claire schnupperte in Richtung Nahrung, winkte ab und stand auf.

„Heute nicht", sagte auch Andrea und schob ihren Stuhl zurück. „Ich bin im Garten." Ich schaute den beiden erstaunt nach.

„Was haben die?", fragte Hedwig.

„Keine Ahnung", antwortete ich.

„Wir sind in der Klinik", stellte Lorenzo fest. „Da geht es einem manchmal beschissen. Das ist doch normal hier."

„Was muss ich hören? Euch geht's beschissen? Das kann man ändern", dröhnte Arnold. „Eine Blondine hat mit ihrem Auto ein anderes Fahrzeug gerammt. Brüllt der Fahrer: Sie dummes Huhn, haben sie überhaupt eine Fahrprüfung gemacht? Zischt die Blondine zurück: Bestimmt öfter als sie!" Alle lachten, besonders die blonde Ingrid.

„Nimm dich in acht!", rief sie. „Ich kenn nämlich auch einen: Was ist der Unterschied zwischen einem Mann und Joghurt? Na? Joghurt hat Kultur!" Gelächter brandete auf und Lorenzo fing an, einen weiteren Witz zu erzählen. Ich schob meinen Stuhl zurück, sammelte die Teller ein und stellte sie auf den Servierwagen, denn mir war es wichtiger zu wissen, wie es Andrea und Claire ging, als über die Pointe von Lorenzos Witz zu lachen.

Die Tür zur Terrasse stand offen. Ich ging die Treppen hinunter zu den Strandkörben unten auf der Wiese, die an Stelle von Liegestühlen für die Patienten der Klinik aufgestellt worden waren.

„Hier sind wir", rief Andrea und winkte mir zu. Claire rutschte zur Seite, um mir Platz zu machen. Die beiden sahen trübsinnig aus.

„Mädels, was ist los mit euch?"

„Ich weiß überhaupt nicht, ob ich hier richtig bin", klagte Claire. „Nach jeder Therapiestunde geht es mir schlechter. Mein Therapeut sagt, dass ich Psychopharmaka nehmen muss, wenn es mir nicht bald besser geht."

„Ab und zu ist das nötig", antwortete ich, „das geht mir auch so."

„In mich kriegt niemand dieses Scheißzeug!", mischte sich Andrea ein. „Ich nehme nichts!"

„Dann geht es dir vielleicht nicht schlecht genug. Ich kenne Zustände, die sind so grauenhaft, dass du froh bist, dass es dagegen Pillen gibt."

„Aber davon wirst du süchtig", schimpfte Andrea.

„Nur dann, wenn du das Zeug mehrere Wochen nimmst", entgegnete ich. „Was hast du gegen Psychopharmaka?"

„Ich finde, dass man seelische Probleme nicht mit Chemie behandeln sollte, sondern mit Therapie. Schließlich sind die Probleme ja auch nicht durch Chemie entstanden."

„Wenn du lange genug lebst, kann das mit der Therapie tatsächlich funktionieren", entgegnete ich trocken. Und dann erzählte ich von meinen Erfahrungen mit dem Tunnel und dem Tod. Andrea schaute mich betroffen an. „Bist du sicher?", fragte sie. „Du wolltest dich umbringen? Weil sich dein Mann von dir trennen will?" Ich nickte.

„Das war für mich selbst die größte Überraschung! Aber ja, so war es. Ich wollte wirklich sterben, und da haben die Pillen geholfen, sonst hätte ich es vielleicht wirklich getan."

„Solche Gedanken hatte ich noch nie", sagte Claire, „obwohl es mir furchtbar geht."

„Was ist den passiert?", fragte ich.

„Ich bin nach der Therapie total abgestürzt", antwortete Claire und ihre Stimme flatterte. „Ich weiß nicht, ob das der richtige Weg für mich ist." Ich griff nach ihrer Hand.

„Magst du erzählen?"

„Mein Therapeut meint, es würde mir helfen, wenn ich mich möglichst intensiv in die schrecklichen Erlebnisse meiner Vergangenheit vertiefe und die Gefühle von damals wiedererlebe." Sie schloss die Augen und umklammerte meine Hand. „Es hilft mir aber nicht!", flüsterte sie. „Es passiert eher das Gegenteil. Ich fühle mich immer schwächer! Ich habe so viel Schlimmes erlebt." Ich umarmte sie tröstend und sie legte den Kopf an meine Schulter.

„Was meint denn dein Therapeut dazu?", fragte ich. Claire

schaute mich traurig an. „Der meint, ich müsse mich meiner Vergangenheit stellen. Dazu bin ich ja auch bereit, aber es scheint mir nicht zu helfen. Im Gegenteil! Ich habe das Gefühl, dass alles über mir zusammenbricht." Ich schaute sie ratlos an. „Und jetzt soll ich Pillen schlucken, damit es mir wieder besser geht. Ich versteh das nicht! Seit ich hier bin, geht es mir immer schlechter. Eigentlich sollte es mir doch besser gehen, oder?"

„Das versteh ich auch nicht", pflichtete ich ihr bei, „denn bei mir ist das so. Ich habe das Gefühl, dass ich mich langsam aber sicher wieder fange."

„Wenn ich euch so höre, werde ich richtig neidisch, auch wenn es dir gerade nicht so gut geht, Claire", mischte sich Andrea ein. „Mein Therapeut fängt überhaupt nicht an, mit mir zu arbeiten. Bei euch passiert ja wenigstens etwas. Bei mir passiert nichts, rein gar nichts!"

„Aber irgendwas machst du doch in der Stunde?", fragte ich. „Ihr sitzt doch nicht einfach nur so rum."

„Doch genau das tun wir", gab Andrea ärgerlich zurück. „Zuerst bearbeitet mich der Kerl, dass ich bei meiner Versicherung Verlängerung beantrage. Und wenn ich sage, dass ich mir das geschäftlich nicht leisten kann, folgt ein Vortrag darüber, dass ich mir selbst wohl nicht wichtig genug bin." Ihre Augen blitzten wütend. „Ich bin doch keine Beamtin, die sich einfach drei Monate abmelden kann – bei vollem Lohnausgleich, versteht sich!" Ich schaute sie verwundert an.

„Ist dieses Thema immer noch nicht durch?"

„Nein, ist es nicht. Heute wollte ich die Geschichte mit meinem Ex besprechen, weißt du die, die ich dir gestern erzählt habe, Maria. Da sagt der Typ zu mir: ‚Das hört sich nach einem Trauma an. Mit Traumatherapie fangen wir erst an, wenn Sie mindestens drei Monate bleiben.' Da bin ich sauer geworden. Sagt der Typ: ‚Sie können offensichtlich schlecht damit umgehen, wenn es einmal nicht so läuft, wie Sie sich das vorstellen.' Das ist doch eine Frechheit!" Sie schnaubte ärgerlich.

„Mein Therapeut hat mich auch schon auf eine Verlängerung angesprochen", erzählte Claire. „Er meinte, bei meiner Vorgeschichte seien drei Monate das absolute Minimum. Ist schon komisch, dass es immer genau drei Monaten sein müssen."

„Wie lange zahlt eigentlich die Krankenkasse?", fragte ich. „Sind das nicht genau drei Monate?"

„Schlaue Idee, Maria. Meinst du, dass die darauf aus sind, uns so lange hier zu behalten, bis die Kasse den Geldhahn zudreht? Ich hab so was bisher nur aus den USA gehört. Glaubst du, dass wir solche Zustände jetzt auch in Deutschland haben?" Andrea schaute mich nachdenklich an.

„Ich möchte niemandem etwas Schlechtes unterstellen", sagte ich vorsichtig. „Außerdem spricht meine Therapeutin nie von Verlängerung."

„Das hätte mich auch gewundert. Wie heißt ihre Therapiemethode eigentlich?"

„Systemische Psychotherapie, aber bitte verlangt nicht von mir, dass ich euch das jetzt erkläre. Ich hab sie übrigens nach dem roten Faden in meiner Therapie gefragt. Das ist der Therapieauftrag, den ich ihr in der ersten Stunde gegeben habe."

„Therapieauftrag?", fragte Andrea. „Was soll das denn sein?"

„Na das, was du möchtest, das dein Therapeut mit dir arbeitet."

„Danach hat mich noch niemand gefragt", sagte Claire. „Dann würde ich nämlich sagen, dass ich auf die alten Geschichten überhaupt keine Lust habe. Ich will die Trennung von Charles verkraften, damit ich endlich wieder arbeiten kann!"

„Aber dazu kann es wichtig sein, Erlebnisse aus deiner Kindheit anzuschauen", wandte ich ein.

„Ja, so wie du das mit deiner Therapeutin machst, scheint das ja auch zu helfen", sagte Andrea. „Du stellst Verknüpfungen her zwischen Ereignissen aus deiner Vergangenheit und aktuellen Situationen. Dadurch verstehst du dich und deine Gefühle besser. Ich habe den Eindruck, dass bei dir wirklich etwas voran geht. Bei uns ist das nur ein Herumrühren in der alten Suppe, ohne dass die alte Suppe zu irgendetwas anderem nützlich wäre, als uns den Geschmack immer mehr zu vermiesen!"

„Genau!", stimmte ihr Claire zu. „Dir geht es offensichtlich immer besser und uns geht es immer schlechter. Das kann nur an deiner Therapeutin liegen." Was sollte ich dazu sagen? Die beiden taten mir leid, gleichzeitig hatte ich fast ein schlechtes
Gewissen, dass ich offensichtlich Glück gehabt hatte. Aber hatte ich das nach der furchtbaren Pechsträhne der letzten Monate nicht wirklich verdient?

„Ich versuch einfach mal, meinem Therapeuten einen Auftrag zu geben", sagte Claire. „Vielleicht beißt er ja an!"

„Na, dann viel Glück", sagte Andrea wenig begeistert. „Ich muss jetzt in die Tanzgruppe. Was mir das bei meinen Probleme nützen soll, weiß ich auch nicht. Aber es macht Spaß. Macht's gut, Mädels." Ich schaute auf die Uhr.

„Ich gehe auch. Gleich hab ich Kunsttherapie."

„Dann mach ich ein Schläfchen", beschloss Claire und streckte sich seufzend im Strandkorb aus.

3 Frau Janson begrüßte mich lächelnd und fragte mich nach meinem Anliegen für die heutige Stunde. Ich erzählte von meiner Aggressionsliste und den Gefühlen, die dabei aufgetaucht waren.

„Haben Sie Lust, diese Gefühle zu malen?" Ich nickte, ja, das hatte ich. Ich nahm einen Bogen Papier und Pastellkreiden. Schweigend saß ich vor der weißen Fläche. Welche Farbe zog mich an? Ich begann zu malen. Schwarze und violette Kreiden ließen eine abstoßende Fratze entstehen. An Stelle eines Halses hatte dieses Monster Tentakel, die in den Raum zu greifen schienen. Vor diesen Tentakeln gab es kein Entkommen! „Angst! Das ist meine Angst. Die ist zu groß für mich."

„Völlig klar", bestätigte Frau Janson, „diese Angst ist zu groß."

Ich nahm ein neues Blatt. Diesmal griff ich nach roten Kreiden. Wieder entstand eine Fratze, von spitzen Zacken umrahmt, mit großem aufgerissenen Maul und scharfen Zähnen. Die Augen flackerten gelb und orange.

„Wut! Das ist meine Wut."

„Viel Angst braucht viel Wut", fasste Frau Janson zusammen. Ich schaute sie verwundert an. Viel Angst brauchte viel Wut? Ich nahm noch ein Blatt und griff zu rosafarbener, hellgelber und hellblauer Kreide. Ein Kind entstand, ein kleines Kind, ein Säugling, zart, zerbrechlich und schutzlos.

„Das bin ich", erklärte ich.

„Ihr inneres Kind?"

„Das Kind, das so große Angst und noch größere Wut hat."

„Was braucht dieses Kind?"

„Das Kind braucht Schutz."

„Wer kann es schützen?"

„Da ist niemand!", antwortete ich traurig.

„Doch", widersprach sie mir, „da sind die Angst und die Wut. Die haben eine Menge Kraft!"

„Die sind zu wild. Die können nicht schützen."

„Sie brauchen eine Aufgabe!", sagte Frau Janson.

„Eine Aufgabe?" Ich war verblüfft.

„Welche Aufgabe gibt es für die Angst?"

„Sie könnte das Kind bewachen", schlug meine Kunsttherapeutin vor. „Die Angst ist äußerst wachsam. Sie hört sozusagen die Flöhe husten." Das war eine gute Idee! „Weisen Sie der Angst einen Ort zu", schlug sie vor. „Wenn sie zu viel Freiheit hat, dann neigt sie dazu, sich auszubreiten, bis nichts anderes mehr Raum hat." Noch eine gute Idee! Ich nahm ein neues Blatt und malte einen hohen Turm darauf. Dann schnitt ich die Angstfratze mit ihren vielen Tentakeln aus. Das beruhigte mich. Ich wies der Angst einen Platz zu! Ich kontrollierte die Angst! Dann klebte ich die Angstfratze auf die Spitze des Turms.

„Da kommt sie allein nicht runter", stellte ich fest.

„Das ist gut. Jetzt hat die Angst eine Aufgabe und Sie können ihre Energie nützen, um das Kind zu schützen." Das fühlte sich gut an. „Welche Aufgabe bekommt die Wut?"

„Die Wut ist stark. Sie kann das Kind verteidigen!"

„Ein roter Ritter!", sagte meine Kunsttherapeutin, weil ich die Wut rot gemalt hatte. „Wie soll der rote Ritter das Kind verteidigen?"

„Das Kind braucht eine Burg mit einem Garten, wo es spielen kann. Der Garten ist von einer hohen Mauer umgeben und auf dieser Mauer patrouilliert der rote Ritter."

„Fangen Sie an", sagte Frau Janson. „Sie werden wahrscheinlich nicht ganz fertig, doch wenn Sie möchten, können Sie das Bild später im Kunstraum fertig malen." Ich nahm mir eines von den ganz großen Blättern und begann, die Burg und den Garten zu skizzieren, wobei ich an die Söderborg dachte. Die Mauer malte ich besonders sorgfältig und verzierte sie mit Zinnen. Dann schnitt ich den Wachturm mit dem Angstwächter aus und klebte ihn an die Mauer. Den roten Ritter schnitt ich aus und stellte ihn oben auf die Mauer. Damit hatte die Wut eine neue, festumschriebene Aufgabe: Sie diente nur noch dazu, die Außengrenzen zu verteidigen.

„Wohin soll das Kind?", fragte meine Kunsttherapeutin.

„Es kommt in einen Pavillon in den Garten." Ich versuchte, den Pavillon aus dem Schlosspark zu malen, schnitt das Kind aus und legte es in die Wiege, die ich für es gemalt hatte. Ich fühlte mich wunderbar. Der Druck war weg. Ich atmete frei. Meine Kunsttherapeutin lächelte.

„Ich freue mich, dass ich Sie auf Ihrem Weg begleiten darf. Sie gehen Ihren Weg – ehrlich und wahrhaftig." Sie schaute zum Fenster. Auf dem Sims stand eine Postkarte mit dem Bild des Dalai Lama.

„Ich danke Ihnen", sagte ich, „ich schätze Ihre Arbeit sehr." Frau Janson reichte mir lächelnd die Hand.

„Machen Sie es gut, Frau Hundhausen!" Ich rollte mein großes Papier zusammen und winkte ihr zum Abschied noch einmal zu. Die Mädels hatten Recht. Ich hatte wirklich Glück mit meinen Therapeutinnen.

Ich ging gleich hoch in den Kunstraum und beschäftigte mich mit meinem Bild, malte Blumen und Bäume in den Garten, eine Schaukel für das Kind, einen Springbrunnen und einen Gartenteich mit Seerosen und Fischen. Ich malte auch mein Nest in diesen Garten. Bewacht von meinem Wächter und verteidigt vom roten Ritter war es dort vollkommen sicher.

Dann rollte ich das Blatt zusammen, ging hoch in mein Zimmer, klebte das Bild mit Klebstreifen an den Spiegel über der Kommode und betrachtete es: Das war ich, das war meine Innenwelt, und das, was ich sah, erfüllte mich mit ruhiger Zufriedenheit.

4 Zum Abendessen tauchte Claire nicht auf. Auch Andrea hatte keine Ahnung, wo sie stecken mochte. Sie hatte ihr Handy abgestellt und reagierte nicht auf unsere SMS.

„Weiß jemand, wo Claire ist?", fragte ich die anderen Patienten. „Ich weiß nur, dass es ihr nicht besonders gut gehen soll",
antwortete Klaus. Ich wartete solange auf Claire, bis das Küchenpersonal begann, die Tische abzuräumen, ohne dass sie sich blicken ließ. Was war los mit dieser lebenslustigen, lebendigen Frau? Klar, zuweilen ging es einer von uns nicht so gut und wir verkrochen uns auf unseren Zimmern, doch bei Claire wurde das langsam zur Regel.

Obwohl der Besuch auf den Zimmern verboten war, stieg ich in den dritten Stock und klopfte leise an ihre Tür.

„Claire? Ich bin's, Maria!"

„Komm rein!", hörte ich ihre Stimme. Ich öffnete die Tür

und trat ein. Es war dunkel.

„Kann ich Licht machen?", fragte ich. „Ja, aber nicht das helle!", antwortete sie. Da ihr Zimmer genauso geschnitten war wie meins, wusste ich, wo die Tischlampe stand. Ich ging zum Fenster vor und tastete nach dem Schalter. Ein orangefarbenes Lämpchen tauchte das Zimmer in freundliches Licht. Claire lag im Bett, das Gesicht verweint, die Haare verstrubbelt. Ich setzte mich zu ihr.

„Claire, Liebe", fragte ich, „was ist passiert?" Sie begann zu schluchzen.

„Ich schaff das nicht!", sagte sie mit zittriger Stimme.

„Was schaffst du nicht?", fragte ich behutsam.

„Mein Leben ist ein Flickenteppich aus Katastrophen und Tragödien." Die Tränen liefen ihr über die Wangen. „Wie soll ich jemals damit fertig werden?"

„Es ist doch nicht alles nur furchtbar in deinem Leben", versuchte ich sie zu trösten. „Denk doch mal an deine Mode!" Sie setzte sich auf. Die Traurigkeit wich einem ärgerlichen Gesichtsausdruck. „Das sind doch nur die Ersatzbefriedigungen meines Egos!", murrte sie. „Damit erschleiche ich mir die Aufmerksamkeit, die ich als Kind von meinen Eltern nicht gekriegt habe." Jetzt wurde ich auch ärgerlich.

„Wer dir das einzureden versucht, ist ja nicht ganz dicht! Du bist Künstlerin, Claire, und deshalb tickst du anders."

„Das sagt Piet auch", sagte sie leise. Oh je! Der Tanztherapeut mit den gierigen Augen! Den hatte ich ganz vergessen! „Er will mir helfen", fuhr sie fort, „und er weiß auch schon wie."

„Bist du sicher, dass das richtig ist?", fragte ich vorsichtig. „Ich habe euch zufällig beobachtet und ich glaube, der Mann ist scharf auf dich!"

„Na, und wenn schon", gab sie zurück und ließ sich wieder auf ihr Kissen sinken, „Hauptsache, er hilft mir."

„Wie will er das denn machen?", fragte ich wenig überzeugt. „Mit Tanztherapie?"

„Nein, da gibt es wohl etwas anderes", antwortete sie ausweichend.

„Was denn?", hakte ich nach.

„Das hat er mir noch nicht verraten", gab sie zu, „das scheint ein Geheimnis zu sein."

„Warum habe ich dabei kein gutes Gefühl?", fragte ich. Claire schaute mich verzweifelt an.

„Wenn es mir nicht bald besser geht, muss ich Psychopharmaka schlucken und davor habe ich einen Horror!"

„Sieh das mit den Medikamenten doch mal positiv", versuchte ich sie umzustimmen. „Du tust ja geradezu so, als solltest du vergiftet werden! Diese Mittel können dir wirklich helfen."

„Ich glaub nicht dran und ich will das Zeug nicht nehmen", erwiderte Claire bockig. „Aber mein Therapeut hat mir die Pistole auf die Brust gesetzt: Wenn ich mich weiter weigere, Medikamente zu nehmen, dann muss ich gehen, weil er die Verantwortung nicht mehr tragen kann." Das verwunderte mich.

„Wieso kann er die Verantwortung nicht tragen? Mir ging es viel schlechter als dir: Ich wollte mich umbringen!"

„Aber du hast brav deine Pillen geschluckt", antwortete Claire bitter, „während ich mich weigere!" Was sollte ich sagen? Ich war völlig ratlos. „Vielleicht ist es besser, wenn ich einfach gehe", überlegte sie, „doch dazu fühle ich mich nicht stark genug." Sie begann wieder zu weinen. Ich nahm ihre Hand, strich ihr übers Haar. Allmählich wurde sie ruhiger.

„Ich möchte jetzt schlafen", murmelte sie.

„Bis Morgen", flüsterte ich, drückte ihr einen Kuss auf die Stirn, schloss leise die Tür hinter mir … und lief Frau Müller in die Arme.

„Sie wissen, dass der Besuch auf den Zimmern nicht gestattet ist", erklärte sie mit eisiger Stimme. Sollte ich wieder wütend werden und eine Szene machen? Nein, heute Abend hatte ich keine Lust dazu.

„Ich habe kurz nach ihr gesehen, weil sie beim Abendessen gefehlt hat", antwortete ich ruhig.

„Das hätten Sie der Pflege melden müssen", wies sie mich zurecht. „Es ist meine Aufgabe, nach ihr zu sehen." Sie wandte sich Claires Tür zu.

„Frau Legrand ist gerade eingeschlafen", versuchte ich sie zurückzuhalten.

„Sie sagen mir nicht, was ich zu tun habe!", keifte die Schwester und klopfte an Claires Tür. „Frau Legrand, kann ich reinkommen?" Ich ging. Hier hatte ich nichts mehr verloren. Ich ging in mein Zimmer. Auf dem Tisch lag mein Handy. Das rote Lämpchen blinkte. Aufgeregt schaute ich nach. Eine SMS von Thomas:

„Ich wünsche dir eine gute Nacht!"

5 Ein wunderschöner Morgen! Die Sonne schien und ich öffnete das Fenster. Kühle Luft strömte herein. Die Meisen sangen zum leisen Plätschern der Wellen ihr Frühlingslied. Feine grüne Triebe bohrten sich durch das verfilzte Gras der Wiese: Die ersten Krokusse kündigten sich an. Ich ging hinunter in den Wintergarten, holte mir mein Frühstück und setzte mich. Andrea kam kurz nach mir und ließ sich neben mir nieder. Von Claire keine Spur.

„Da läuft was überhaupt nicht gut mit Claire", flüsterte Andrea, offensichtlich nicht leise genug.

„Warum überlasst ihr beide das nicht einfach den Fachleuten", mischte sich Hedwig ein. „Die wissen hier schon, was sie tun. Ich habe den Eindruck, ihr mischt euch da in etwas ein, was euch überhaupt nichts angeht. Ihr solltet das unbedingt in der Therapie ansprechen!"

„Genau", pflichtete ihr Janine bei, „Ich frage mich sowieso, warum ihr hier unbedingt eine Sonderrolle spielen wollt!" Andrea und ich schauten uns an. Gezicke vor dem Frühstück? Kein Bedarf! Themenwechsel war angesagt.

„Hast du den dritten Krimi von Stieg Larsson schon gelesen?", fragte ich. Andrea schüttelte den Kopf und fing den Ball, den ich ihr zugeworfen hatte.

„Nein, hab ich nicht. Ist der genau so gut wie die anderen beiden?"

„Das Buch ist genial! Es geht darum, dass Lisbeth vor Gericht steht, und zu ihrer Verteidigung wird die traumatische Geschichte ihrer Kindheit aufgerollt. Insofern passt das Buch sehr gut zu unserem gegenwärtigen Aufenthaltsort. Ich hab es gerade durch. Magst du es dir ausleihen?"

„Gute Idee. Wann treffen wir uns?"

„Nach dem Mittagessen im Kunstraum?"

„Alles klar!"

„Was sind das für Krimis?", fragte Arnold interessiert. Ingrid hatte die Bücher auch schon gelesen und begann, eine Kurzzusammenfassung der Inhalte zu geben, unterbrochen von ergänzenden Einwürfen von Klaus und Manuela.

Ich stand auf, ging hinaus und klopfte an die Tür meiner Therapeutin. Alles blieb still. Sie schien noch nicht da zu sein. Also setzte ich mich in einen der Sessel vor dem Wintergarten. Wo war sie nur? Schnelle Schritte näherten sich und Frau Baumeister eilte mit wehendem Mantel herein.

„Verzeihung, ich habe mich verspätet!", keuchte sie. „Mein Enkel hat Brechdurchfall. Darum musste ich mich kümmern. Kommen Sie, kommen Sie!" Sie winkte mich in ihr Zimmer, zog den Mantel aus und hängte ihn an die Garderobe.

„Soll ich Ihnen einen Kaffee holen?", fragte ich.

„Das ist wirklich lieb von Ihnen, danke! Ich trinke ihn schwarz." Ich ging zurück in den Wintergarten und schenkte aus der Thermoskanne Kaffee ein. Um nichts zu verschütten, lief ich langsam zurück und reichte ihr die Tasse. Sie setzte sich und trank einen Schluck.

„Das tut gut, ich danke Ihnen. Mein Frühstück ist nämlich ausgefallen. Meine Tochter hat mich aus dem Bett geschmissen. Sie war total überfordert. Es ist ihr erstes Kind und es hat seinen ersten Brechdurchfall." Sie nippte an ihrem Kaffee und blätterte in ihren Unterlagen.

„Hier habe ich Sie." Sie schaute auf. „Wie geht es Ihnen?"

„Besser!", sagte ich. „Ich hatte ein entspanntes Gespräch mit meinem Mann, das erste seit unserer Trennung." Meine Therapeutin lächelte.

„Ich freue mich für Sie, Frau Hundhausen. Das ist eine gute Nachricht."

„Ich habe mich bei ihm entschuldigt." Sie schaute mich freundlich an.

„Ich beglückwünsche Sie", sagte sie herzlich. „Und wie hat Ihr Mann darauf reagiert?"

„Er war sehr erleichtert und erfreut. Es interessiert ihn, was ich hier mache und er sucht sich ebenfalls einen Therapeuten." Frau Baumeister strahlte.

„Das sind wirklich gute Nachrichten, Frau Hundhausen. Ich habe keine Ahnung, ob Sie und Ihr Mann wieder zusammenfinden, doch, was immer auch passieren mag, es wird Ihnen leichter fallen, wenn Sie in Frieden miteinander umgehen können."

„Deshalb kann ich es kaum erwarten, meine Hausaufgaben mit Ihnen durchzusprechen", sagte ich eifrig. Frau Baumeister stützte das Kinn auf die Hand.

„Na, dann legen Sie mal los!" Ich legte mein Notizbuch auf den kleinen Tisch. Meine Therapeutin schaute mich aufmerksam an. „Und?" Ich klappte das Büchlein auf.

„Ich hab darüber nachgedacht, wann ich wütend werde. Ist es richtig, dass ich nur die Situationen aufschreiben sollte, in denen ich glaube, dass ich zu stark reagiere oder bei denen andere Gefühle viel angemessener wären?"

„Ja, das haben Sie richtig verstanden. Machen Sie ein Beispiel!" Ich atmete tief durch.

„Das fällt mir jetzt nicht leicht", erklärte ich. „Eigentlich ist es mir total peinlich." Frau Baumeister lächelte mir ermutigend zu.

„Das ist schon in Ordnung, Frau Hundhausen. Wir schauen einfach, was dahinter steckt." Ich nickte. Deshalb war ich schließlich hier!

„Ich werde wütend, wenn ich mich nicht gut fühle, wenn ich krank bin oder Kopfschmerzen habe. Warum werd ich da wütend? Warum sag ich nicht einfach, dass es mir nicht gut geht? Stattdessen krieg ich auf Knopfdruck sehr schlechte Laune und bin wütend auf meinen Mann. Das ist doch total bescheuert!" Meine Therapeutin nickte verstehend.

„Wollen wir mit diesem Thema beginnen?", fragte sie.

„Gerne!"

„Gut. Was fällt Ihnen zum Thema Krankheit ein?"

„Krankheit?" Da musste ich nicht lange überlegen. „Meine Schwester und meine Mutter durften krank sein. Ich nicht! Wenn meine Schwester und ich gleichzeitig krank waren, saß meine Mutter am Bett meiner Schwester und las ihr Geschichten vor. Ich sah meine Mutter nur, wenn sie mir Essen brachte und das Tablett wieder abholte."

„Wie reagierte Ihre Mutter, wenn Sie krank wurden?", fragte Frau Baumeister. „Total genervt nach dem Motto: ‚Das hat mir gerade noch gefehlt!'"

„Also haben Sie erlebt, dass Ihre Mutter ganz anders mit Ihrer Schwester umging als mit Ihnen: Bei Ihrer Schwester war sie fürsorglich, bei Ihnen reagierte sie abweisend?"

„Genau!", bestätigte ich ihre Zusammenfassung. Meine Therapeutin trank den letzten Schluck Kaffee. Dann schaute sie mich an.

„Stellen Sie sich vor, Sie würden nicht mehr wütend, wenn Sie sich krank fühlen. Was würden Sie stattdessen tun?"

„Ich würde sagen, dass es mir nicht gut geht, und mich ins Bett legen."

„Was hätte sich für Ihren Mann verändert?"

„Ich denke, Thomas hätte ganz einfach meine Termine verlegt."

„Wäre das besser gewesen?" – Eine rhetorische Frage!

„Ja, natürlich! Warum bin ich da nicht selbst drauf gekommen, wenn es so einfach und so logisch ist?"

„Ja, warum nicht?", gab meine Therapeutin die Frage zurück.

„Weil ich von Thomas erwartet habe, dass er merkt, dass es mir schlecht geht und dann für mich sorgt!", hörte ich mich sagen.

Was hatte ich da gerade gesagt? Was erwartete ich von meinem Mann? Ich war entsetzt! Meine Therapeutin griff den Satz natürlich sofort auf.

„Sie haben von Ihrem Mann erwartet, dass er – im Gegensatz zu Ihrer Mutter – für Sie sorgt, wenn es Ihnen nicht gut geht?" Das war mir richtig peinlich!

„Ich muss erst einmal klarstellen, dass es mir nicht bewusst war, dass ich das tue."

„Das glaube ich Ihnen, so überrascht, wie Sie gerade geschaut haben. Einen schönen Gruß von Ihrem Unbewussten! Wo erwarten Sie eine ähnliche Versorgung?" Das zuzugeben war mir noch peinlicher.

„Wenn ich Hunger habe!"

„Und bis wann musste Ihr Mann das spätestens merken?" Oh, oh! Gut, dass meine Therapeutin der Schweigepflicht unterlag.

„Eigentlich sofort, und er musste dann augenblicklich für Nahrung sorgen", gab ich zu. Meine Therapeutin lehnte sich in ihren Sessel zurück, verschränkte die Hände im Schoß und betrachtete mich.

„Wissen Sie, dass das Verlangen nach sofortiger Befriedigung von elementaren Bedürfnissen ins erste Lebensjahr gehört?", fragte sie mich. Ich schüttelte den Kopf. „Haben Sie schon mal einen hungrigen Säugling schreien hören? Ich könnte Sie zu meiner Tochter einladen. In meinem Enkel Tim hätten Sie ein ideales Beispiel." Sie lächelte.

„Spaß beiseite! Ihr spontanes emotionales Verhalten lässt darauf schließen, dass es in Ihrer frühen Kindheit Defizite in der Versorgung gab. Die Pflicht, diese Bedürfnisse zu befriedigen, haben Sie auf Ihren Mann projiziert." Sie machte eine Pause. Langsam sickerte die Bedeutung ihrer Worte in mein Bewusstsein. „Wollen Sie damit sagen, dass ich von meinem Mann mütterliche Qualitäten erwartet habe?"

„Wenn es im ersten Lebensjahr Defizite in der Versorgung gab, wird die Erfüllung dieser Bedürfnisse von dem Menschen gewünscht, der uns am nächsten steht", erklärte meine Therapeutin. „Das tut jeder, der von diesem Thema betroffen ist."

„Aber ich bin doch versorgt worden!", widersprach ich. „Wenn ich Kinderfotos von mir anschaue, war ich ein gesundes Baby. Ich wurde nicht vernachlässigt."

„Nein, natürlich waren Sie nicht unterernährt. Doch irgendetwas muss mit Ihnen geschehen sein, sonst würden Sie Ihre unbewussten Versorgungswünsche nicht auf Ihren Mann projizieren. Sie würden selbst für sich sorgen."

„Das stimmt", gab ich ihr Recht. „Ich hab mich schon gewundert, warum ich so einen heftigen Widerwillen davor habe, mir etwas zu essen zu machen."

„Das spräche für meine Hypothese!"

„Wissen Sie was, Frau Baumeister?", sagte ich lachend. „Eigentlich sind Sie auch Systemanalytikerin. Der einzige Unterschied zwischen uns ist, dass Sie sich mit der Psyche befassen und ich mich mit Betrieben." Meine Therapeutin lächelte.

„Ja, das könnte man so sehen, Frau Hundhausen."

„Wenn ich meinen Mann unbewusst zur Mami gemacht habe", fuhr ich fort, „würde das erklären, warum ich so wenig Lust hatte, mit ihm zu schlafen. Sex mit Mami! Wie unerotisch!" Frau Baumeister lächelte zustimmend.

„Dies ist nicht selten die Ursache für die Lustlosigkeit in einer Partnerschaft."

„Wie kann ich das verändern?", fragte ich.

„Ich denke, das Wichtigste ist schon passiert. Sie werden

sich in Zukunft anders verhalten, denn ich kann mir kaum vorstellen, dass Sie Ihren Mann bewusst zur Mami machen wollen."

„Nein, das will ich keinesfalls", bestätigte ich. „Ich müsste den Widerwillen überwinden und mir ganz erwachsen etwas zu essen machen." Frau Baumeister nickte bestätigend.

„Das hört sich nach einer guten Idee an! Und es ist durchaus möglich, dass der Widerwillen abnimmt." Sie schaute auf die Uhr. „Gibt es noch ein Thema auf Ihrer Liste? Wir hätten noch Zeit." Ich nickte.

„Ja! Ich werde aggressiv, wenn ich Stress habe oder mich überfordert fühle. Aber geht das nicht allen Menschen so?"

„Was passiert denn bei Ihnen, wenn Sie Stress haben?", fragte Frau Baumeister. „Wie es allen anderen Menschen geht, entzieht sich leider meiner Kenntnis." Ich musste lachen. Na, klar, sie akzeptierte keine Allgemeinplätze.

„Ich werde total hektisch und stehe unter Druck", sagte ich und hielt plötzlich inne, weil mir etwas aufgefallen war. „Eigentlich fühle ich bei Stress einen ähnlichen Druck wie in den letzten Tagen." Frau Baumeister schaute mich an. Sie schien zu überlegen. Dann sagte sie:

„Mir kommt da ein Gedanke: Stress und Angst veranlassen den Körper dazu, Adrenalin zu produzieren. Wenn Sie als Baby traumatisiert wurden, könnte die Körperspannung, die durch Adrenalin bewirkt wird, als Trigger fungieren. Was halten Sie davon?"

„Das würde erklären, warum ich die letzten drei Wochen ständig das Gefühl hatte, dass gleich etwas Schreckliches passiert. Könnte es sein, dass ich deshalb Stress so hasse?"

„Das wäre eine interessante Hypothese", bestätigte meine Therapeutin.

„Und warum werde ich wütend?"

„Mir fallen zwei Möglichkeiten ein: Einmal gehört Wut zu den Gefühlen, zu deren Entstehung Adrenalin nötig ist. Möglicherweise deuten Sie das Körpergefühl einfach nur falsch. Andererseits könnte es sein, dass Sie die Wut dazu nutzen, die Kontrolle über die traumatische Angst zu gewinnen. Vielleicht spielen aber auch beide Gründe eine Rolle."

„Und was bedeutet das für mich?" Ich war ratlos.

„Ich könnte mir vorstellen, dass Sie anders handeln, wenn Sie wissen, dass Sie auf ein Ereignis in der Vergangenheit reagieren. Möglicherweise können Sie trotz der Körperspannung gelassen bleiben oder sich ablenken. Dann regelt das vegetative Nervensystem die Adrenalinproduktion automatisch wieder herunter. Sie könnten aber auch versuchen, die Spannung in Ihren Hochsicherheitstrakt zu sperren und sich danach an Ihrem sicheren Ort ausruhen."

„Genau das habe ich getan, nachdem ich die Liste geschrieben hatte", berichtete ich. „Es hat ausgezeichnet funktioniert."

„Bestens!", sagte Frau Baumeister. Dann schaute sie zur Uhr, ein untrügliches Zeichen dafür, dass unsere Zeit um war.

„Schade, dass die Stunden bei Ihnen so kurz sind."

„Es freut mich, dass Sie die Zeit mit mir schätzen. Um seelische Verdauungsstörungen zu vermeiden, ist diese Zeit jedoch begrenzt. Morgen sehen wir uns wieder." Sie reichte mir die Hand. Dabei hatte ich noch so viele Fragen.

Ich ging hoch auf mein Zimmer, setzte mich ans offene Fenster und schaute auf die ruhige blaue Wasserfläche, die sich bis zum Horizont erstreckte, um sich nahtlos im Blau des Himmels fortzusetzen. Was hatte die alte Frau Petersen gesagt? „Das Meer war unser Lehrmeister." Was konnte ich heute vom Meer lernen? Ich hörte die Antwort in mir: Ich könnte hinausschauen, ohne zu denken, ohne Fragen zu stellen, ohne Probleme zu wälzen. Einfach aufs Meer schauen und Frieden erleben. Und genau das tat ich!

6   Auch beim Mittagessen fehlte Claire. Andrea und ich nickten einander zu: Nach dem Essen im Kunstraum! Wir stiegen die Treppe hoch und zogen uns beide einen Becher Kaffee aus dem Automaten. Langsam gewöhnte ich mich an die braune Brühe. Dann schlossen wir die Tür des Kunstraums hinter uns.

„Ich mach mir richtig Sorgen um Claire", begann ich.

„Das geht mir genauso", antwortete Andrea.

„Gestern Abend habe ich sie besucht", erzählte ich. „Es geht ihr überhaupt nicht gut. Sie weigert sich, Medikamente zu nehmen, aber die Ärzte hier machen ihren weiteren Aufenthalt davon abhängig, dass sie Medikamente nimmt."

„Das klingt nach einem Problem", stellte Andrea fest.

„Der Fonseca will ihr helfen, aber nicht mit Tanztherapie."

„Der will doch sowieso was ganz anderes!" Andrea grinste.

„Das hab ich Claire auch gesagt. Stell dir vor: Es ist ihr total egal, dass er mit ihr schlafen will. Hauptsache, er hilft ihr."

„Was hat er denn mit ihr vor?"

„Das hat er ihr nicht verraten."

„Vielleicht irgendeine Außenseitermethode, die schulmedizinisch nicht anerkannt ist", vermutete Andrea. „Du, da gibt es richtig tolle Sachen! Du kannst mich jetzt für verrückt erklären, aber meine Freundin macht Energiearbeit.

Pranaheilung nennt sich die Methode und ob du es glaubst oder nicht: Mir hilft das!"

„Wenn du dran glaubst hilft es natürlich", wandte ich ein. „Es gibt Studien, die beweisen, dass Placebos bessere Resultate erzielen als die tatsächlichen Medikamente."

„So einfach ist das nicht!", verteidigte Andrea die Pranaheilung, „sonst würde Prana nicht auch Tieren helfen. Mein Hund wurde in den Bergen von einer Giftschlange gebissen und hatte einen Kreislaufkollaps. Ich hatte keine Chance, rechtzeitig einen Tierarzt zu erreichen. Da habe ich meine Freundin angerufen und sie hat Soforthilfe per Telefon geleistet. Du konntest zusehen, wie sich das Tier erholte! Der Hund konnte selbst die acht Kilometer zurück zum Parkplatz laufen und der Tierarzt musste nur noch die Wunde versorgen. Er meinte, es sei ein Wunder, dass Bruno – so heißt mein Hund – überlebt hat."

„Okay, okay!", gab ich mich geschlagen. „Bei uns im Dorf wohnt eine uralte Frau, die Warzen bespricht, und das funktioniert wohl auch. Es gibt Menschen mit unerklärlichen Fähigkeiten, da will ich dir nicht widersprechen. Aber ob der Fonseca dazu gehört?"

„Da bin ich mir auch nicht sicher", stimmte mir Andrea zu. Trübsinnig schauten wir aus dem Fenster hinaus in den Garten, wo einige Kaninchen eifrig damit beschäftigt waren, die jungen Triebe der Krokusse aus dem Rasen zu nagen.

„Sag mal, du bist doch schon ein paar Tage länger hier", begann ich. „Glauben die anderen eigentlich alles, was die Therapeuten sagen?"

„Spielst du auf Hedwig an?", fragte Andrea. Ich nickte. „Ja, das ist hier so. Die meisten sind völlig unkritisch. Ich habe den Eindruck, die haben die Verantwortung für sich abgegeben und die Therapeuten zu Ersatzeltern gemacht. Und dann müssen sie natürlich glauben, dass die alles richtig machen."

„Mich beunruhigt das, wenn ich ehrlich bin. Das, was die Therapeuten sagen, ist doch nicht das Evangelium, oder?"

„Nein, ist es nicht, doch viele hier sehen das anders. Wenn jemand etwas äußert, fragt mit Sicherheit jemand anderes: ‚Hast du das schon deinem Therapeuten erzählt?' Ein Gefühl ist nur dann richtig, wenn es dein Therapeut abgesegnet hat. Das geht mir ganz gewaltig auf die Nerven. Bei denen spielt es ja auch keine Rolle, wann die Therapie Erfolge bringt. Ob sie zwei oder drei Monate hier sind, kann denen ganz egal sein. Vater Staat bezahlt! Und danach werden sie langsam wieder in ihre Berufe eingegliedert."

„Warum sehen wir das anders?", fragte ich.

„Das ist doch klar! Weil wir selbständig sind! Was wir nicht machen, passiert nicht. Wir treffen die Entscheidungen und wir überprüfen, ob das, was wir entschieden haben, ausgeführt wird. Wenn wir Fehler machen, haften wir persönlich. Mit unserem eigenen Geld! Die Staatsdiener müssen dagegen schon silberne Löffel klauen oder kleine Kinder belästigen, dass sie ihren Job riskieren."

„Du scheinst ganz schön sauer zu sein", stellte ich fest. „Warum?"

„Als Architektin habe ich ständig mit der kommunalen Bürokratie zu tun", antwortete Andrea. „Du hast keine Ahnung, wie viele kreative Projekte der Bürokratie zum Opfer fallen! Da hatten wir eine Seebrücke mit Restaurant in einem völlig abgewrackten ehemaligen Industriehafen projektiert. Eine super Sache für die Stadt, wenn du mich fragst. Ich komme zu der Sitzung im Stadtrat, und da sitzt so ein

Bürokratenfuzzi und fragt, wie ich die Brücke denn im Boden zu befestigen gedenke.

Ich: Mit Pfählen.

Er: Wie befestigen Sie die Pfähle im Boden?

Ich: Die Pfähle werden in den Boden gerammt.

Er: Sie rammen die Pfähle in den Boden?

Ich: Nicht ich persönlich. Ich veranlasse das.

Er: Wissen Sie, was Sie dadurch auslösen?

Ich: Ich baue ein Fundament für die Brücke.

Er: Sie haben keine Ahnung! Da unten befinden sich Kleinstlebewesen. Die kriegen Panik durch Ihre Rammaktion und dadurch werden sie zu explosionsartiger Fortpflanzung angeregt. Das bringt das biologische Gleichgewicht durcheinander. Ich musste grinsen und konnte mir gerade noch verkneifen, den Kleinstlebewesen viel Spaß dabei zu wünschen.

Ob du es glaubst oder nicht – das Projekt wurde gestrichen! Es wurde wegen der explosionsartigen Fortpflanzungslust von Kleinstlebewesen gestrichen! Ein ganzes Jahr Arbeit für die Katz!" Sie schnaubte wütend. Ich musste lachen.

„Sei mir nicht böse, dass ich lache. Du hast das urkomisch erzählt." Andrea nickte ergeben.

„Schon gut. Wenn es mich nicht so viel Geld gekostet hätte, würde ich auch lachen."

„Was meinst du? Was sollen wir wegen Claire unternehmen?"

„Ich schau heute mal bei ihr vorbei."

„Gestern hat mich die Müller angezickt, als ich aus Claires Zimmer kam", erzählte ich.

„Das soll die nur wagen, die blöde Kuh." Andrea war immer noch in Fahrt. „Ich könnte tatsächlich jemanden brauchen, an dem ich meinen Frust ablassen kann." Ich grinste.

„Dazu eignet sich die Müller hervorragend! Ich persönlich hätte nichts dagegen. Hast du heute noch Termine?"

„Kunsttherapie bei der Janson. Die ist ja wirklich ein Schatz! Und was machst du?"

„Ich glaube, ich werde lesen. Ich hatte heute Morgen eine spannende Therapiestunde. Das reicht mir für heute." Ich ging in mein Zimmer, legte mich auf mein Bett, nahm mir das neue Buch von Christa Wolf und begann zu lesen. Als es dämmrig wurde in meinem Zimmer stand ich auf und schaute hinaus. Das fahle gelborangerote Wolkenband am Horizont bildete einen scharfen Kontrast zu der grauschwarz geäderten Wasserfläche, auf die der Leuchtturm in regelmäßigen Abständen breite Lichtstraßen malte. Es tat so gut, ohne zu denken einfach nur da zu stehen und hinaus zu schauen. Das Meer lehrte mich Ruhe und Frieden.

Claire fehlte auch beim Abendessen.

7 Am nächsten Morgen fiel ein sanfter Landregen. Das Meer glich einer grauen Schiefertafel über der die Möwen auf der Suche nach Fischen kreisten. Im Klinikgarten hoppelten die Kaninchen und ließen es sich gut schmecken. Ich zog eine Jacke über mein Polohemd und legte den breiten Kaschmirschal aus Indien um die Schultern. Die feuchte Kühle kroch mir in die Glieder und erinnerte mich an Venedig. Das Frühstück verlief ruhig. Klaus schaute melancholisch in den grauen Himmel und meinte, diese Farbe spiegle seine Stimmung. Lorenzo träumte sich in die Sonne Kaliforniens und schwärmte von den Harleys und dem

Wahnsinnspanorama der pazifischen Küste. Hedwig hatte schlecht geschlafen und hob den Blick kaum vom Teller, während Janine von ihrem tollen Freund schwärmte, in den sie so verliebt war. Arnold und Ingrid unterhielten sich mit Manuela über den Fernsehfilm, den sie gestern Abend zusammen angeschaut hatten, und Andrea und ich planten unseren Ausflug am nächsten Wochenende.

Claire fehlte immer noch. Nach dem Frühstück fand ich mich vor dem Zimmer meiner Therapeutin zur letzten Therapiestunde in dieser Woche ein. Sie erwartete mich schon und wir gingen gemeinsam in ihren Raum. Ich konnte es kaum erwarten, den letzten Punkt auf meiner Liste anzusprechen. Während sie ihren Mantel an die Garderobe hängte, fragte ich:

„Bin ich nicht kritikfähig?" Sie schaute mich erstaunt an.

„Sie fallen mit der Tür ins Haus, Frau Hundhausen! Wollen wir uns nicht zuerst setzen?" Ich setzte mich aufs Sofa, sie ging zum Schreibtisch und nahm ihre Unterlagen.

„Zuerst einmal würde es mich interessieren, wie es Ihnen geht", sagte sie und ließ sich in ihrem Sessel nieder.

„Es geht mir immer besser", sagte ich. „Ich habe das Gefühl, dass sich ganz viel in mir ordnet. Deshalb möchte ich die Stunden mit Ihnen nutzen, um möglichst viele destruktive Muster auszumerzen." Frau Baumeister zog eine Augenbraue hoch.

„Das verstehe ich", antwortete sie, „und trotzdem würde Ihnen empfehlen, diese wichtigen Fragen in Ruhe anzugehen. Sie wissen: Die Psyche lässt sich nicht hetzen." Ich seufzte. Geduld war nicht gerade meine Stärke. „Brennt Ihnen dieses Thema so unter den Nägeln?", fragte sie.

„Ja. Thomas hat mir oft vorgeworfen, dass ich keine Kritik einstecken kann und da hat er Recht. Ich kann wirklich nicht ertragen, wenn jemand, der mir nahe steht, etwas Negatives über mich sagt."

„Bedeutet das, dass Sie in der Firma anders reagieren?"

„Ja, da macht es mir viel weniger aus, auch wenn ich Kritik nicht gerade gern habe." Frau Baumeister lächelte.

„Das erwartet auch niemand von Ihnen. Erzählen Sie mir bitte eine typische Situation, in der Sie negativ beurteilt werden, damit ich mir selbst ein Bild machen kann", schlug sie vor. Ich dachte nach. Dann fiel mir eine Episode ein.

„Ich war mit einer Freundin verabredet und geriet mit dem Auto in einen Stau. Ich wollte Lisa anrufen, doch der Akku von meinem Handy war leer. So kam ich fast eine Stunde zu spät bei ihr an. Sie war stinksauer, nahm die Verspätung persönlich, machte mir Vorwürfe und meinte, ich hätte keinen Respekt vor ihr."

„Was war das Schlimmste an dieser Situation?" Das war mal wieder eine typische Frau-Baumeister-Frage! Ich überlegte.

„Dass das, was sie gegen mich vorbrachte, gar nicht stimmte, und dass ich keine Chance hatte, sie vom Gegenteil zu überzeugen."

„Ich verstehe, dass Sie so ein Vorfall ärgert", sagte meine Therapeutin. „Es geht in dieser Situation jedoch gar nicht um Kritik, denn das wäre eine Rückmeldung zu Ihrem Verhalten, die Sie richtig stellen könnten. Was Sie beschreiben ist eine Unterstellung! Das ist etwas vollkommen anderes, denn Ihr Verhalten wird interpretiert, ohne dass Sie die Möglichkeit haben, diese Interpretation zu korrigieren."

„Ja, genau!", rief ich. „Ich habe keine Chance, etwas richtig zu stellen und fühle mich fast so wie eine Schauspielerin in einem Film mit unbekanntem Drehbuch." Frau Baumeister nickte verstehend.

„Wie reagieren Sie auf Unterstellungen?"

„Ich habe wochenlang ein Tonband im Kopf und verteidige mich! Das nervt mich selbst. Warum gelingt es mir nicht, einen Schlussstrich zu ziehen?" Meine Therapeutin blätterte in ihren Unterlagen und zog ein Blatt hervor.

„Wenn ich mich an Ihre Geschichten erinnere, waren Unterstellungen auch in Ihrer Kindheit ein Thema", sagte sie und wies auf das Blatt. „Ich denke da an die Leckerkiste und das egoistische Kind."

„Ja, genau!", rief ich. „Das war ja auch so eine Unterstellung, gegen die ich nichts machen konnte. Fühle ich mich deshalb ungeliebt, wenn so etwas passiert? Ist das wieder die kleine Maria?"

„Das klingt wahrscheinlich", bestätigte meine Therapeutin. „Sie reagieren, wie Sie selbst sagen, unverhältnismäßig heftig. Damit befinden wir uns im Bereich der Trigger und die haben mit Ihrer Vergangenheit zu tun." Sie strich sich die Haare aus der Stirn und schaute mich an. „Wie ist es mit mir? Fühlen Sie sich von mir verstanden?" Ich schaute sie fragend an. Worauf wollte sie hinaus?

„Na, klar!"

„Warum fühlen Sie sich von mir verstanden?"

„Weil Sie mich so nehmen, wie ich bin!" Frau Baumeister nickte.

„Ich versuche, Sie so zu verstehen, wie Sie verstanden werden wollen. Damit gehe ich in Ihren Mokassins." Das stimmte! Erst jetzt wurde mir bewusst, wie erleichtert ich war, wenn mich jemand so verstand, wie ich verstanden werden wollte. „Um bei Ihrer Metapher zu bleiben: Ich versuche, das Drehbuch Ihres Films zu begreifen", fuhr sie fort, „damit ich keine unwissende Schauspielerin in Ihrem Stück bin, sondern eine Rolle übernehmen kann, mit der Sie sich wohlfühlen." Ich nickte. Das war ihr wirklich gelungen.

„Lebt denn jeder in seinem eigenen Film?", fragte ich nachdenklich.

„Ja, mehr oder weniger, denn jeder bewertet das, was ihm geschieht, aufgrund seiner persönlichen Geschichte. Wenn wir den Film eines anderen begreifen wollen, müssen wir nachfragen."

„Aber es gibt doch Fakten!", widersprach ich.

„Ja", stimmte meine Therapeutin zu, „die gibt es. Um Fakten muss man jedoch nicht streiten. Sie sprechen für sich. Wenn gestritten wird, geht es um die unterschiedliche Bewertung von Fakten, und damit befinden wir uns wieder im Bereich der persönlichen Filme. Konflikte könnten leicht dadurch vermieden werden, dass zwei Menschen sich über den Inhalt ihrer Filme austauschen, statt darüber zu streiten, welcher Film der richtige ist!" Ihre Worte stimmten mich sehr nachdenklich. Sie schaute mich fragend an. „Ja?"

„Ich denke gerade darüber nach, worum Thomas und ich uns gestritten haben. Meinen Sie, es ging auch bei uns nur darum, wessen Film der richtige war?"

„Wenn Sie heftig streiten, sind Emotionen im Spiel, und die entstehen aufgrund von subjektiven Bewertungen und Interpretationen." Sie hatte Recht. Bei uns war heftig gestritten worden.

„Dann ist es ja kein Wunder, dass wir uns nicht einigen konnten", sagte ich nachdenklich. Meine Therapeutin nickte, fasste mich scharf ins Auge und fragte:

„Welche Rolle spielten Unterstellungen in den Konflikten

mit Ihrem Mann?"

„Thomas hat mir häufig üble Absichten unterstellt", beklagte ich mich.

„Aha!", sagte meine Therapeutin trocken. „Und welche Rolle haben Sie Ihrem Mann in Ihrem Film zugewiesen?" Ich schluckte. Frau Baumeister schaute mich freundlich an. „Na?"

„Das muss ich mir erst noch überlegen", sagte ich ausweichend.

„Frau Hundhausen", rief meine Therapeutin lächelnd, „Sie sind doch kritikfähig, oder? Geben Sie sich selbst ein Feedback. Wir sprechen in unserer nächsten Stunde darüber, wenn Sie das wollen." Sie reichte mir die Hand. Und ich war entlassen.

8   Es hatte aufgehört zu regnen, und so nahm ich mir eine warme Decke und setzte mich nach dem Mittagessen mit einem Buch in den Strandkorb im Garten. Doch obwohl es Henning Mankell geschrieben hatte, ein Autor, dem ich sonst nicht widerstehen konnte, gelang es mir nicht wirklich, mich auf die Schwierigkeiten des Herrn Wallander bei der Mördersuche einzulassen.

Eigentlich war das, was ich hier in der Klinik tat, ebenfalls ein Krimi: Meine Leichen waren meine Reaktionen, die Mörder Erlebnisse aus meiner Kindheit. Meine Therapeutinnen und ich, wir waren Kommissarinnen auf der Jagd nach dem zur Leiche passenden Mörder. Und mein eigener Krimi war viel spannender als das, was sich ein Autor ausdenken mochte. Das Thema hatte mich gepackt. Ich fasste für mich zusammen:

Wie ich die Wirklichkeit verstand, hatte zutiefst mit dem zu tun, was ich in meiner Kindheit erlebt hatte. Dasselbe galt für Thomas. Deshalb war es möglicherweise gar nicht so klar, worum es eigentlich ging, wenn wir uns gestritten hatten.

Warum wurde ich zum Beispiel so wütend, wenn er die Küche nicht ordentlich aufgeräumt hatte? Ich sollte mir vielleicht zuerst einmal meinen eigenen Film anschauen und der sah so aus: Obwohl Thomas wusste, dass es mir morgens wichtig war, in eine aufgeräumte Küche zu kommen, schaffte er es nicht, abends die paar Teller in die Spülmaschine zu räumen.

Wie oft hatten wir über dieses Thema diskutiert! Meine Freundinnen beklagten sich über dasselbe Problem. Waren Männer faul oder blöd oder uneinsichtig? Zeigten sich an diesem Thema ungenügend bewältigte Pubertätskonflikte und galt die Verweigerung eigentlich der Schwiegermutter?

Ich merkte, wie ich mich in Rage dachte. Mein Wutpegel stieg. Meine Freundinnen würden sagen: Du hast Recht! Scheißkerle!

Ich hielt inne. Genau diesen Film schaute ich mir seit ungefähr zehn Jahren täglich an. Hatte es mich weitergebracht, so zu denken? Hatte es meiner Beziehung zu Thomas gut getan?

Eher nicht.

Ich traf eine Entscheidung: Schluss mit dem Historiendrama! Schluss mit der Wut! Sie brachte mich keinen Schritt weiter und war demzufolge reine Zeitverschwendung.

Ich spürte in mich hinein. Welches Gefühl verbarg sich hinter der Wut? Plötzlich fühlte ich Enttäuschung, Trauer und Verletztheit darüber, dass ich Thomas offensichtlich nicht so viel bedeutete, dass er für mich seinen inneren Schweinehund überwand.

Waren das Fakten?

Die Analytikerin in mir übernahm das Ruder. Nein! Fakt war, dass Thomas die Küche nicht aufräumte. Warum er das nicht tat, wusste ich eigentlich gar nicht. Ich wusste nur, wie ich diesen Sachverhalt interpretierte: als mangelnde Fürsorge, mangelnde Achtung, als Lieblosigkeit mir gegenüber. Oh, oh!

Das waren eindeutig Unterstellungen! Mist! Ich hatte mich ertappt. Also gut, Maria. Was würde sich verändern, wenn ich auf diese Interpretationen verzichtete?

Ich musste unwillkürlich lachen. Jetzt dachte ich schon wie meine Therapeutin. Also, wenn ich die Tatsache, dass Thomas die Küche nicht ordentlich aufräumte, nicht mehr als bewusste Missachtung meiner Werte und damit als Lieblosigkeit mir gegenüber interpretierte, blieb die Küche unaufgeräumt, doch ich würde es nicht mehr persönlich nehmen. Damit fiele eines der Themen weg, die mich bisher in Rage versetzt hatten.

Aufatmend ließ ich mich in den Strandkorb zurücksinken und schaute hinaus auf das ruhige Meer. Es war Zeit für einen neuen Film. Ob Thomas mit mir über dieses Thema sprechen würde? Ich zog mein Handy aus der Tasche und schrieb:

„Können wir heute Abend reden?", und drückte auf „senden". Eine Minute später hörte ich das Keckern, das mich darauf aufmerksam machte, dass seine Antwort gekommen war. Ich las: „Heute Abend um 20.00 Uhr!"

Ich schlug mein Buch auf, denn ich hatte meine Leiche und meinen Mörder gefunden. Jetzt bekam Wallander seine Chance. Ob er genauso gut war ich?

9   Ich zog mich gleich nach dem Abendessen in mein Zimmer zurück und wartete auf Thomas Anruf. Mein Handy läutete pünktlich zur abgemachten Zeit.

„Hallo, Maria", hörte ich die Stimme meines Mannes. „Was gibt es?"

„Ich würde gerne mit dir über etwas sprechen, das mir in der Therapie klar geworden ist."

„Was versprichst du dir davon?" Ich schluckte. Thomas schien vor mir auf der Hut zu sein.

„Ich wünsche mir, dass wir beide besser miteinander reden können und vielleicht gelingt es uns ja, alte Streitpunkte zu klären."

„Meine Haltung dir gegenüber hat sich nicht verändert, Maria", dämpfte mein Mann meine Hoffnungen. Ich merkte, wie sich der Klumpen in meinem Magen zu formen begann.

„Bitte, Thomas", flehte ich, „es kann doch nicht schaden, wenn wir friedlicher miteinander umgehen. Bitte, hör mir doch wenigstens zu!"

„Also gut", lenkte er ein. „Du hast Recht. Das bin ich dir schuldig." Ich atmete auf. Der Anfang war geschafft! Ich versuchte, meine Erkenntnisse aus den Therapiesitzungen bei Frau Baumeister zusammenzufassen.

„Wenn ich dich richtig verstehe, bewerten wir die Gegenwart aufgrund der Erlebnisse, die wir als Kinder hatten", sagte Thomas nachdenklich. „Das klingt einleuchtend. Das würde bedeuten, dass wir beide Akteure in den verschiedenen Filmen unserer Kindheit sind und nur deshalb glauben, wir spielten im selben Theaterstück, weil wir auf derselben Bühne stehen." Er hielt inne. „Und immer, wenn wir an unsere Grenzen stoßen, reagieren wir wie Kinder und nicht wie Erwachsene?"

„Ja, genau", stimmte ich ihm zu, „und bei meiner Therapeutin lerne ich, die Reaktionen meines verletzten Kindes zu erkennen, um stattdessen erwachsen zu handeln."

„Was bedeutet deiner Meinung nach erwachsenes Verhalten?", fragte mein Mann.

„Dass ich die Verantwortung für mich übernehme und dass ich aufhöre, dich zu beschuldigen und für meine Reaktionen verantwortlich zu machen."

„Das hört sich gut an", sagte Thomas. „Dasselbe erwartest du von mir?"

„Wenn wir beide entspannt miteinander auskommen wollen, dann kommst du nicht darum herum. Ich lasse mir die Verantwortung für deine Reaktionen auch nicht mehr zuweisen."

„Das verstehe ich und das ist dein gutes Recht", antwortete mein Mann. „Wie wollen wir das angehen?"

„Ich denke, wir könnten versuchen, über den Inhalt unserer Filme zu sprechen, statt uns darum zu streiten, wer von uns beiden Recht hat. Dann könnten wir erkennen, wann unsere verletzten Kinder die Regie übernehmen wollen und erwachsen damit umgehen. Das wäre doch hilfreich, wenn ich daran denke, was wir in der nächsten Zeit alles regeln müssen!"

„In Ordnung", antwortete Thomas.

„Wenn ich bedenke, wie ich dich unter Druck gesetzt habe, weil ich als Säugling nicht in der richtigen Weise versorgt wurde! Das tut mir so leid!" Thomas schwieg. Nach einer Weile sagte er:

„Mir tut es gut, dass du das erkannt hast."

„Ich habe unbewusst von dir verlangt, dass du all das für mich tust, was ich bei meinen Eltern vermisst habe", fuhr ich fort. „Damit habe ich dich zur Mami gemacht und du warst schuld, wenn du dich nicht so verhalten hast, wie ich es unbewusst von dir erwartet habe. Ich habe nicht gewusst, dass ich das tue, bitte glaub mir das!"

„Das glaube ich dir. So einen Blödsinn traue ich dir nun wirklich nicht zu. Willst du damit sagen, dass wir uns nicht nur wie Kinder benehmen, sondern dass wir gleichzeitig den Partner zur Mama oder zum Papa machen?"

„Ja! Stell dir vor, das tun wir! Und das wirkt natürlich als Sexkiller erster Güte!"

„Was du nicht sagst!", bemerkte mein Mann ironisch. „Aber, Spaß beiseite: Wenn ich etwas Wichtiges nicht bekommen hätte, dann würde ich es von dir wollen? Wäre das bei mir genauso?"

„Ja, natürlich, das Prinzip gilt ja nicht nur für mich." „Bin ich auch ein verletztes Kind?", fragte Thomas.

„Ich denke schon."

„Was denkst du ist meine Macke?"

„Willst du das wirklich von mir wissen?", fragte ich vorsichtig.

„Wenn du mir keine Vorwürfe machst, hab ich nichts dagegen", entgegnete mein Mann. Also gut! Ich würde es wagen.

„Ich finde, dass du dich entziehst, wenn ich etwas von dir erwarte. Du nimmst eher in Kauf, dass wir uns schrecklich streiten. Und oft sind das nur Kleinigkeiten: Nimm einfach nur die blöde Küche. Du lebst lieber mit meiner schlechten Laune, als die zwei Teller in die Spülmaschine zu räumen."

„Das stimmt", antwortete Thomas, „und ich könnte dir natürlich antworten, dass ich deinen Ordnungsfimmel übertrieben finde und gut mit den nicht aufgeräumten Tellern leben kann. Aber damit hätten wir nur eine Neuauflage unserer Streitgespräche. Wie sollte ich, deiner Meinung nach, anders mit dem Thema umgehen?"

„Du könntest dich fragen, welche Rolle die Erfüllung von Erwartungen in deinem Leben gespielt hat. Wie war das zum Beispiel in deiner Kindheit? Hast du die Erwartungen deiner Eltern erfüllt?" Thomas lachte, doch dieses Lachen klang nicht fröhlich.

„Nein, habe ich nie. Für meinen Vater war ich zu langsam, für meine Mutter zu ungeschickt und meine ältere Schwester konnte sowieso alles viel besser als ich und hat mir unverblümt gesteckt, was für ein Idiot ich bin…" Thomas stockte und fuhr dann fort: „Meinst du, dass ich deshalb deine Erwartung, die Küche aufzuräumen, boykottiert habe, weil ich als Kind ständig die Erfahrung machte, dass ich Erwartungen nicht erfüllte?"

„Das wäre doch möglich."

„Die Küche ist der Ort, an dem man als Kind oft ist, weil sich die Mutter dort häufig aufhält", sinnierte Thomas. „Und da passiert dem Kind natürlich auch das eine oder andere Missgeschick. Ich erinnere mich, dass mein Mutter viel an mir herumgenörgelt hat."

„Und wenn ich das auch gemacht habe, kriegtest du die Krise…", begann ich,

„…und ich habe mich vom Acker gemacht!", unterbrach mich Thomas. „Ich machte das, was ich als Kind nicht konnte: Ich ging einfach weg und spielte Tennis."

„Und das war das Signal für mein verlassenes Kind, das dir dann eine Szene machte, wenn du nach Hause kamst. Mensch! Da steckten wir beide mitten in einem Historiendrama: Hauptakteure waren unsere beiden verletzten

Kinder, und die schafften es natürlich nicht, sich gegenseitig zu retten. Stattdessen haben wir uns immer tiefer in einen destruktiven Abwärtsstrudel gezogen." Wir schwiegen.

„Wollen wir damit aufhören?", fragte Thomas und seine Stimme klang weich.

„Ja, auf der Stelle!", stimmte ich ihm zu.

„Dann habe ich Hoffnung, dass wir beide es schaffen, friedlich miteinander umzugehen", sagte Thomas leise. „Ich würde es mir wünschen. Gute Nacht, Maria."

„Gute Nacht, Thomas."

Ich ging zum Fenster, öffnete es und atmete die frische Luft in tiefen Zügen ein. Das Gespräch war besser gelaufen, als ich zu hoffen gewagt hätte. Die Wolken hatten sich verzogen und ich sah in den Sternenhimmel. Plötzlich leuchtete ein heller Schein über den Horizont: eine Sternschnuppe! Ich durfte mir etwas wünschen! Und das tat ich.

10 Die letzten beiden Tage vor dem Wochenende verbrachte ich ohne neue, aufwühlende Erkenntnisse. In der Kunsttherapie malte ich ein Mandala, in der Gestaltungsgruppe bearbeitete ich einen rosafarbenen Speckstein und in der Körpertherapie genoss ich entspannende Massagen ohne spontane Rückerinnerungen an traumatische Erlebnisse. Auch in der Freitagsgruppe ging es ausnahmsweise nicht um schwierige Themen, sondern darum, dass sich jeder einen guten Platz im Raum suchen sollte. Ich kroch unter die ausladenden Blätter einer großen Pflanze und fühlte mich in dieser natürlichen Höhle vollkommen sicher. Es war fast so, als hätte ich mir eine kleine Verschnaufpause verdient.

Wenn ich allerdings gewusst hätte, was mich in der nächsten Wochen erwartete, hätte ich das Wochenendprogramm mit Andrea ausfallen lassen und wäre auf der Stelle abgereist.

Was wäre dann aus Claire geworden?

Doch ich greife vor. Ich blieb und freute mich darauf, mit Andrea, die mir in der kurzen Zeit Freundin geworden war, zwei schöne Tage zu verbringen.

11 Andrea verfügte über den unschätzbaren Luxus eines kleinen Autos. Ihr Auto sei zwar lange nicht so elegant wie Claires Cabriolet, meinte sie, es diene aber ebenso gut dazu, unseren Aktionsradius um die Klinik zu erweitern.

Samstags fuhren wir gleich nach dem Frühstück nach Kiel, bummelten durch die Fußgängerzone, schlürften Kaffee – den echten mit Koffein – in einem gemütlichen Café und aßen Eiskompositionen mit Amarenakirschen. Konnte es sein, dass wir nach zwei Wochen Alkoholabstinenz von einer einzigen Likörkirsche beschwipst waren?

„Wie steht's denn so mit deinem Thomas?", fragte Andrea. Ich erzählte von unserem letzten Gespräch und der Klärung des Küchenmusters. „Ist das nicht nur eine faule Ausrede? Ich kenne keine Frau, die sich nicht darüber beklagt, dass ihr Mann zu wenig im Haushalt hilft. Das ist doch das Dauerthema!"

„Aber es muss doch einen tieferen Grund haben, dass Männer bereit sind, eher ihre Beziehung aufs Spiel zu setzen oder gar zu ruinieren, statt ihren Hintern in die Küche zu bewegen!", gab ich zu bedenken. „Zwei meiner Freundinnen haben ihre Männer schlussendlich rausgeschmissen, und erst da haben die Kerle kapiert, was sie verlieren. Doch da war es zu spät."

„Die meisten Männer glauben immer noch, dass Hausarbeit Frauensache ist. Das ist mir völlig unverständlich. Meine Freundinnen haben alle Jobs, erziehen die Kinder und schmeißen den Haushalt. Die Männer haben nur ihren Job, dann haben sie das unanfechtbare Recht auf Sport und ihre Freunde, krümmen selbstverständlich keinen Finger im Haushalt und beschweren sich allen Ernstes darüber, dass die Frauen sie abends, wenn sie dann endlich nach Hause kommen, nicht im Négligé erwarten und heißen Sex wollen. So was macht mich richtig sauer!"

„Selbst wenn du Recht hast, haben es die Männer heute auch nicht leicht. Wie soll denn unser Traummann sein? Wollen wir einen Frauenversteher oder einen Macho?"

„Maria, unsere Verständnisvolle", lästerte Andrea. „Vielleicht wollen wir beides? Im Alltag den Frauenversteher, der die Wäsche so in die Waschmaschine füllt, dass die Farben unserer Lieblingsbluse erhalten bleiben, die Windeln wechselt und sich mehrmals täglich freundlich nach unserem Befinden erkundigt, und im Bett wollen wir natürlich einen Macho!

Immerhin haben sie nur zwei Rollen zu erfüllen, während die Männer wesentlich mehr von uns erwarten: perfekt im Haushalt – das bisschen schafft man – Mann? – doch mit links –, die Supermutti für die Kinder, kompetent und gut bezahlt im Job, allzeit verständnisvoll seinen Wünschen und Bedürfnissen gegenüber, und im Bett eine heiße Nummer mit genauen Kenntnissen seines G-Punkts." Ich musste lachen.

„Du musst mich nicht aufmischen, Andrea. Genauso

habe ich dreißig Jahre lang geredet, ohne dass es etwas in eine von mir gewünschte Richtung verändert hätte. Weißt du, ein Satz meiner Therapeutin hat mich nachdenklich gemacht. Sie sagte, dass sie davon ausgehe, dass jeder Mensch zu jeder Zeit sein Bestes gebe. Nicht das Beste nach einer moralischen Norm, sondern das, was demjenigen eben zu diesem Zeitpunkt überhaupt möglich ist. Du hast ja völlig Recht: Es gibt Männer, die ihre Frauen schikanieren. Da würde ich auch schreien: Auf die Barrikaden, Mädels, wehrt euch!

Aber ich spreche von Thomas. Ich habe verstanden, dass er mich mit seiner Küchenblockade nicht ärgern will. Er folgt da einer unbewussten Lösungsstrategie, und dass ich das bei ihm eher erkenne, als er bei sich, ist ganz normal. Meine eigenen blinden Flecken habe ich ja auch Jahre lang konsequent übersehen, während er sie genau hätte benennen können."

„Kann es dir nicht total wurscht sein, ob er die Küche nicht aufräumt, weil er dich ärgern will oder weil er blockiert ist?", fragte Andrea skeptisch.

„Abgesehen davon, dass ich nicht weiß, ob wir in Zukunft noch eine gemeinsame Küche habe werden, kann mir nicht vorstellen, dass Thomas nichts an seinem Verhalten ändern wird. Wir haben uns beide vorgenommen, dass wir aufhören, uns gegenseitig mit inakzeptablen kindlichen Lösungsstrategien zu bekämpfen. Wir müssen in der nächsten Zeit so viel klären! Das wird uns nur dann gut gelingen, wenn wir erwachsen bleiben."

„Dabei wünsche ich dir ganz viel Glück, Maria", sagte Andrea herzlich, „wirklich von Herzen. Wenn du nichts dagegen hast, würde ich mich jetzt lieber wieder den frivoleren

Seiten des Lebens zuwenden: Ich hab nämlich Hunger auf was Ungesundes. Hast du nicht auch Lust auf einen Spaziergang an der Förde? Das Wetter ist so schön und ich kenne dort einen Stand, wo wir eine dickmachende Currywurst mit Pommes verspeisen könnten." Und genau das machten wir.

12 Am nächsten Morgen hatten wir uns zum Frühstück verabredet. Andrea erschien sehr spät und sah blass aus. „Du, ich hab Bauchweh und mir ist übel", sagte sie. „Ich fühl mich richtig krank. Es tut mir leid, aber ich muss unseren Ausflug heute absagen. Ich leg mich wieder ins Bett."

„Na klar", sagte ich, „das verstehe ich natürlich."

„Oh je", rief sie, presste sich die Hand auf den Bauch und verschwand eilig in Richtung der Toiletten. Die Arme! Sie sah wirklich krank aus. Schade nur, dass unser Ausflug ausfiel. Ich beendete mein Frühstück und überlegte, was ich stattdessen tun könnte: Vielleicht sollte ich mir das Museumsschiff ansehen?

Urplötzlich überfiel mich der Abgrund! Ich stürzte ab! Mein verlassenes Kind war getriggert! Ich zitterte am ganzen Leib, mein Atem beschleunigte sich, mein Herz raste und kalter Schweiß brach mir aus. Ich schwankte die wenigen Schritte bis zur Rezeption und hielt mich am Tresen fest.

„Helfen Sie mir, helfen Sie mir, bitte!", stammelte ich. Frau Müller, die Sonntagsdienst hatte, schaute mich genervt an.

„Sie steigern sich da schon wieder in etwas hinein, Frau Hundhausen. Gehen Sie in den Garten zum Abkühlen!" Fassungslos schaue ich sie an. Sie versuchte mich loszuwerden!

„Sie können mich doch hier nicht einfach so stehen lassen", schrie ich. Eine Zimmertür ging auf, und eine Therapeutin, die ich noch nicht kannte, schaute mich prüfend an. Sie winkte mich herein. „Guten Tag, ich bin Frau Gerdsen und habe gerade Zeit. Was ist passiert?" Ich ließ mich in den Sessel fallen. Tränen strömten über mein Gesicht.

„Ich bin getriggert", stieß ich hervor. „Der Anlass war, dass, dass meine Freundin krank geworden ist und, und unser Ausflug ausfällt. Ich weiß, dass das der Trigger für mein verlassenes Kind ist und doch kann ihn nicht abstellen."

„Sie wissen, dass Sie irrational reagieren?", fragte die Therapeutin.

„Ja, ja, weiß ich", stammelte ich. „Die Strategien, die sonst helfen, funktionieren nicht."

„Stehen Sie auf! Na, kommen Sie, ich helfe Ihnen." Sie streckte mir ihre Hände entgegen und es gelang mir tatsächlich, auf meinen Füßen zu stehen. „Konzentrieren Sie sich auf Ihren Atem", sagte sie, „auf Ihren Atem und auf Ihre Füße. Sie stehen hier, fühlen den Boden unter Ihren Füßen und atmen." Genau das tat ich. Ich stand auf dem Boden, spürte meine Füße und atmete. Ich merkte, dass ich ruhiger wurde.

„Wo sitzt das schlimme Gefühl?", fragte die Therapeutin.

„Im Sonnengeflecht."

„Stellen Sie sich vor, dass dieses Gefühl eine Spirale ist und geben Sie dieser Spirale eine Farbe. Welche Farbe hat Ihre Spirale?"

„Meine Spirale ist grau."

„Gut! Stellen Sie sich vor, dass sich diese graue Spirale dreht. Sie dreht sich langsam nach oben aus Ihrem Kopf heraus. Geht das?" Ich nickte, atmete und ließ die Spirale langsam hochsteigen. Ich wurde ruhiger. „Bei jedem Ausatmen steigt die Spirale höher. Und bei jedem Einatmen fällt ein Klecks Wärme in Ihr Sonnengeflecht." Ich stand und atmete, die Spirale drehte sich und mein Sonnengeflecht wurde langsam wärmer. Ich entspannte mich und öffnete die Augen.

„Das ist eine hilfreiche Übung", sagte ich und meine Stimme klang wieder normal.

„Sie haben diese Übung sehr schnell umgesetzt", stellte die Therapeutin fest. „Sind Sie im Traumaprogramm?"

„Ja, das bin ich", antwortete ich.

„Hat der Körperkontakt Ihnen gut getan?"

„Ja, ich habe mich sofort entspannt."

„Wenn Körperkontakt so hilfreich ist, haben wir es häufig mit einer sehr frühen Traumatisierung zu tun. Ihre rasche, positive Reaktion auf die Berührung deutet darauf hin."

„Ja, das stimmt", antwortete ich. „Ich war höchstens zwei Jahre alt." Frau Gerdsen schaute mich fragend an.

„Zwei Jahre? Nein, das muss früher gewesen sein." Jetzt fing diese Frau auch noch damit an!

„Das hat meine Therapeutin auch schon angedeutet", sagte ich nachdenklich. „Es muss irgendein Defizit in der Versorgung gegeben haben…"

„… und in der Betreuung", hakte die Therapeutin ein, „denn Sie wurden dadurch getriggert, dass Ihre Freundin die Verabredung mit Ihnen abgesagt hat. Obwohl die Erwachsene versteht, dass die Freundin krank ist, gerät das traumatisierte Kind in Panik. Sie haben sehr gut reagiert, indem Sie sich Hilfe geholt haben."

„Diese Ziege an der Rezeption wollte mich in den Garten abschieben", beschwerte ich mich.

„Ziege? Meinen Sie Frau Müller?", fragte Frau Gerdsen.

„Genau die!", antwortete ich. „Die kann mich sowieso nicht leiden!"

„Davon würde ich an Ihrer Stelle mal nicht ausgehen", antwortete die Therapeutin. „Das Traumaprogramm läuft noch nicht so lange in unserer Klinik. Da wissen noch nicht alle Mitarbeiter, wie sie mit einer Triggerreaktion umgehen sollen. Ich werde Ihre Beschwerde zum Anlass nehmen, dies in der Teamsitzung zu thematisieren. Meinen Sie, dass Sie jetzt alleine klarkommen?"

„Ich bin total kaputt, aber ich glaube, ich komme jetzt wieder gut klar. Ich werde meinen Krimi weiterlesen und mir einen ruhigen Tag machen."

„Sonst melden Sie sich bei der Pflege", sagte die Therapeutin. „Ich habe heute Hintergrunddienst. Wenn Sie mich noch einmal brauchen, dann bin ich für Sie da." Das beruhigte mich.

Ich ging in mein Zimmer und legte mich aufs Bett. Dass ich immer noch so abstürzen konnte! Was war mir als Säugling passiert? Wie konnte ich dieses frühe Trauma aufarbeiten, wenn ich mich überhaupt nicht daran erinnerte? Ich suchte Trost bei Kommissar Wallander, denn der hatte seinen Mörder auch noch nicht gefunden.

13 Nach dem Mittagessen hörte der Regen auf. Ich lief langsam zum Hafen, denn auch Frau Brodersen hatte mir zum Besuch des Museumsschiffs geraten.

„Der alte Kahn ist interessant", hatte sie gesagt „Es ist alles noch genauso wie es damals war. Schauen Sie sich das nur an." Als Zeichen dafür, dass das Museum geöffnet war, lag eine Gangway auf dem Kai. Auf einer Informationstafel las ich, dass dieses Schiff das letzte gewesen war, das Handelsfahrten für die Kaufleute von Söderborg unternommen hatte. Ich zahlte den Eintrittspreis bei einem alten Mann, der ähnlich klare blaue Augen hatte wie der Gärtner im Schlosspark, und ging über die Gangway an Bord.

Es roch nach Holz und Teer. Dicke Taue lagen in unförmigen Haufen auf dem Deck. Wie schwer musste es sein, mit diesen Leinen Segel zu bedienen! Das Steuerrad war aus poliertem Holz und mit glänzendem Messing beschlagen. Es dürfte mindestens zwei Mann gebraucht haben, um mit diesem großen Rad den Kurs zu halten. Ich stellte mich neben einen der hohen Masten und schaute nach oben: Dort hinauf mussten die Männer klettern, um die Segel zu setzen. Mir wurde beim bloßen Daran-Denken schon schwindelig!

Dann stieg ich durch den engen Niedergang hinunter ins Schiff. In der Messe, dem ehemaligen Aufenthaltsraum für die Offiziere und den Kapitän, war das Museum untergebracht. Vergilbte Dokumente zeugten vom einstigen Reichtum der Hafenstadt. Die Warenlisten wiesen eine erstaunliche Vielfalt auf: Gewürze, Zucker, Kaffee, Tee, Reis, Kakao und Stoffe hatten den Weg über den Hafen von Söderborg in das umliegende Land gefunden.

Goldgerahmte Ölbilder zeigten die Schiffe, die den Reichtum gebracht hatten. Ende des neunzehnten Jahrhunderts wurden die Gemälde abgelöst von Fotografien, auf denen nicht nur die Schiffe, sondern auch die Mannschaften zu sehen waren. Auf einem Foto sah ich die „Wappen von Söderborg" unter Vollzeug – mit voller Besegelung –, ein prachtvolles Bild. Einige Bilder trugen einen Trauerflor: Diese Schiffe waren gesunken und hatten die gesamte Besatzung mit in den Tod gerissen. Frau Petersens Stimme klang mir in den Ohren: Das Meer gibt und das Meer nimmt.

Die anderen Räume hatte man in ihrem ursprünglichen Zustand belassen. Ich staunte über den Schlafraum der Matrosen, die sich zu zweit eine Hängematte teilen mussten. Die Offiziere hatten es nicht wirklich besser, denn die unförmigen Strohsäkke in den engen Holzkojen wirkten äußerst ungemütlich. Und wie der Schiffskoch in dem Loch, das sich Pantry nannte, hatte Essen zubereiten können, war mir schleierhaft. Vor meinem inneren Auge tummelten sich die Kakerlaken.

Eine Treppe tiefer befanden sich die Laderäume. Ich konnte mir lebhaft vorstellen, wie schwitzende Matrosen hier die schweren Säcke verstauten, und wie die vielen Ratten, die zu solchen Schiffen gehört hatten wie das Amen in die Kirche, sich über die Ladung hermachten. Wieder hörte ich die alte Frau Petersen: Ne, Kindchen, das war nicht romantisch, das war harte Arbeit!

Als ich durch den Niedergang wieder an Deck kletterte, schlug mir kalter Regen ins Gesicht. Ein böiger Wind pfiff in den Wanten und illustrierte, warum diese Schiffe „Windjammer" genannt wurden. Das Wasser im Hafen begann sich schwarz zu kräuseln. Dunkle Wolken hingen so tief über dem Meer, dass sie das Wasser zu berühren schienen.

Es war nicht weit zum Café, deshalb suchte ich dort Zuflucht. Der Ofen verbreitete eine wohlige Wärme und die alte Frau brachte mir einen Pott Kaffee und ein Stück leckeren Zuckerkuchen.

„Sehen Se zu, dass Se bald nach Hause kommen", riet sie mir. „Der Wetterbericht hat Sturm angesagt." Nach Hause? Das hatte ich verloren. Jetzt galt es, so trocken wie möglich zurück in die Klinik zu kommen. Es war ungewöhnlich dunkel für die Uhrzeit, als ich das Café verließ. Der kalte Nordwind trieb den Regen vor sich her. Deshalb nahm ich den geschützten Weg durchs Städtchen. Trotzdem war ich tropfnass, als ich aufatmend durch die Schiebetür in die Klinik trat.

„Frau Hundhausen! Gut, dass Sie wieder da sind!", begrüßte mich eine aufgeregte Frau Brodersen. „Wir haben gerade darüber gesprochen, ob wir nach Ihnen suchen sollten. Der Wetterbericht hat Sturm angesagt!" Sie schaute an mir herunter und sah den kleinen See, der sich zu meinen Füßen gebildete. „Oh je! Sie sind ja völlig nass", rief sie erschrocken.

„Ich stell mich unter die heiße Dusche", beruhigte ich sie, lief die Treppen hoch zu meinem Zimmer, hängte die nassen Klamotten an die Garderobe und stellte mich unter das warme Wasser. Eingewickelt in meinen flauschigen Bademantel setzte ich mich ans Fenster und schaute hinaus auf die aufgewühlte See. Das Heulen des Windes begleitete das Rauschen, mit dem die Wellen an den Strand brandeten. Ich fühlte mich sicher und geborgen.

Als mein Handy klingelte und ich die Nummer auf dem Display erkannte, machte mein Herz einen freudigen Sprung: Thomas rief an. „Na, wie geht es dir? Ich habe im Internet gelesen, dass ihr schlechtes Wetter habt."

„Das stimmt: wir haben Sturm. Aber hier in der Klinik finde ich es total gemütlich." Ich erzählte von meinem Besuch im Museumsschiff, von meinem unerwarteten Triggererlebnis und der Hypothese der Therapeutin, ich habe wohl als Säugling ein traumatisches Erlebnis gehabt.

„Du Arme! Wie geht es dir jetzt?" Thomas Stimmte klang besorgt.

„Wenn ich mit dir rede, geht es mir gut." Ich hörte, wie Thomas tief ein- und ausatmete. Dann fragte er:

„Was kann man einem Säugling antun? Meinst du, es war etwas Sexuelles?"

„Nein, das glaub ich nicht", antwortete ich. „Dazu hab ich viel zu viel Spaß am Sex. Die Frauen hier in der Klinik, die sexuell missbraucht wurden, haben da alle ein ziemliches Problem."

„Ich werde mich bei deiner Mutter erkundigen", versprach Thomas. „Schlaf gut, Maria!"

Täuschte ich mich? Hatte seine Stimme wirklich liebevoll besorgt geklungen oder bildete ich mir das nur ein, weil ich es mir so sehr wünschte?

Und wie sollte ich es bewerten, dass er mich angerufen hatte, ohne dass ich ihn um ein Gespräch gebeten hatte?

Das war das erste Mal seit unserer Trennung, dass Thomas von sich aus Kontakt zu mir aufgenommen hatte. Ich spürte Hoffnung und gleichzeitig große Angst davor, wieder enttäuscht zu werden. Ich schluckte meine Baldrianpillen. Das Getöse, das Wind und Wellen veranstalteten, untermalten die Bilderreise zu meinem sicheren Ort. Ich übergab Aragorn-Gandalf die Angst vor der enttäuschten Hoffnung, spürte die Erleichterung, diese Gefühle losgelassen zu haben und fand auch heute Abend in meinem Nest schließlich Ruhe und Frieden.

14 Der nächste Morgen begrüßte mich mit dem Gezwitscher der Vögel. Der Sturm war weitergezogen und hatte den Himmel und das Meer blank poliert. Die Sonne schien, und als ich das Fenster öffnete, war die Luft angenehm mild. Ich ging hinunter in den Wintergarten, bediente mich mit Obstsalat und Croissant und setzte mich neben Andrea, die an unserem Tisch mit sichtlich gutem Appetit ihr Frühstück verdrückte.

„Alles wieder in Ordnung", begrüßte sie mich. „Und du, wie hast du den Sonntag verbracht?"

„Ich hab das Museumsschiff besucht und meinen Krimi zu Ende gelesen. Wallander tat sich diesmal etwas schwer mit seinem Fall."

„Was steht heute auf deinem Therapieplan?"

„Heute Morgen habe ich Kunsttherapie und heute Nachmittag Gesprächstherapie, das volle Programm."

„Ich bin heute Morgen in einer Aufstellungsgruppe", berichtete Andrea.

„Aufstellungsgruppe? Was ist das denn? Erzähl mal, davon hab ich noch nie gehört." Andrea schenkte sich noch etwas Kaffee ein und trank einen Schluck.

„Eine Aufstellung ist eine Gruppentherapie, mit der du Themen aus deiner Familie bearbeiten kannst. Du wählst aus einer Gruppe Stellvertreter für deinen Vater, deine Mutter und die anderen Mitglieder deiner Familie. Die stellst du dann auf."

„Wie macht man das? Klär mich auf, ich bin wirklich ahnungslos!"

„Ganz einfach: Wir benutzen ja räumliche Begriffe, wenn wir die Beziehung von Menschen beschreiben. Das wird in der Aufstellung genutzt: Die Menschen, die sich nahe stehen, werden dicht nebeneinander gestellt und schauen sich an, diejenigen, die sich nicht mögen, stehen weiter voneinander entfernt und haben meist keinen Blickkontakt. Aber das ist jetzt eine grobe Vereinfachung, denn es gibt natürlich unzählige Varianten. Du stellst auch jemanden für dich selbst auf. Damit siehst du das Bild, das du sonst innerlich hast, auch in der Außenwelt und schon allein das wirkt sehr erhellend, besonders dann, wenn man sich vorher nicht überlegt, was man aufstellen soll und es aus dem Bauch heraus tut."

„Und dann?"

„Dann fragt der Therapeut die Stellvertreter nach ihren Gefühlen. Das, was sie fühlen und sagen, gilt als wahr." Das erstaunte mich.

„Als wahr? Kennen die Stellvertreter denn die Geschichte des Aufstellers?"

„Nein. Das sind meist Fremde", erklärte Andrea.

„Das versteh ich nicht", sagte ich. „Stimmt denn, was die Stellvertreter sagen?"

„Das wird unterschiedlich erlebt. Bei meiner Aufstellung hat es gestimmt."

„Was, du hast so etwas schon gemacht?"

„Ja, habe ich. Ich habe die Beziehung zu meinem Ex aufgestellt und die Aussagen der Stellvertreter haben mich darin bestärkt, dass es richtig war, meinen Mann zu verlassen."

„Kein Wunder! Wenn ein gewalttätiger Alkoholiker auf Frau und Kleinkind losgeht, dann gibt es nicht viele Alternativen!" Was war das nur für ein Hokuspokus! „Und welche Rolle spielt der Therapeut, wenn die Stellvertreter so viel Macht haben? Greift der überhaupt ein?"

„Bei mir tat er das nicht, da haben die Stellvertreter die Aufstellungen mehr oder weniger gestaltet. Und bei mir hat es ja auch wirklich gut gepasst. Nach mir kam jedoch eine Frau, die von ihrem Vater missbraucht worden war. Die sollte sich vor dem väterlichen Stellvertreter hinknien, weil der meinte, sie würde ihm gegenüber nicht genügend Achtung zeigen. Damit war sie überhaupt nicht einverstanden und weigerte sich. Der Therapeut bestand auf dem Kniefall und sie lief weinend von der Bühne. Da hat er nur traurig den Kopf geschüttelt und gemeint, sie sei noch nicht so weit."

„Krass!" Ich war entsetzt. „Ist sowas überhaupt erlaubt? Das verstößt doch gegen die Menschenrechte! Wenn du mit einer Aktion deines Therapeuten nicht einverstanden bist und er nötigt dich, es trotzdem zu tun, dann gilt das, soweit ich informiert bin, als Körperverletzung! Sind Aufstellungen als Therapiemethode überhaupt anerkannt?"

„Ob die Methode anerkannt ist, weiß ich ehrlich gesagt nicht", antwortete Andrea. „Der Therapeut, bei dem ich aufgestellt habe, war Arzt. Also ging ich davon aus, dass er weiß, was er tut."

„Nie im Leben würde ich mir so etwas antun! Da versammelt sich eine Horde Möchte-gern-Orakel und spielt Schicksal!" Es schüttelte mich. „Allein wenn ich daran denke, krieg ich die Krise."

„Reg dich nicht auf!" Andreas Stimme klang sachlich. „Es gibt verschiedene Aufstellungs-Methoden. Die Orakelmethode fandest nicht nur du suspekt. Es gab einige sehr kritische Veröffentlichungen zu dem Thema. Es kommt wirklich darauf an, bei wem du die Aufstellung machst, denn eine gute Aufstellung wirkt wie eine Erlösung."

„Das ist mir schnuppe", erwiderte ich vehement. „Ich mach da keinesfalls mit! Seelenstriptease vor der Gruppe! Igitt!"

„Deine hochverehrte Therapeutin leitet Aufstellungen", klärte mich Andrea auf, „und es würde mich sehr wundern, wenn du nicht irgendwann in eine ihrer Gruppen eingeteilt würdest. Das gehört hier mit zur Therapie."

„Was? Frau Baumeister macht Aufstellungen?" Jetzt war ich platt. „Das kann ich nicht glauben. Sie hat doch ein ganz anderes Verständnis von der Wirklichkeit!"

„Ich bin heute Vormittag in ihrer Gruppe und werde dir berichten, wie sie das macht. Dann kannst du dich ja immer noch entscheiden, ob du weiter auf die Barrikaden steigen willst oder ob das vielleicht gar nicht nötig ist. Ich freue mich jedenfalls, dass ich deine Therapeutin endlich mal kennenlerne." Sie stand auf und schob ihren Stuhl unter den Tisch.

„Wir treffen uns nach dem Mittagessen", rief ich. „Pass auf dich auf!"

Ich hatte noch eine halbe Stunde Zeit bis zu meinem nächsten Termin, setzte mich in den Strandkorb im Garten und genoss die wärmenden Strahlen der Sonne. Die Natur schien richtig Gas zu geben. Auf den Beeten und auf der Wiese eroberten sich unzählige hellgrüne Triebe ihr Terrain und auch die Büsche und Bäume schimmerten grünlich. Die Kaninchen würden es nicht schaffen, alles zu fressen, dachte ich. Viele Blumen würden trotz der Nager blühen.

15 Im Wintergarten erwartete mich eine Überraschung: Claire saß an unserem Tisch. Sie sah zerbrechlich aus.

„Hallo, Claire", rief ich erfreut und setzte mich auf den freien Stuhl neben sie, „wie schön, dich wieder unter den Lebenden anzutreffen. Wie geht es dir?"

„Scheiße wäre noch zu gut", antwortete sie mit zittriger Stimme. „Ich nehm jetzt diese Medikamente und mein ganzer Körper wehrt sich gegen die Chemie. Ich kann nichts mehr essen und fühle mich furchtbar. Mein Therapeut sagt, wenn ich nicht am Essen teilnehme, dann müsse er mich in die Psychiatrie einweisen. Maria, ich hab so schreckliche Angst, dass ich das nicht hinkriege!"

„Wie lange hast du nichts mehr gegessen?"

„Seit vier Tagen", flüsterte sie. Ich erschrak.

„Meine Liebe, das geht gar nicht. Ich spiel jetzt mal Mama. Zuerst ein Süppchen, das rutscht gut." Ich leerte eine Kelle in ihren Teller.

„Soll ich dich füttern? Ein Löffelchen für die Mami?" Claire lächelte schmerzlich. Hedwig schaute verdrießlich in unsere Richtung.

„Bist du schon wieder am Therapieren, Maria?"

„Frag mal deinen Therapeuten", gab ich ärgerlich zurück, „der weiß die Antwort!"

„So eine Frechheit!" Hedwigs Stimme zitterte vor Ärger. Klaus schaute von seinem Teller auf.

„Das wird mir zu viel", sagte er gequält, stand auf und verließ den Tisch.

„Hallo, zusammen", rief Andrea, die gerade hereinkam und die gespannte Situation mit einem Blick erfasste. „Wir wollen uns doch nicht streiten, jetzt, wo es Claire wieder besser geht! Na, Hedwig, wie war dein Wochenende?" Die ältere Frau ließ sich ablenken und erzählte bereitwillig, Andrea nickt interessiert. Das beeindruckt mich.

„So macht man das!", sagte ich zu Claire. „Das hätte ich nicht hingekriegt." Claire schaute mich mit großen Augen an. Sie hatte den drohenden Konflikt offensichtlich gar nicht mitgekriegt. Langsam füllte sie einen Löffel mit Suppe, blickte angewidert auf die grüne Flüssigkeit, schob den Löffel in den Mund und schluckte.

„Es schmeckt ekelhaft", murmelte sie, „Broccolisuppe habe ich schon immer gehasst." Sie brach in Tränen aus.

Alle Blicke wandten sich uns zu. „Bring mich hier raus", flüsterte Claire, „ich halt das hier nicht aus." Ich stand auf und zog sie mit mir hoch.

„Hör auf zu therapieren, Maria", hörte ich Hedwigs scharfe Stimme hinter mir, „hör sofort auf damit!"

„Du blöde Kuh", dachte ich, „rutsch mir doch den Buckel runter." Ich führte Claire in den Aufenthaltsraum. Wir setzten uns auf das Sofa und ich hielt sie einfach nur im Arm.

„Glaubst du, dass ich hier richtig bin?", flüsterte Claire. „Es geht mir immer schlechter und ich glaub ehrlich gesagt nicht, dass die Medikamente mir was bringen, denn jetzt fühle ich mich auch noch körperlich mies."

„Ich hoffe, dass du hier richtig bist", antwortete ich. „Bringen dir denn die Gespräche gar nichts?"

„Die letzten beiden Stunden ging es nur um die Kriegserlebnisse meiner Eltern. Dabei hätte ich etwas für mich gebraucht! Für mich! Zuerst holt mein Therapeut die gesamte Vergangenheit mit all den Verletzungen wieder hoch und dann lässt er mich damit allein! Er meinte, es reiche, mich hier zu stabilisieren. Wodurch soll ich mich stabilisieren? Durch Medikamente? Was soll ich tun, wenn mich meine Erinnerungen verfolgen und ich jede Nacht Albträume habe?" Sie begann wieder zu weinen.

Ich fühlte mich in der Zwickmühle: Eigentlich müsste ich jetzt den Notruf drücken. Doch wenn ich das tat, dann konnte es sein, dass sie Claire in die Psychiatrie steckten.

They're coming to take her away HEEHEE?

Nein, die Psychiatrie war für Claire genauso wenig passend wie für mich. Warum kriegte sie nicht die Hilfe, die ich hier bekam? Wir waren doch in ein und derselben Klinik! Ich fasste einen Entschluss.

„Ich erzähl dir jetzt einfach eine Geschichte, die Geschichte von meinem sicheren Ort", begann ich und dann erzählte ich ihr von meiner Burg und dem Garten mit den Blumen, von dem Pavillon und der Wiege für mein verletztes Kind, von meinem Nest und dem roten Ritter, der das Kind verteidigte, von meiner verwandelten Angst, die als Wächter auf dem Wachturm Ausschau hielt und auf mein Kind aufpasste. Langsam verebbte Claires Schluchzen, sie atmete immer ruhiger.

„Das hast du hier gelernt?", fragte sie. „Ob ich das auch lernen kann?"

„Bestimmt", antwortete ich. Die Tür flog krachend auf. Wir zuckten zusammen. Frau Müller rauschte schnaubend in den Raum.

„Was Sie hier machen, Frau Hundhausen, geht absolut zu weit!", keifte sie.

„Danke, Hedwig", dachte ich wütend.

„Frau Legrand, Sie kommen jetzt auf der Stelle mit mir." Claire brach wieder in Tränen aus, stand auf und folgte ihr. Ich blieb sprachlos zurück und nahm mir vor, meine Therapeutin um Hilfe zu bitten.

16 Bis zu meiner Sitzung blieb mir noch ein wenig Zeit.

Ich ging auf mein Zimmer, um mein Buch zu holen. Auf dem Nachttisch lag mein Handy und blinkte. Aufgeregt schaute ich in meinen Briefkasten und fand eine SMS von Thomas.

„Wenn du wissen willst, was in deiner Kindheit passiert ist, dann ruf mich zurück", stand da. Ich wählte Thomas Nummer.

„Gut, dass du anrufst", sagte er, „ich war nämlich bei deiner Mutter. Willst du wissen, was sie erzählt hat?"

„Ja, natürlich", antwortete ich und setzte mich auf mein Bett.

„Also", begann er. „Zuerst war deine Mutter sehr verunsichert. Ich habe ihr dann erklärt, dass es nicht darum ginge, sie zu verurteilen, sondern darum, dich zu unterstützen. Dann rückte sie mit der Sprache raus. Sie gab zu, dass du als Kleinkind abends allein warst. Eine alte Nachbarin sollte nach dir schauen. Das hat jedoch offensichtlich nicht geklappt, denn einmal hätte sie dich schon unten im Treppenhaus schreien hören. Sie sei hochgerannt, und du habest im Schlafzimmer gestanden, blau gefroren und völlig außer dir. Maria, das war keine Einbildung: Das war wirklich eine Erinnerung!"

„Und?", fragte ich aufgeregt. „Was hat meine Mutter dann gemacht?"

„Sie hat dich zu sich ins Bett genommen und du hast in dieser Nacht bei ihr geschlafen. Sie sagte, wenn sie gewusst hätte, welche Wirkung ihre abendlichen Ausflüge auf dich gehabt haben, wäre sie bei dir geblieben. Es tut ihr ganz schrecklich leid!"

„Dann stimmt die Geschichte mit dem großen Bett?"

„Ja! Da ist aber noch etwas, das du wissen solltest. Es betrifft deine Traumatisierung als Säugling..."

„Du weißt, was da passiert ist?", unterbrach ich ihn aufgeregt.

„Ja", sagte er, „und wenn du mich ausreden lässt, weißt du es gleich auch. Deine Mutter wurde drei Tage nach deiner Geburt schwer krank. Sie hatte eine Brustinfektion..."

„Das hat sie mir erzählt", unterbrach ich ihn. „Sie sagte,

ich sei schuld daran, weil ich sie gebissen habe."

„Blödsinn!", rief Thomas ärgerlich. „Sie hatte sich diese Infektion im Krankenhaus zugezogen. Damals war die Hygiene noch nicht auf dem Stand von heute. Sie hatte sehr hohes Fieber und nahm keine Antibiotika. In diesem Zustand konnte sie dich nicht versorgen. Dann kam ihre Mutter und hat deine Versorgung übernommen. Du lagst also neben deiner Mutter, ohne, dass sie Kontakt zu dir aufnehmen konnte."

„Das ist ja furchtbar", sagte ich erschüttert. „Ich lag neben meiner Mutter, die mir drei Tage lang sehr nahe gewesen war, und dann riss die Verbindung plötzlich ab."

„Das Schlimmste kommt noch", unterbrach mich Thomas. „Nach vier Wochen war die Brust so vereitert, dass der Arzt eine Drainage legen musste, damit der Eiter abfließen konnte. Das hat er ohne Narkose gemacht. Deine Oma hat zugeschaut – mit dir auf dem Arm. Da warst du vier Wochen alt und deine Mutter hat eine dreiviertel Stunde lang fürchterlich geschrien."

Ich spürte, wie die Angst in mir aufstieg. Ich begann zu zittern. Plötzlich sah ich nur noch Nebel.

Etwas Schreckliches passierte. Ich spürte, dass ich mit weit aufgerissenen Augen ins Leere blickte, in die verschwommene Weite, die mich umgab. In mir war nur Angst, überwältigende Angst, Entsetzen, Verzweiflung, Einsamkeit und eine irrsinnig hohe Spannung. Dann hörte ich das Geräusch, laut, so laut, dass es mir weh tat. Das Laute klang vertraut und doch fremd. Das Schreckliche passierte einfach und ich war ihm hilflos ausgeliefert. Es hörte nicht auf. Es hörte einfach nicht auf.

Ich begann zu weinen.

„Maria! Hallo, Maria, was ist los?", rief Thomas alarmiert.

„Das ist es, Thomas, genau, das ist es", flüsterte ich. „Ich glaube, ich habe diese Situation gerade erlebt, dieses Gefühl, einer schrecklichen Katastrophe ausgeliefert zu sein. Genau so hat sich das gestern in der Triggersituation angefühlt!"

„Kommst du klar? Kann ich etwas tun?" Seine Stimme klang besorgt, liebevoll besorgt. Ich atmete tief durch. Seine Anteilnahme wirkte wie Balsam für meine wunde Seele.

„Ja, ich komme klar", sagte ich leise. „Danke, dass du nachfragst."

„Bist du sicher?"

„Ich habe gelernt, mit den Triggern zu leben." Thomas schwieg. Ich hörte seinen ruhigen Atem.

„Deiner Mutter tut das alles sehr leid", fuhr er fort. „Sie hat geglaubt, du habest das gar nicht richtig mitgekriegt und in dieser Situation konnte sie ja wirklich nichts für dich tun."

„Aber was hat sich meine Oma dabei gedacht?", fragte ich. „War die denn völlig verrückt? Hält mich auf dem Arm, während meine Mutter ohne Narkose operiert wird!"

„Ja, das ist völlig unverständlich", pflichtete Thomas mir bei. „Die Geschichte ist noch nicht zu Ende. Deine Mutter hatte sich gerade ein wenig erholt, da fuhren deine Eltern drei Wochen ohne dich in den Urlaub. Sie haben dich solange bei deiner Oma gelassen. Jedes einzelne Ereignis hätte ausgereicht, um dich zu traumatisieren." Ich atmete tief ein und aus. Meine Trigger hatten eine handfeste Ursache! Ich war nicht verrückt, nicht gestört, nicht krank.

„Weißt du, Thomas, einerseits erschüttert mich das sehr, andererseits bin ich froh, dass meine Eltern mir nicht aktiv geschadet haben. Ich zerbrech mir nämlich seit Tagen den

Kopf darüber, was mir passiert sein könnte."

„Damit kannst du jetzt aufhören", sagte mein Mann. „Jetzt weißt du nämlich alles. Deine Eltern mögen ihre Fehler haben, aber sie haben dir nie bewusst etwas angetan. Damals hat man tatsächlich geglaubt, dass Säuglinge nichts von ihrer Umwelt mitbekommen." Plötzlich fiel es mir wie Schuppen von den Augen.

„Jetzt weiß ich endlich, warum ich immer wieder diese irrationale Angst habe, dass plötzlich etwas Schreckliches passieren könnte! Ich bin gespannt, was Frau Baumeister dazu sagt."

„Das möchte ich auch gern wissen. Erzählst du es mir morgen?" Mein Herz machte wieder einen kleinen freudigen Sprung.

„Wann?"

„In der Mittagspause?"

„Klar, das mach ich. Bis morgen, Thomas!"

„Bis morgen, Maria, und – pass auf dich auf." Ich ließ mich auf mein Bett sinken. Das Gespräch mit Thomas hatte eine seltsame Mischung aus Freude, Hoffnung, Angst und Aufregung in mir ausgelöst. Die Schilderung meines Traumas hatte mich tief erschüttert, gleichzeitig hatte ich es genossen, dass sich mein Mann so liebevoll um mich kümmerte.

Gab es doch noch Hoffnung für uns?

17 „Ich werd mich da sicher nicht einmischen", wehrte Frau Baumeister meinen Appell ab. „Ich kenne den Fall von Frau Legrand nicht, habe aber das größte Vertrauen in die Arbeit meines Kollegen. Ich verstehe, dass Sie Ihrer

Mitpatientin helfen wollen, doch Sie sollten sich zurückhalten." Ich atmete tief durch. Das war so ungerecht! Doch auch meine Therapeutin brauchte ihren Job und ich verstand, dass sie sich nicht zu weit aus dem Fenster lehnen konnte. Ich nickte.

„Also gut, ich werde mich zurückhalten."

„Wenn Sie einverstanden sind, würde ich mich jetzt lieber Ihnen zuwenden." Also gut!

„Ich hatte gerade ein sehr aufwühlendes Gespräch mit meinem Mann", begann ich und erzählte, was Thomas herausgefunden und wie ich darauf reagiert hatte. Meine Therapeutin schüttelte den Kopf.

„Meine Güte, das erklärt wirklich alles", sagte sie nachdenklich. „Damit bekommt Ihr Verlassenheitstrauma eine ganz neue Dimension. Da spürt der Säugling die Mutter neben sich, ohne dass diese Kontakt zu ihm aufnimmt! Wie verlassen muss er sich fühlen! Das allein schon würde genügen, um ein Kind zu traumatisieren, und dann noch diese Operation!" Sie schüttelte den Kopf. „Was hat sich Ihre Großmutter nur dabei gedacht? Selbst wenn man damals glaubte, Säuglinge würden nicht viel mitkriegen, habe ich noch nie gehört, dass eine Frau ein Kind grundlos einem solchen Erlebnis aussetzt." Ich hörte den Ärger in ihrer Stimme und schaute sie fragend an.

„Ich muss an meinen kleinen Enkel denken", erklärte sie, „deshalb werde ich ärgerlich. Das hat nichts mit Ihrer Geschichte zu tun." Sie atmete tief ein und aus. „Wie äußerte sich diese Verlassenheit in Ihrer Partnerschaft?" Ich musste nicht lange überleben.

„Wenn Thomas am Wochenende im Tennisclub trainierte, fühlte ich mich wie gelähmt und konnte mich zu nichts aufraffen. Es war wie verhext! Da hatte ich mal ein freies Wochenende, und statt mit einer Freundin shoppen zu gehen, hockte ich im Wohnzimmer vor dem Fernseher und war deprimiert! Und wenn Thomas nach Hause kam, machte ich ihm eine Szene und warf ihm vor, mich zu vernachlässigen. Kein Wunder, dass er auch die Abende lieber im Club verbrachte als sich mein Genörgel anzuhören!"

„Sie fühlten sich wie gelähmt?", wiederholte Frau Baumeister. „Beschreiben Sie mir diesen Zustand bitte genauer." Ich überlegte. Wie hatte ich mich gefühlt?

„Es war so, als säße ich unter einer Käseglocke aus Milchglas, die ich nicht allein hochheben konnte."

„Sie beschreiben eine Dissoziation", stellte meine Therapeutin fest. „Sie klinkten sich emotional aus einer Situation aus, die das verlassene Kind in Ihnen so bedrohlich erlebte, dass es sich komplett überfordert fühlte. Obwohl die erwachsene Frau wusste, dass ihr Mann nur zum Tennisspielen ging, war dem traumatisierten Kind klar, dass er nie wiederkommen würde. Und dann hatte es nur noch zwei Möglichkeiten: Entweder wurde es aggressiv oder depressiv – die beiden Seiten einer Medaille. Über die Aggressionen haben wir uns schon unterhalten. Wie steht es mit der depressiven Verzweiflung?"

„In solchen Situationen erscheint mir der Tod als der einzige Ausweg!"

„Ihre Suizidgedanken sind nur die konsequente Fortsetzung der Dissoziation. Weiter von sich selbst entfernen kann man sich nicht. Wie steht es aktuell mit Ihren Todeswünschen?"

„Sie sind gerade nicht akut."

„Was hält Sie im Leben?"

„Dass Thomas und ich eine neue Chance haben könnten", antwortete ich. Frau Baumeister wiegte den Kopf und faltete die Hände im Schoß.

„Ich will es Ihnen so erklären", begann sie. „Sie haben durch das Trauma eine Bindungsstörung entwickelt. Das Bindungsmuster, das Kleinkinder zu ihren Müttern haben, zeigen sie später mit ihren Partnern. Sie, Maria, haben die stabile Beziehung zu Ihrer Mutter früh verloren und es ist Ihnen und Ihrer Mutter nicht wirklich gut geglückt, den abgerissenen Faden wieder aufzunehmen. Damit hat das verletzte Kind eine unendliche Sehnsucht nach einer sicheren Beziehung." Sie machte eine bedeutungsvolle Pause, um mir Gelegenheit zu geben, das Gesagte aufzunehmen. „Genau dieses Muster haben Sie gerade bestätigt, denn die erwachsene Frau macht ihr Weiterleben immer noch von der Beziehung zu ihrem Mann abhängig. Gibt es keine anderen Gründe, um zu leben?" Ich fühlte mich getroffen, starrte sie an.

„Nein", flüsterte ich. „Die symbiotische Bindung zur Mutter bedeutet für das Kind Leben, und diese Bindung wurde sehr früh unterbrochen. Kein Wunder, dass Sie keinen großen Lebensmut für sich entwickeln konnten."

„Wie komme ich da wieder raus?", fragte ich verzweifelt. „Es kann doch nicht die Wahrheit sein, dass ich meinem Mann die Verantwortung für mein Weiterleben aufhalse. Das kann nicht gut gehen!"

„Da stimme ich Ihnen zu. Sie selbst müssen Ihrem traumatisierten Kind diese symbiotische Beziehung bieten, denn nur Sie selbst können ihm garantieren, dass Sie immer da sein werden."

„Und wie soll ich das machen?"

„Als ersten Schritt könnte ich Ihnen Morgen eine Aufstellung anbieten." Oh je! Die Aufstellung! Durch Claires Zusammenbruch hatte ich völlig vergessen, Andrea nach ihren Erfahrungen zu fragen.

„Ich weiß nicht, ob das etwas für mich ist", sagte ich zweifelnd, „ich hab darüber nicht viel Gutes gehört."

„Aufstellungen kann man ganz unterschiedlich machen", erklärte meine Therapeutin. „Ich mache Rekonstruktionsaufstellungen nach der amerikanischen Familientherapeutin Virginia Satir. Ich erkläre Ihnen, wie ich arbeite, und dann können Sie entscheiden, ob Sie mitmachen wollen. Die Technik der Aufstellung ist bekannt?" Ich nickte. Frau Baumeister fuhr fort:

„Virginia Satir und viele ihrer Kollegen hatten erkannt, dass Kinder ganz bestimmte Erfahrungen machen sollten, um sich gut entwickeln zu können. Gibt es grundlegende Defizite in der Kindheit, wird der Erwachsene die Erfüllung dieser Bedürfnisse vom Partner verlangen, was, wie Sie wissen, häufig zu Konflikten führt.

In den Rekonstruktionen nach Satir erhält der Patient die Möglichkeit, die fehlenden Erfahrungen mit Hilfe von Stellvertreter nachzuholen. Sie hätten also die Gelegenheit, all das von den Stellvertretern Ihrer Eltern zu bekommen, was Sie sich schon immer gewünscht haben. Dadurch werden Hunger und Mangel dauerhaft gestillt."

„Das ist ja schön und gut", wandte ich ein, „und es mag sich auch gut anfühlen. Aber warum sollte mir das dauerhaft helfen?"

„Das kann ich Ihnen erklären", fuhr Frau Baumeister fort. „Es gibt Nervenzellen im Gehirn, die dieselben Bahnen verschalten, wenn jemand etwas sieht wie wenn jemand etwas tut. Das heißt: Wenn Sie einen Apfel essen, passiert in Ihrem

Gehirn dasselbe, wie wenn Sie sich vorstellen, einen Apfel zu essen. Oder warum glauben Sie, dass Gähnen ansteckt?

Auf unsere Heilungsbilder bezogen bedeutet das: Ihr Gehirn speichert das emotionale Erleben mit den Stellvertreter-Eltern so, als wäre es mit Ihren realen Eltern tatsächlich geschehen. Damit schaffen wir eine Alternative, ein Gegengewicht zum Trauma. Wir könnten dies auch durch eine Imagination erreichen, doch das Erlebnis mit realen Menschen wirkt ungleich stärker."

„Und damit kann ich das Trauma aufarbeiten?"

„Möglicherweise braucht es noch andere Interventionen, aber es ist ein Schritt in die richtige Richtung."

„Dann funktionieren die Imaginationsreisen, die ich bei Frau Janson gelernt habe, ähnlich? Sie schaffen eine Alternative zum Trauma?" Es war mehr eine rhetorische Frage.

„Genau", antwortete meine Therapeutin, „Sie erhalten damit die Möglichkeit zu wählen. Mit diesen Methoden arbeiten einige Traumatherapeuten in Deutschland mit den besten Erfolgen."

„Kann ich mich auf die Aufstellung vorbereiten?"

„Überlegen Sie sich, welche Szene Sie nachstellen wollen und welche Personen Sie dazu brauchen."

„Wann ist die Gruppe?"

„Gleich nach dem Frühstück." Sie machte eine kleine Pause und fuhr dann fort: „Ich muss Ihnen noch etwas sagen." Das verunsicherte mich. Was kam jetzt? „Das wird Morgen unsere letzte Sitzung sein, denn ich bin danach für zwei Wochen im Urlaub. Ich übergebe Sie an einen sehr fähigen Kollegen." Ich schaute sie entsetzt an!

„Was? Keiner hier arbeitet so wie Sie! Dann fahre ich gleich nach Hause."

„Nun mal langsam", bremste sie mich. „Jeder hier arbeitet gut, sonst wäre er nicht Therapeut an dieser Klinik. Immerhin haben wir einen guten Ruf! Wir sind eine erfolgreiche private Klinik. Wenn wir schlecht arbeiten würden, hätten wir keine Patienten." Das war nun auch wieder wahr. „Geben Sie dem Kollegen eine Chance, Frau Hundhausen, sonst geschieht genau das, was Sie befürchten."

„Self-fulfilling-prophecy", lenkte ich ein, „ja, ich weiß, sonst verhalte ich mich so, dass der Kollege wirklich kein Bein an die Erde kriegt."

„Genau", antwortete meine Therapeutin lächelnd. „Herrn Claaßen haben Sie ja bereits erfolgreich in die Flucht geschlagen!" Oh je! Das hatte sich wohl herumgesprochen.

„Ich gebe ihm eine Chance", erwiderte ich, „sonst habe ich nämlich auch keine."

„Schön, dass Sie es so sehen!", bestätigte meine Therapeutin.

18 Claire erschien zum Abendessen, setzte sich neben Andrea und mich und mümmelte an einem Eckchen Brot mit Käse. Hedwig beobachtete uns scharf.

„Ach übrigens, danke für deine Meldung an Frau Müller, Hedwig", sagte ich und schaute ihr in die Augen. Sie wandte den Blick ab. Wenigstens hatte sie den Anstand, sich zu schämen! Dann redete ich demonstrativ übers Wetter und das zu erwartende Fernsehprogramm.

„Hast du was geraucht?", fragte Andrea verwundert.

„Später", zischte ich.

„Du hast bestimmt Ärger gekriegt wegen mir", sagte Claire zaghaft.

„Das lass mal meine Sorge sein", antwortete ich ein wenig großspuriger als ich mich fühle.

„Ihr sprecht in Rätseln", konstatierte Andrea.

„Das bleibt auch so", bestätige ich, „solange wir hier am Tisch sitzen. Doch das Wetter ist gut und es ist noch hell. Ich würde euch gerne einen verschwiegenen Ort zeigen, an dem wir uns wirklich ungestört unterhalten können."

„Das machen wir", stimmte Andrea zu. „Ich bin nämlich ein neugieriger Mensch."

„Ob ich das schaffe?", fragte Claire mit dünner Stimme.

„Wir fahren mit dem Auto bis vor die Tür und dann ist es nicht mehr weit. Wenn du umkippst, tragen wir dich", versprach ich. Sie lächelte schwach.

„Das wird hoffentlich nicht nötig sein."

Ich lief in mein Zimmer und holte die Kerzen, die ich gekauft hatte, und die Streichhölzer. Wir quetschten uns in Andreas kleines Auto.

„Wohin soll ich fahren?", fragte sie.

„Zum Schlosspark, immer der Straße nach."

„Was war das eigentlich mit Hedwig?"

„Sie hat mich bei der Müller verpfiffen, weil ich Claire gestern nicht bei der Pflege abgeliefert, sondern mich um sie gekümmert habe", klärte ich Andrea auf. „Deshalb sage ich am Tisch gar nichts mehr!"

„Das ist ja ungeheuerlich", schnaubte Andrea. „So weit ist es schon gekommen? Keine Ahnung, was in Hedwig gefahren ist." Sie parkte das Auto auf dem großen Parkplatz, wir stiegen aus und ich drückte gegen das große schmiedeeiserne Tor.

Wir gingen sehr langsam, denn Claire war wirklich ziemlich schwach. Als wir von der Allee abgebogen waren, tauchte der Pavillon auf. Andrea blieb stehen und wies auf das hellgrüne Dach.

„Was ist das denn? Ein Tempel aus einem indischen Märchen?"

„Oder ein Haus aus dem Computerspiel Myst?", fügte Claire hinzu.

„Kommt mit!", rief ich und ging voraus. Wir überquerten die Brücke und standen auf der Lichtung. Ich lief zur Tür, öffnete sie und ging hinein.

„Wartet", rief ich, „ich mache Licht!" Ich stellte die Kerzen in die Halter an der Wand und zündete sie an. Das sanfte Licht schuf eine heimelige Atmosphäre in dem kleinen Raum.

„Jetzt könnt ihr kommen", sagte ich und schaute erwartungsvoll in die Gesichter meiner Freundinnen, die überrascht in der Tür stehen blieben.

„Maria! Das ist genial!", rief Andrea.

„Das ist wunderschön", flüsterte Claire. „Wie hast du diesen Ort entdeckt?"

„Ich bin im Park spazieren gegangen, der Pavillon hat mich angezogen und die Tür war nicht verschlossen. Also bin ich hineingegangen."

„Ist der Pavillon nicht privat?", fragte Claire.

„Ich denke nicht. Vor dem privaten Bereich hängt die Kette. Setzt euch, Mädels!" Wir setzten uns auf die Bank und schauten hinaus in die Abenddämmerung.

„Wie romantisch!", schwärmte Andrea. „Hier hat sich der Schlossherr bestimmt mit der jungen Magd getroffen, die er nicht heiraten durfte, weil sie nicht seinem Stand entsprach." Sie kicherte.

„Oder die junge Prinzessin mit dem schönen Fischer",

begann ich.

„… und die ist dann mit ihm durchgebrannt und lebte glücklich bis ans Ende ihrer Tage auf dem Kutter!", setzte Claire meine Geschichte fort.

„Die Prinzessin beim Krabbenpulen auf dem Kutter! Das nenne ich Beziehungsglück!", lästerte Andrea.

„Was ist das überhaupt – Beziehungsglück?", fragte Claire. „Gibt es das im wirklichen Leben?"

„Solange wir von unseren Partnern wollen, dass sie uns das geben, was wir von Mama und Papa nicht gekriegt haben, kann man wohl nicht von Beziehungsglück reden", fasste ich meine Erkenntnisse zusammen.

„Ich glaube nicht, dass das nur uns Frauen betrifft", wandte Andrea ein.

„Nein, natürlich nicht. Das betrifft auch die Männer. Zu einer glücklichen Beziehung gehören zwei, die sich jeweils ihre eigenen Filme anschauen."

„Kennst du Männer, die das tatsächlich tun?", fragte Andrea zweifelnd.

„Ja", antwortete ich. „Carlo, ein typischer italienischer Macho, Mann meiner schwedischen Freundin Ann-Britt, hat mir von seiner Therapie erzählt und mich überhaupt auf die Idee gebracht, es damit zu versuchen. Und Thomas hat sich auch einen Therapeuten gesucht."

„Warum lernst nur du solche Männer kennen", maulte Andrea. Claire hatte uns schweigend zugehört.

„Alles klar bei dir?", fragte ich.

„Ja. Mir wird gerade klar, was ich in meinen Partnern gesucht habe und warum ich mich ihnen völlig ausgeliefert habe. Ich glaube, ich habe die Rolle des willenlosen Kindes gespielt, und dem Mann gab ich die Rolle des starken Vaters, doch Machos eignen sich nicht besonders gut als Vaterersatz."

„Was war denn mit deinem Vater?", fragte Andrea. Claire schaute uns mit ihren großen grünen Augen traurig an.

„Den habe ich verloren, als ich acht Jahre alt war." Sie wischte sich mit der Hand über die Augen, zog ein Papiertaschentuch aus der Hosentasche und putzte sich die Nase.

19 „Also gut, Mädels, ich erzähl euch die Geschichte.
Meine Eltern waren Entwicklungshelfer in Kolumbien im Medellin-Distrikt. Sie versuchten, die Indios dazu zu bringen, etwas anderes als Koka anzubauen. Ihr wisst, dass Koka der Rohstoff für Kokain ist und Kolumbien das Land, in dem Kokain für den US-Markt hergestellt wird. Die Indios, die Koka anbauten, hatten ein festes Einkommen und genossen darüber hinaus den Schutz des Kartells. Meine Eltern kämpften mit viel Einsatz und Zivilcourage dagegen an. Sie waren voller Ideale und wollten ihren Beitrag zur Rettung der Welt leisten.

Mein Vater war Landwirt, dafür zuständig, den Bauern alternative Pflanzungen vorzuschlagen und dafür zu sorgen, dass Getreide und Gemüse gut gediehen. Meine Mutter unterrichtete die Dorfkinder in der von ihr geschaffenen Schule. Als Älteste – ich war damals acht Jahre alt, meine Schwester fünf und mein Bruder vier – bekam ich viel mit von der Arbeit meiner Eltern.

Es war sehr schwer, die Indios davon zu überzeugen, es mit Getreide und Gemüse zu versuchen, denn sie hatten sehr große Angst vor den brutalen Überzeugungsmethoden des Kartells. Ihr habt vielleicht im Fernsehen vom Medellin-Kartell gehört?" Wir nickten. Ja, das hatten wir.

„Es gelang meinen Eltern tatsächlich, eine der wichtigsten Familien im Dorf zu überzeugen, weil sie über die Entwicklungshilfeorganisation Abnehmer für deren Gemüse gefunden hatten. Die erste Ernte war gerade für mehr Geld verkauft worden, als die Kokaernte eingebracht hätte – ein völlig überhöhter Preis natürlich, gezahlt von Europäern, die die Indios unterstützen wollten. Diesen Segen wollte der Clan mit einem Fest in der Stadt Medellin feiern, zu dem außer meinen Eltern auch die dort lebenden Anverwandten eingeladen wurden. Meine Mutter entschied, die Reise sei für die beiden Kleinen zu strapaziös, und blieb im Dorf. Mein Vater nahm die Einladung an, und ich durfte ihn begleiten. Wie stolz ich war! Ich packte mein bestes Kleid und meine Lackschuhe ein." Sie hielt inne und lächelte versonnen. Dann schaute sie uns an und fuhr fort:

„Mein Vater fuhr mit dem Jeep hinunter ins Tal. Ihr könnt euch nicht vorstellen, welches Abenteuer allein diese Fahrt durchs Gebirge war! Die Straße war in den Fels gehauen, natürlich nicht geteert und von Wind und Wetter ausgewaschen. Auf der einen Seite ging es steil hinauf, auf der anderen genau so steil hinunter. Bei schlechtem Wetter war die Straße unpassierbar. Wir hatten Glück mit dem Wetter, brauchten für die etwa hundertzwanzig Kilometer aber trotzdem einen ganzen Tag."

„Einen ganzen Tag?", rief Andrea aus.

„Ich kenn das", warf ich ein, „aus Nepal und Ladakh. Da kann man wirklich froh sein, wenn man überhaupt ans Ziel gelangt."

„So ist es", bestätigte Claire. „Die Stadt Medellin überwältigte mich! Die vielen Menschen, der lärmende Verkehr, die Hochhäuser, dazwischen Straßenhändler, Garküchen, Tiere. Ich wohnte ja schon zwei Jahre in dem kleinen Dorf in den Anden und war das Getümmel nicht mehr gewohnt. Wenn du Indien kennst, Maria, weißt du, was ich meine."

„Diese krasse Mischung aus Moderne und Mittelalter, aus Reichtum und Elend? Meinst du das?"

„Ja. Die Bettler im Dreck neben den Anzug tragenden Männern in ihren protzigen Autos. Die Garküchen am Straßenrand neben noblen Restaurants..." Sie schien die Szene vor ihrem inneren Auge zu sehen.

„Das Fest fand in so einem Nobelrestaurant statt. Der Clan hatte einen großen Saal gemietet. Ich kann mich noch genau an die vielen weiß gedeckten Tische und die Speisen erinnern. Ich hatte noch nie so viel Essen auf einmal gesehen! Wir waren Ehrengäste, der Wohltäter aus dem fernen Germany mit seiner kleinen süßen Tochter. Die Verwandten aus der Stadt konnten sich nicht sattsehen an meinen roten Haaren.

Wir wurden an den besten Tisch gesetzt, direkt neben die Oberhäupter des Clans, und begannen mit dem Festmahl. Ich genoss diese Aufmerksamkeit sehr und saß stolz neben meinem geliebten Papa.

Was dann geschah, erinnere ich nicht genau. Da gibt es Lücken. Es knallte furchtbar laut, etwas zischte direkt neben meinem Kopf vorbei, Menschen schrien, ich befand mich plötzlich unter dem Tisch – keine Ahnung wie ich dorthin gekommen war –, jemand presste die Hand auf meinen Mund und hielt mich fest. Ich war starr vor Schreck. Wo war mein Vater?

Als die Polizei eintraf, war alles längst vorüber. Die Mörderbande, die im Auftrag des Kartells die abtrünnige Familie bestraft hatte, war über alle Berge. Mein Vater war von der ersten Salve getroffen worden, weil er neben den Oberhäuptern des Clans gesessen hatte. Außer mir und der Frau, die mich gerettet hatte, waren alle an diesem Tisch tot. Ich höre heute noch die Schreie der Menschen, denn viele waren verletzt, und andere weinten wegen der Toten. Das reinste Chaos!" Wir starrten sie an. Wie schrecklich!

„Die Frau, die mich gerettet hatte, hielt mir die Augen zu, damit mir der Anblick der Leiche meines Vaters erspart blieb. Ich weiß nicht, ob das gut war. Noch heute sehe ich ihn in meinen Albträumen sterben." Claire schluckte. Ich legte einen Arm um ihre Schulter.

„Wenn du nicht weiterreden möchtest…", begann Andrea.

„Nein, das bringe ich jetzt zu Ende. Es war nicht möglich, meine Mutter zu erreichen. Telefon gab es nicht in unserem Dorf und das Wetter verschlechterte sich, so dass die Straße unpassierbar wurde. Eine Familie, die den Überfall überlebt hatte, nahm mich solange bei sich auf. Es wird erzählt, dass ich eine Woche lang kein Wort sprach.

Dann brachte mich ein Polizeijeep zurück ins Dorf. Meine Mutter brach völlig zusammen. Sie war nicht in der Lage, für mich und meine Geschwister zu sorgen. Also übernahm ich ihre Rolle und versorgte sie und die Kleinen.

Nach zwei Wochen schickte die Organisation endlich einen Helikopter, um uns zu holen. Wir flogen zurück nach Deutschland. Meine Mutter war schwer depressiv und musste in eine Klinik, wir Kinder wurden bei Verwandten untergebracht, bei fremden Leuten, die wir nicht kannten. Könnt ihr euch den Kulturschock vorstellen? Plötzlich nur noch deutsch sprechen, die deutschen Regeln beachten, jeden Tag mit so vielen Kindern in die Schule gehen, Hausaufgaben machen! Damals war Kindertherapie noch nicht in Mode, deshalb kümmerte sich keiner um mich. Ich war ein braves Mädchen und tat, was man von mir verlangte. Schließlich wollte ich meiner Mutter nicht noch mehr Sorgen bereiten, als sie sowieso schon hatte.

Nach sechs Monaten kam sie zurück. Die Organisation besorgte uns eine Wohnung. Wir lebten wieder als Familie zusammen, wobei ich große Teile der Hausarbeit übernahm, denn meine Mutter blieb kränklich.

Als sie meinen Stiefvater kennenlernte, entspannte sich die Situation. Kurt war ein netter Mann, sorgte gut für uns, und meine Geschwister nahmen ihn rasch als Vaterersatz an. Mir gelang das nicht: Er konnte meinem starken Papa nicht das Wasser reichen! Mein Papa war mein Held, und er war einen Heldentod gestorben.

Nach dem Abi entschied ich mich gegen ein Studium. Ich wollte so schnell wie möglich unabhängig sein. Also machte ich eine Schneiderlehre und finanzierte die Schule für Modedesign damit, dass ich für ein exklusives Modehaus Klamotten änderte. Die Chefs dort wurden auf mich aufmerksam und gaben mir kleinere Designaufträge, die ich zu ihrer Zufriedenheit löste. Als ich genug Geld zusammengespart hatte, eröffnete ich mein eigenes Geschäft. So, jetzt kennt ihr meine Geschichte." Wir schwiegen.

„Und dann kamen meine Männer", fuhr Claire fort. „Erinnerst du dich an unser Gespräch, Maria, als du mir von deinen Prägungen erzählt hast und wie die sich auf deine Beziehung auswirken? Ich wollte einen starken Mann, bei dem ich die Kontrolle abgeben und mich fallen lassen konnte. Jetzt wird mir langsam klar, dass ich immer meinen Vater gesucht habe."

„Und durch die Trennung von Charles bist du deshalb abgestürzt, weil er dich plötzlich ohne Vorwarnung abserviert hat", sagte ich. „Da ist doch etwas ganz Ähnliches passiert wie beim Tod deines Vaters." Claire schaute mich erstaunt an.

„Maria, du solltest den Job wechseln. Da hast du überhaupt Recht. So hab ich das noch gar nicht gesehen!"

„Meine Männer hab ich mir auch nach diesem Muster ausgesucht", sagte Andrea. „Genau dieselbe Scheiße, die ich durch meinen Vater kannte, habe ich in meinen Partner gefunden. Aber was ist bei dir und Thomas schief gelaufen, Maria? Thomas ist kein Alkoholiker, nicht gewalttätig und kein Macho. Was hast du erlebt?"

„Ich habe ein Verlassenheitstrauma und eine Bindungsstörung, sagt meine Therapeutin."

„Und wie wirkt sich das auf deine Beziehung aus?", fragte Andrea. „Alles, was ich von meinen Eltern nicht bekommen habe, verlangte ich von meinem Mann: Sicherheit, Versorgung, Glück. Mit diesen Erwartungen war Thomas natürlich total überfordert und es ist auch nicht seine Aufgabe, meine Defizite auszugleichen. Thomas hatte passenderweise ein Thema mit Erwartungen, denn er hatte in seiner Kindheit erfahren, dass er Erwartungen nie erfüllen konnte. So haben wir uns ständig gegenseitig getriggert."

„Ob Paare immer so genau zusammenpassen? So wie der Schlüssel zum Schloss?", fragte Andrea nachdenklich.

„Keine Ahnung, ob das bei allen so ist. Um das herauszufinden, müssten wir umsatteln und Therapeuten werden."

„Und selbst dann wüssten wir nur, dass Paare, die Probleme haben, nach diesem Prinzip funktionieren", stellte Andrea fest. Wir schwiegen, jede in Gedanken an ihre eigenen Erfahrungen mit Partnern versunken.

„Meine Therapeutin geht morgen für zwei Wochen in den Urlaub", unterbrach ich schließlich die Stille. „Ich werde mich bemühen, dem Neuen eine Chance zu geben."

„Zu wem kommst du?", fragte Claire.

„Der Mann heißt Riedmüller."

„Der ist Psychiater", sagte Claire, „den hatte ich auch schon."

„Und wie ist er?" Sie schaute mich nachdenklich an.

„Ich möchte dich nicht beeinflussen. Lern ihn zuerst mal kennen."

„Die Aufstellung bei Frau Baumeister war übrigens klasse", sagte Andrea, „völlig anders, als das, was ich bisher erlebt habe. Da kannst du ruhig hingehen."

„Das tu ich auch", erwiderte ich. „Morgen gleich nach dem Frühstück!" Andrea stand auf.

„Mädels", sagte sie, „das war heftiger Tobak! Was meint ihr? Sollten wir nicht so langsam zurück? Nicht, dass wir plötzlich vor dem verschlossenen Gitter stehen und klettern müssen!" Ich schaute auf die Uhr. Es war kurz vor acht.

„Gute Idee, Andrea. Der Park schließt in fünf Minuten." Ich löschte die Kerze, und wir brachen auf. Der alte Gärtner stand mit dem Schlüssel neben dem schmiedeeisernen Tor.

„Gute Nacht, die Damen", sagte er und hielt uns den Torflügel auf, damit wir hindurchgehen konnten. Hinter uns fiel das Tor klickend ins Schloss.

20 Ich erwachte früh, stand auf und öffnete das Fenster.
Auf dem Meer lag duftig weißer Nebel, die Sonne zeigte sich nur als ein etwas hellerer Fleck am Himmel. Das

sonore Brummen eines Schiffsmotors, das sich langsam entfernte, ließ vermuten, dass einer der Fischer gerade ausgelaufen war. Sehen konnte ich nichts. Die feuchte, kühle Luft ließ mich frösteln. Ich schloss das Fenster und stellte mich unter die Dusche.

Die Aufstellung ging mir durch den Kopf. Welche Szene sollte ich mir anschauen? Wahrscheinlich war es am klügsten, mit dem Anfang anzufangen, um ein Gefühl für eine sichere Bindung zu bekommen.

Nach dem Frühstück lief ich in den ersten Stock zum Gruppenraum und setzte mich auf einen der Stühle im Stuhlkreis. Nach und nach trudelten die anderen ein. Andrea und Claire setzten sich neben mich. Frau Baumeister öffnete schwungvoll die Tür.

Moin, moin, alle miteinander! Ich begrüße Sie zu unserer heutigen Aufstellung. Frau Hundhausen, bleibt es dabei, dass Sie sich Ihr Thema anschauen wollen?" Ich nickte.

„Dann schildern Sie bitte der Gruppe, worum es für Sie geht." Das tat ich und fasste kurz zusammen, was ich als Säugling erlebt hatte.

„Wen brauchen Sie für Ihr Bild?" Ich wählte Hedwig als Stellvertreterin für meine Mutter, Klaus für meinen Vater, Ingrid für meine Großmutter und Claire für mich. Ich stellte meine Mutter, meinen Vater und meine Großmutter nahe zusammen. Die Stellvertreterin für mich stellte ich so weit weg, wie es der Raum erlaubte.

„Wie geht es Ihnen?", fragte Frau Baumeister die Stellvertreter. Die Erwachsenen sagten übereinstimmend, sie seien so sehr mit sich selbst beschäftigt, dass sie mich überhaupt nicht wahrnehmen. Claire, die mich darstellte, fühlte sich einsam – und wütend. Das verwunderte mich.

„Ich bin stinksauer", schimpfte sie. „Ich bin ein Säugling, wenige Wochen alt, und ihr seid nur mit euch beschäftigt! Dafür gibt es keine Entschuldigung. Gar keine!" Meine Therapeutin schaute mich an.

„Machen die Aussagen Ihrer Stellvertreter Resonanz?" Ich nickte.

„Was hätte das kleine Mädchen gebraucht?", fragte sie.

„Eine Mutter, die sich um mich kümmert, die nicht krank ist und nicht ohne mich in den Urlaub fährt."

„Suchen Sie sich eine ideale Mutter", sagte Frau Baumeister. Ich bat Manuela, die Frau, die für mich am mütterlichsten wirkte. Sie schaute mich freundlich an, nahm meine Hände und sagte:

„Ich bin deine ideale Mutter. Ich habe nichts zu tun mit deiner leiblichen Mutter."

„Was soll Ihre ideale Mutter tun?"

„Sie soll mich halten und mir sagen, dass sie immer bei mir bleiben wird." Frau Baumeister nahm eine Decke, legte sie auf den Boden und warf einige Kissen darauf. Manuela setzte sich und ich kuschelte mich in ihren Arm. Mein Kopf lag an ihrem Busen und plötzlich hörte ich ihren Herzschlag. Fasziniert lauschte ich diesem Rhythmus. Wie beruhigend!

„Ich bleibe bei dir", sagte meine ideale Mutter. „Ich bin immer für dich da." Begierig saugte ich die Worte in mich auf. Eine Mutter, die für mich da ist, die nie weggeht! Manuela wiederholte diese Worte wie ein Mantra: „Ich bleibe bei dir – ich bleibe bei dir – ich bleibe bei dir." Dann sagte sie:

„Bei mir bist du sicher!" Ich zuckte zusammen. Sicher bei meiner Mutter?

„Ich bin deine ideale Mutter", wiederholte Manuela, „und bei mir bist du sicher." Ach ja, meine ideale Mutter. Ich ließ mich fallen. Ich war sicher bei meiner Mutter. Sicher und geborgen.

Irgendwann hatte ich genug. Ich tauchte auf aus einer anderen Welt und einer anderen Zeit. Langsam löste ich mich von meiner idealen Mutter. Die Stellvertreter meiner Familie standen immer noch da, wohin ich sie gestellt hatte. Es war mir egal, denn ich hatte das gute, sichere Gefühl in mir gespeichert. Ich hatte mütterliche Geborgenheit erlebt. Das konnte mir niemand mehr nehmen. Manuela stellte sich vor mich und sagte: „Ich bin jetzt nicht mehr deine ideale Mutter. Ich bin jetzt wieder Manuela!"

„Ich danke dir, Manuela", sagte ich bewegt. Auch die Stellvertreter meiner realen Familie wurden aus ihren Rollen entlassen und auch bei ihnen bedankte ich mich.

„Viele Dank für Ihre konzentrierte Mitarbeit. Wir sehen uns in drei Wochen!", sagte Frau Baumeister. Die Gruppe war zu Ende und wir gingen hinaus.

„Frau Hundhausen!", rief sie mich zurück. „Ich wünsche Ihnen alles Gute. Dr. Riedmüller wird Sie übernehmen und ich bin mir sicher, dass Sie sich gut betreut fühlen werden." Ich nickte, obwohl ich mir dessen nicht so sicher war.

„Ich wünsche Ihnen einen schönen Urlaub, und, danke für alles!"

„Danke für Ihr Vertrauen", erwiderte meine Therapeutin. Mehr blieb nicht zu sagen. Ich holte meine Jacke aus dem Zimmer, lief langsam den Strand entlang und gab dem neuen Gefühl Raum in mir. Es ging mir gut und ich fühlte mich geliebt. Ich hätte die ganze Welt umarmen können.

21 Als ich eine Stunde später zurückkam, parkte vor der Klinik ein Rettungswagen mit angeschaltetem Blaulicht, daneben ein Notarztwagen. Was war denn hier los? Erschrocken lief ich hinein. Frau Brodersen und Herr Bramstedt standen vor der Rezeption und diskutierten leise. Ich hörte die Wortfetzen: „Frau Legrand – ohnmächtig – Krankenhaus". Frau Legrand? Claire? Sie war zusammengeklappt? Gestern ging es ihr doch so viel besser?

Die Tür zum Ärztezimmer war geschlossen. Ich hielt mich im Hintergrund und versuchte, möglichst nicht aufzufallen, denn ich wollte unbedingt wissen, was mit Claire geschehen würde. Ein Mann mit orangefarbener Weste und der Aufschrift *Notarzt* riss die Tür auf und stürmte hinaus. Ich schnappte die Worte „verantwortungslos" und „auf eigene Gefahr" auf. Dann hörte ich Claires Stimme:

„Da gehe ich nicht hin! Das liegt nur an diesem Scheißmedikament, das ich gestern Abend nehmen musste." Dem Himmel sei Dank, sie meckerte schon wieder! Dann ging es ihr besser.

„Seien Sie doch vernünftig", hörte ich Dr. Hansen sagen, „und gehen Sie ein paar Tage in die Psychiatrie. Dort kann man Sie viel besser einstellen."

„Nur über meine Leiche", rief Claire.

„So weit wollen wir es nun wirklich nicht kommen lassen", beschwichtigte eine Männerstimme. War das Dr. Riedmüller?

„Wir machen uns wirklich Sorgen um Ihre Gesundheit."

„Das tue ich langsam auch. Mir geht es immer schlechter und ich bezweifle stark, dass das Konzept dieser Klinik für mich passt."

„Immer mit der Ruhe", fiel ihr Frau Baumeister ins Wort.

„Sie waren gerade ohnmächtig und brauchten einen Notarzt. Ich schlage vor, Sie ruhen sich zuerst einmal aus. Herr Bramstedt bringt Sie in Ihr Zimmer."

Herr Bramstedt, der seinen Namen hörte, eilte ins Ärztezimmer. Wenige Augenblicke später kam Claire gestützt auf seinen Arm heraus, dicht gefolgt von Dr. Hansen, Frau Baumeister und Dr. Riedmüller. Claire sah mich nur traurig an. Bevor ich zu ihr gehen konnte, sagte Dr. Hansen:

„Frau Hundhausen, benötigen Sie etwas? Wenn nicht, dann gehen Sie bitte weiter. Wir hätten hier etwas zu besprechen und Frau Legrand braucht unbedingte Ruhe." Schon verstanden, ich war hier also unerwünscht. Ich verzog mich auf mein Zimmer, nahm mein Handy und schrieb Claire eine SMS: „Was ist passiert?"

„Habe wieder ein neues Medikament gekriegt, das vierte in fünf Tagen. Habe es nicht vertragen und bin zusammengeklappt. Will nicht in die Psychiatrie."

„Gut gekämpft!" schrieb ich zurück. „Wann kann ich dich sehen?"

„Später vielleicht", antwortete sie. „Kriege einen Babysitter ins Zimmer, damit ich nicht türme."

22 Claires Zusammenbruch war *das* Gesprächsthema am Mittagstisch.

„Warum geht sie nicht in die Psychiatrie?", fragte Hedwig. „Wenn die Therapeuten doch sagen, dass man ihr da besser helfen kann."

„Das bezweifle ich sehr", mischte sich Lorenzo ein. „Bevor ich hierher kam, war ich in der Psychiatrie. Es war der reine Horror. Dort füllen sie dich mit Pillen ab, die dich zum

Zombie machen. Gespräche kriegst du einmal in der Woche und die sind nur dazu da, die Medikation zu überprüfen. Zum Glück haben meine Eltern diese Privatklinik für mich gefunden."

„Ja, die Psychiatrie ist gewöhnungsbedürftig", sagte nun auch Manuela. „Zuerst war ich wegen meiner Depressionen dort, und es ging mir ähnlich wie dir, Lorenzo. Ich finde aber, dass sich die Ärzte und das Pflegepersonal trotzdem große Mühe gegeben haben, mir zu helfen."

„Vielleicht ging es euch deshalb nicht gut in der Psychiatrie, weil ihr dort einfach nicht hingehört habt", warf Andrea in die Diskussion.

„Claire ist kein Fall für die Psychiatrie", schaltete ich mich in das Gespräch. Alle schauten mich an. „Sie ist nicht psychisch krank", fuhr ich fort, „sie ist traumatisiert und braucht Unterstützung, damit sie mit dem Leben wieder klar kommt."

„Maria, meinst du nicht, dass du den Mund zu voll nimmst?", fragte Hedwig. „Die Ärzte sind schließlich vom Fach."

„Das hindert mich nicht, meinen Verstand zu gebrauchen", entgegnete ich ärgerlich, denn diese Frau ging mir langsam wirklich auf die Nerven.

„Ich finde, du bringst Spannung in unsere Gemeinschaft", beschwerte sich Janine. „Besprich das mal mit deinem Therapeuten."

„Hab ich hier nicht das Recht, meine Meinung zu sagen?", gab ich wütend zurück.

„Mädels", beschwichtigte Andrea, „hört auf zu streiten. Das Wichtigste ist, dass es Claire wieder besser geht. Wir haben sie alle sehr gern und deshalb regt es uns auf, wenn es ihr schlecht geht."

„Genau", sagte Klaus, „hört auf! Ich halte dieses Gezicke nämlich nicht aus. Wenn ihr weitermacht, dann gehe ich."

„Du könntest etwas Diplomatie lernen", tuschelte mir Andrea zu. „Es lohnt doch gar nicht, sich mit diesen Gänsen anzulegen."

„Diplomatie beherrschst du wirklich viel besser als ich", seufzte ich. „Wo hast du das nur gelernt?"

„Im Kinderhort! Dort galt: Halt den Mund, fall ja nicht auf und tu dann, was du willst." Ich schaute sie erstaunt an.

„Guck nicht so, Maria. Ich komme aus dem Osten."

„Das hört man gar nicht", sagte ich erstaunt. „Ich lebe ja auch schon länger im Westen."

„Seit der Wende?"

„Nein, zwei Jahre vorher. Wenn ich gewusst hätte, dass die Mauer fällt, dann wäre ich nicht abgehauen."

„Du bist geflüchtet?" An den Tischen war es plötzlich ruhig geworden. Alle hörten zu.

„Nicht wirklich. Ich hab mich bei einem Wettkampf in München abgesetzt."

„Was war das für ein Wettkampf?", fragte Lorenzo.

„Die Europameisterschaft im Bodenturnen. Ich war eines dieser Sportlerkinder. Das hieß, fünfmal in der Woche Training und an den Wochenenden Wettkämpfe. Das Training war knallhart. Wenn du den Spagat nicht bis ganz auf den Boden schafftest, drückte dich der Trainer einfach runter. Das tat höllisch weh, aber mucksen durftest du nicht. Außerdem durfte ich mich nie satt essen, um mein Gewicht zu halten."

„Deswegen bist du jetzt so scharf auf Kuchen!", stellte Arnold fest. Andrea lachte.

„Da ist was dran. Ich sollte noch mehr essen, um dieses

Trauma zu verarbeiten! Spaß beiseite. Ich war ziemlich begabt und durfte deshalb zu Wettkämpfen in andere Länder. Zuerst ging es nur ins befreundete sozialistische Ausland wie Ungarn oder Bulgarien. Als sich das Verhältnis der beiden deutschen Staaten entspannte, durfte ich zu einem Wettkampf in die BRD. Sobald ich wusste, dass ich in der Mannschaft sein würde, plante ich meinen Ausstieg. Ich war sechzehn, hatte die Nase voll von der Knochenarbeit und von den Pillen, die ich ständig schlucken musste."

„Ach, jetzt verstehe ich, warum du Medikamente nicht ausstehen kannst! Wurdest du wirklich gedopt?", fragte Ingrid interessiert.

„Na klar, gedopt wurden wir alle! Ich habe das Zeug ganz gut vertragen, aber einige aus meiner Mannschaft bekamen starke Allergien oder wurden krank. Einige können überhaupt keine Medikamente mehr nehmen, weil sie sogar von Kopfschmerztabletten süchtig werden würden. Und über die Todesfälle habt ihr sicher in der Presse gelesen."

„Krass", sagte Janine. „Ich hatte geglaubt, das sei alles Übertreibung!"

„Keineswegs", entgegnete Andrea. „Denen war vor allem wichtig, dass wir Medaillen holen, egal, wie es uns dabei körperlich ging. Die seelische Verfassung spielte überhaupt keine Rolle. Unsere Eltern unterstützten das Regime, denn dadurch hatten sie viele Vorteile."

„Gibst du mir ein Exklusivinterview, wenn wir beide draußen sind?", fragte Ingrid, die Journalistin.

„Ne, lass mal", wehrte Andrea ab, „das Thema möchte ich nicht wieder auffrischen. Also, ich kam zu diesem Wettkampf nach München und habe dort um politisches Asyl gebeten."

„Wie hast du das gemacht?", fragte ich.

„Ganz einfach: Ich bin zur nächsten Polizeidienststelle gegangen, habe meinen Ausweis auf den Tresen gelegt und gesagt: ‚Ich komme aus der DDR und ich will nicht mehr zurück.' Danach ging alles wie von selbst. Ich kam in eine Pflegefamilie, habe Abitur gemacht und Architektur studiert."

„Und deine Eltern?", fragte Manuela. „Hattest du keine Sehnsucht nach deiner Familie?"

„Nach einem ständig besoffenen Schläger und einer Mutter, die mich nie geschützt hat? Nein, ehrlich, die habe ich keine Sekunde vermisst. Es tat mir leid, dass mein Bruder wegen meiner Republikflucht kein Abitur machen durfte. Doch dann kam zwei Jahre später die Wende und er hat den Abschluss nachgeholt."

„Hast du dich sehr unterdrückt gefühlt?", fragte Lorenzo.

„Unterdrückt? Durch den Staat? Das war mein Land! Ich kannte ja nichts anderes. Ich habe die politische Situation genutzt, um mich von zu Hause abzusetzen."

„Aus den Geschichten, die wir hier erzählen, könnte man ein Buch schreiben", schwärmte Ingrid.

„Na, ich weiß nicht. Mein Elend als Buch? Wer will das denn lesen?", wandte Klaus ein.

„Wie wär's mit einem Comic", flachste Arnold. „Neues aus der Anstalt!" Er lachte wiehernd los. „Gibt's zwar schon, aber was soll's?"

23 Nach dem Mittagessen ging ich auf mein Zimmer und wählte Thomas Nummer. Er schien auf meinen Anruf gewartet zu haben, denn er antwortete sofort.

„Hallo, meine Liebe", begrüßte er mich herzlich. „Wie

geht es dir heute?" Ich erzählte von der Aufstellung und von dem Frieden, den ich mitgenommen hatte. „Du bist völlig verändert", sagte mein Mann, als ich meinen Bericht beendet hatte. „So wie in der letzten Woche habe ich dich seit Jahren nicht mehr erlebt. Du standest ja nur noch unter Druck und ich saß nur noch auf der Anklagebank."

„Das tut mir so leid", sagte ich leise, „glaub mir, wenn ich die Zeit zurückdrehen könnte, dann würde ich das tun." Thomas atmete tief ein und aus. Dann sagte er:

„Das kommt bei mir an. Glaub mir, mir geht es auch nicht gut. Ich halte die Stellung in der Firma, doch ich fühle mich ziemlich verlassen." Mir stockte der Atem. Er fühlte sich einsam! Mir lag eine Frage auf der Zunge. Sollte ich es wagen sie zu stellen?

Ich dachte an die Regenbö. Vielleicht war die Krise zwischen uns ganz ähnlich: ein heftiges Unwetter, das mich zwar völlig durchnässte, aber vorüberzog und mich meine Lebendigkeit und meine Liebesfähigkeit wieder spüren ließ. Ich nahm all meinen Mut zusammen und fragte:

„Meinst du nicht, wir kriegen das noch mal hin?" Mein Mann schwieg eine Weile. Dann sagte er:

„Ich würde es mir wünschen." Mein Herz machte einen Satz.

„Meinst du das ernst, Thomas?"

„Maria, wir waren nicht umsonst mehr als zwanzig Jahre zusammen. Ich habe durch meine Therapie verstanden, wie sehr sich auch das, was ich in meiner Kindheit erlebt habe, auf unsere Beziehung auswirkte. Was sich bei dir verändert hat, merke ich in jedem Gespräch. Wir haben so viel miteinander aufgebaut! Ich wäre ja schön blöd, wenn ich uns diese Chance nicht geben würde. Deshalb lautet meine Antwort:

Ja, ich würde es mir wirklich wünschen!"

„Jetzt würde ich dir am liebsten um den Hals fallen!", rief ich begeistert. „Thomas, ich freue mich so sehr!" Wir schwiegen eine Weile.

„Ich hätte nie gedacht, dass dir die Trennung von mir so nahe gehen würde", brach mein Mann das Schweigen. „Ich dachte, du könntest mich sowieso nicht mehr ertragen, würdest einfach zur Tür hinausgehen und ganz cool dein Ding machen." Ich schaute hinaus aufs Meer, auf den Leuchtturm, der den Schiffen den Weg am Riff vorbei zum sicheren Hafen wies. Dann wusste ich plötzlich, was ich sagen wollte.

„Thomas, du warst immer meine Heimat, die einzige Heimat, die ich jemals hatte. Du bist mein sicherer Hafen. Es tut mir so leid, dass ich dir das nicht mehr zeigen konnte."

„Und mir tut es leid, dass es dir so schlecht gegangen ist." Wir schwiegen. Es war ein gutes Schweigen.

„Erzähl mir von dir", bat mich mein Mann. Ich begann zu erzählen, er fragte nach, ich erzählte weiter und als ich wieder auf die Uhr schaute, war eine Stunde vergangen.

„Wir reden wieder so wie früher", sagte ich.

„Besser als früher. Ich habe Sehnsucht nach dir", sagte Thomas leise.

„Und ich habe Sehnsucht nach dir!"

„Ich fühle jetzt wieder, dass ich dich liebe, Maria."

„Und ich liebe dich, Thomas!"

Weiter konnte ich nichts sagen. Dazu war ich viel zu bewegt. Aber jetzt wusste ich, dass wir es schaffen konnten, dass wir es schaffen würden!

„Lass es dir gut gehen und pass auf dich auf", sagte Thomas. „Ich ruf dich morgen wieder an."

„Bis bald, Thomas!"

ial IV

Verwirrung

1 Ich ging die Treppen hinunter, denn Dr. Riedmüller hatte sein Zimmer im ersten Stock gegenüber dem Aufenthaltsraum. Die Tür war noch geschlossen, also setzte ich mich auf das Sofa und wartete. Nach etwa fünf Minuten wurde die Tür geöffnet, und der Psychiater verabschiedete sich von Hedwig. Also war er der Therapeut, dem sie mehr traute, als sich selbst. Und ich hatte richtig getippt: Er war der andere Arzt, der sich um Claire gekümmert hatte. Lächelnd ging er mir entgegen und reichte mir die Hand.

„Frau Hundhausen! Ich grüße Sie. Sie sind also meine neue Assistentin!" Ich war verwirrt.

„Wieso Assistentin?", fragte ich.

„So wie Sie sich um Frau Legrand kümmern, können Sie mit unserer Vorgehensweise hier nicht einverstanden sein. Ihr Eifer in Ehren, Frau Hundhausen! Sie sollten jedoch die Therapie einer so kranken Frau wie Frau Legrand lieber uns überlassen." Scheiße! Hatte die Müller gepetzt? Und Claire war doch keine kranke Frau?

„Ich therapiere sie nicht", versuchte ich mich zu rechtfertigen. „Das kann ich doch gar nicht!" Er schaute mich überlegen lächelnd an.

„Warum haben Sie es dann versucht?" Ich war baff! Hatte er mir nicht zugehört?

„Wollen wir uns nicht lieber im Zimmer weiter unterhalten?", fragte er und wies auf die geöffnete Tür. Ich ging hinein. Vor dem breiten Fenster hingen Gardinen, die verhinderten, dass man nach draußen schauen konnte. Ein breiter Schreibtisch aus poliertem Mahagoni dominierte den Raum. Davor stand ein einzelner mit schwarzem Leder bezogener Stuhl, dahinter eine Art Chefsessel. Welch ein Kontrast zu dem gemütlichen Zimmer meiner Therapeutin!

Dr. Riedmüller wies auf den Stuhl. „Bitte nehmen Sie Platz." Er ging um den Schreibtisch herum und setzte sich dort auf den Chefsessel.

„Was möchten Sie mit mir besprechen?" Ich schaute ihn verunsichert an. Uns trennten fast zwei Meter Schreibtisch, beladen mit Akten und Zetteln, einem Telefon, einem Laptop, mehreren Füllern, Kugelschreibern, Bleistiften und Radiergummis und den Fotos seiner gesamten Familie. Offensichtlich hatte er Töchter, die gerne ritten, denn die Fotos der Mädchen zeigten sie im Sattel edler Pferde. Was sollte ich sagen?

„Ich bin traumatisiert...", begann ich, worauf er spöttisch lächelnd den Kopf schüttelte, was mich noch mehr verunsicherte. Hatte ich etwas Falsches gesagt? Das Trauma hatte meine Therapeutin doch klar diagnostiziert und außerdem war ich im Traumaprogramm der Klinik! Ich riss mich zusammen.

„Ich bin traumatisiert", begann ich den Satz noch einmal und schaute Dr. Riedmüller vorsichtshalber nicht an, damit er mich mit seiner Mimik nicht noch einmal durcheinander brachte.

„Ich habe schon viel verstanden und aufgearbeitet. Was ich dringend bräuchte, wären Strategien, um mit den Triggern besser umzugehen."

„Straaa-teee-giiien!" Er zog die Vokale des Wortes in die Länge, so dass es lächerlich klang. „Das Köpfchen funktioniert ja prima!"

Das Köpfchen?

Welches Köpfchen?

Mein Köpfchen?

Sprach er von meinem Köpfchen? Ich merkte, wie ich ärgerlich wurde und riss mich wieder zusammen. Dies hier war mein Therapeut, mit dem ich noch zwei Wochen auskommen sollte.

„Wie meinen Sie das?", fragte ich.

„Sie sind nur im Kopf. Ich vermisse Ihr Gefühl!"

„Ich fange doch gerade erst an", rechtfertigte ich mich. Schon wieder rechtfertigte ich mich! Die Stunde hatte gerade erst angefangen und ich verteidigte mich! Das kannte ich überhaupt nicht von meiner Therapeutin.

„Ich nehme wahr, dass Sie überhaupt nicht in Kontakt mit sich sind", sagte Dr. Riedmüller

„Woran merken Sie das?"

„Das Köpfchen, das Köpfchen!" Dr. Riedmüller schüttelte bedenklich den Kopf. „Wenn Sie weiterhin die Therapie blokkieren, kommen Sie keinen Schritt weiter."

„Ich blockiere die Therapie?" Jetzt war ich völlig verwirrt. Er antwortete nicht. Stattdessen fragt er:

„Haben Sie schon mal über eine Verlängerung Ihrer Zeit hier nachgedacht?"

„Ich bleibe vier Wochen, mehr Zeit habe ich nicht. Außerdem zahlt meine Krankenkasse nicht mehr." Er machte eine wegwerfende Handbewegung.

„Die Haltung Ihrer Krankenkasse ist unethisch und vom Gesetzgeber verboten." Er blätterte in seinen Papieren und hielt ein Blatt hoch. „In Ihren Versicherungsunterlagen steht das zwar", erklärte er und deutete mit der Spitze seines Kugelschreibers auf das Blatt, „doch wir haben hier unsere Fachleute, die eine Verlängerung bei Ihrer Kasse durchsetzen können, wenn Sie das wollen."

Ich war sprachlos. Jetzt fing dieser Zirkus also auch bei mir an! Sollte ich in meiner Therapiestunde die ethische

Haltung meiner Versicherung diskutieren?

„Ich habe aber nur vier Wochen Zeit", entgegnete ich mit fester Stimme. „Ich muss zurück in meine Firma, sonst kann ich die hohen Beiträge meiner Krankenkasse nicht bezahlen." Dr. Riedmüller schaute mich durchdringend an, beugte sich vor, stützte die Ellenbogen auf die Schreibtischplatte und faltete die Hände.

„Frau Hundhausen!" Seine Stimme färbte sich väterlich fürsorglich. „Sie sollten sich schon etwas mehr wert sein. Wenn Sie, wie Sie sagen, wirklich traumatisiert sind, dann sollten Sie wissen, dass eine solide Traumatherapie drei Monate dauert. Drei Monate und nicht vier Wochen. Das hat seine Gründe! Vorher fangen wir mit der Traumatherapie gar nicht an." Den Text kannte ich schon.

„Aber ich kenne meine Trigger. Sie passieren mir jetzt! Warum helfen Sie mir nicht, besser damit umzugehen?" Er schaute mich wieder so merkwürdig an. Ich fühlte mich wie ein Einzeller unter dem Mikroskop.

„Haben wir da einen kleinen Machtkampf?" fragte er überlegen lächelnd.

„Wieso Machtkampf?", entgegnete ich. Er antwortete nicht, las in seinen Unterlagen und schüttelte schon wieder den Kopf. Was las er da? Was stand da über mich geschrieben? Etwas Negatives? Ich merkte, wie sich das bekannte Triggergefühl einzustellen begann. Panik!

„Atme, Maria, atme, spüre die Füße auf dem Boden", dachte ich. „Bleib cool!"

„So, so", sagte Dr. Riedmüller und fasste mich mit seinem durchdringenden Blick ins Auge. „Sie sind also Systemanalytikerin." Er machte eine Pause. Ich nickte.

„In diesem Beruf sehe ich Sie überhaupt nicht." Ich

schaute ihn fassungslos an. Was passierte da mit mir? Dies war mein Therapeut! Er sollte mir helfen! Das war sein verdammter Job! Mein Triggergefühl wurde wieder stärker.

„Ich bin gut in meinem Beruf!" Meine Stimme klang dünn. Er schaute mich an und schüttelte traurig den Kopf.

„Das Köpfchen, das Köpfchen." Das war zu viel! Ich brach in Tränen aus. Ich konnte nicht mehr. Der Abgrund drohte.

„Ich will die Stunde beenden", stieß ich hervor, stand auf und rannte hinaus, flüchtete mich auf mein Zimmer und warf mich schluchzend auf mein Bett.

Zum Abendessen erschien ich nicht, klingelte nachts nach der Schwester und erzählte, wie es mir ging.

„Ach der", sagte sie, „lassen Sie sich von dem nicht einschüchtern. Zu dem kann man nur gehen, wenn man stark ist!" Sie gab mir eine Pille, die erste seit zwei Wochen. Warum nur war ich so getriggert? Warum ging es mir so schlecht?

2 Am nächsten Morgen fühlte ich mich wie gerädert. Ich riss das Fenster auf, ließ frische Luft in mein Zimmer und stellte mich zwanzig Minuten unter die heiße Dusche. Danach fühlte ich mich gut genug, um in den Wintergarten zum Frühstück zu gehen. Mein Handy keckerte. Ich las die SMS von Thomas: „Hab gleich fünf Minuten Pause. Ich ruf dich an."

„Na, wie war der Neue?", fragte er neugierig. Ich erzählte von meinem merkwürdigen Erlebnis mit dem Psychiater und Thomas wurde stinksauer.

„Da gehst du nicht mehr hin! Es ging dir doch schon so gut! Was macht der Typ mit dir?"

„Keine Ahnung. Ich kann aber nicht einfach wegbleiben, sonst krieg ich Ärger mit der Krankenkasse. Ich werde mit Frau Brodersen sprechen und ihr sagen, dass ich einen anderen Therapeuten will." Ich schaute auf meine Uhr. Gleich würde die Sprechzeit beginnen.

„Ich besprech das jetzt, Thomas! Bis später."

Ich lief hinunter zur Rezeption und klopfte an die Tür des Pflegezimmers. Frau Brodersens Stimme rief:

„Herein!" Ich schilderte ihr mein Erlebnis und sie war sichtlich erstaunt.

„Frau Hundhausen, das muss sich um ein Missverständnis handeln! Herr Dr. Riedmüller wird von seinen Patienten sehr geschätzt. Er ist außerordentlich kompetent – Psychiater und Psychotherapeut. Seine Arbeitsweise ist vielleicht ein bisschen unkonventionell. Geben Sie ihm noch eine Chance, Frau Hundhausen. Sie sind verständlicherweise sehr empfindsam. Das ist ja auch kein Wunder, nach allem, was Sie in der letzten Zeit erlebt haben! Es ging Ihnen doch schon so viel besser." Sie sah mich erwartungsvoll an. Ich merkte, wie ich unsicher wurde. Sie hatte Recht. Ich fühlte mich wie ein rohes Ei, nein, eigentlich eher wie ein Ei ohne Schale, nur mit der Eihaut über dem flüssigen Inhalt. Hatte ich überzogen reagiert?

„Also gut", gab ich nach, „wahrscheinlich haben Sie Recht. Ich bin wirklich gerade sehr empfindlich. Ich versuche es noch einmal."

„Wenn es wieder nicht klappt, kommen Sie gleich zu mir", bot sie mir an. „Dann werden ich tun, was ich kann, damit ich Sie bei einem anderen Therapeuten unterbringe."

Ich gab mir einen Ruck und verabschiedete mich freundlich lächelnd, obwohl mir gar nicht nach Lächeln zu Mute war, ging hinaus in den Garten und setzte mich in den Strandkorb.

Was war in der Sitzung mit mir passiert?

Was hatte mich getriggert?

Ich ließ mir die Sitzung durch den Kopf gehen, langsam, in Zeitlupe, versuchte, mich an die Fragen des Psychiaters und meine Antworten zu erinnern. Warum hatte ich ständig das Gefühl gehabt, mich verteidigen zu müssen?

Und dann fiel es mir wie Schuppen von den Augen: Nichts von dem, was ich gesagt hatte, war so angekommen, wie ich es gemeint hatte! Dr. Riedmüller hatte es meisterhaft verstanden, den Sinn meiner Aussagen jedes Mal so zu verändern, dass es nicht mehr das war, was ich hatte sagen wollen. Ich hatte es also mit Unterstellungen zu tun gehabt! Kein Wunder, dass ich getriggert war.

Wusste Dr. Riedmüller, was er tat?

Das war eine verdammt wichtige Frage! Denn dann hätte er bewusst versuchen, mich zu destabilisieren! Warum sollte er das tun?

„Um deine Aufenthaltsdauer in der Klinik zu verlängern!", sagte die kritische Stimme in mir.

„Nein", wies ich die Stimme zurecht, „das glaube ich nicht. Das kann gar nicht sein. Ich befinde mich hier in einem Krankenhaus, wo alle Therapeuten ihr Bestes geben, um mir zu helfen. Woher sollte Dr. Riedmüller wissen, dass er mich triggert? Er kennt mich doch gar nicht." Doch die kritische Stimme in mir gab sich nicht zufrieden.

„Und das Köpfchen?", fragte sie mich. „Warum hat er immer wieder von deinem Köpfchen geredet? Mit diesem Wort hat er sich selbst groß und dich klein gemacht." Meine Therapeutin hatte im Gegensatz dazu immer betont, dass wir uns auf einer Ebene – auf Augenhöhe – befänden, ja, im Bezug auf meine Psyche hatte sie mir sogar die Expertenrolle zugewiesen.

„Sie kennen sich am längsten", hatte sie mir immer wieder gesagt. Zeigte sich in diesem Kommunikationsmuster meines neuen Therapeuten nur die andere Therapiemethode? Wollte er mir – ganz Vertreter der alten Schule – als „Halbgott in Weiß" meinen mir gebührenden Platz zuweisen und mir klar signalisieren, dass er der Arzt, der Experte für mein Innenleben, und ich die unwissende Patientin war? Sehr nachdenklich ging ich zum Mittagessen.

3   Schon vom Flur her hörte ich Claires fröhliche Stimme. Alle lachten. Am lautesten lachte Arnold. Er schlug sich auf die Schenkel.

„Sie hat echt den Rock verloren? Auf dem Laufsteg? Was hatte sie drunter an?"

„Einen String", rief Claire und schüttelte sich vor Lachen. „Das Publikum war begeistert, besonders die Männer! Und das Modell, ganz Profi, hob den Rock auf, schwenkte ihn wie eine Handtasche durch die Luft und stolzierte hinaus. Danach war ihre Karriere gemacht."

„War ihr das kein bisschen peinlich?", fragte Hedwig. „Für mich wäre das ein Albtraum, wenn ich vor Publikum den Rock verlöre."

„Für sie nicht", kicherte Claire. „Es wäre ihr peinlich gewesen, wenn sie keine schöne Unterwäsche getragen hätte. Doch sie trug glücklicherweise Victoria's Secret. Die hat sie dann auch gleich für ihre nächste Show gebucht! Kinder, glaubt mir, das hat sich für das Modell echt gelohnt!"

Ich setzte mich auf einen freien Platz und schaute Claire verwundert an. Gestern noch hatte sie einen Notarzt gebraucht und heute unterhielt sie den ganzen Laden.

„Maria, meine Süße", flötete Claire, „schau nicht so ernst. Es geht mir blendend!" Alle schauten mich an.

„Wie schön", antwortete ich und verzog den Mund zu einem Lächeln. „Ich freue mich für dich." Warum hatte ich so ein komisches Gefühl?

Nach dem Essen verschwand Claire mit den anderen Rauchern auf dem Balkon. Ich ging in den Garten und setzte mich in den Strandkorb. Andrea trat aus der Terrassentür und lief auf mich zu.

„Rutsch mal!", bat sie mich. Ich machte ihr Platz neben mir. Vom Balkon her tönte schallendes Gelächter.

„Hast du eine Ahnung, was da abgeht?", fragte ich.

„Nein, aber es klingt nicht gut", bestätigte Andrea meine Befürchtungen. „Ich bin beunruhigt. Sie wirkt so überdreht!"

„Wir behalten sie im Auge", sagte ich. Andrea nickte.

„Übrigens, wie geht es dir mit deinem neuen Therapeuten?"

„Ich weiß noch nicht. Ich glaube, er ist ein Kotzbrocken, aber ich gebe ihm noch eine zweite Chance."

„Meinst du? Pass auf dich auf!"

„Er wird mich schon nicht beißen", beschwichtigte ich. „Wahrscheinlich war ich einfach ein bisschen empfindlich in der letzten Stunde."

„Pass auf dich auf!", wiederholte Andrea ernst. „Der Riedmüller ist nicht ohne!" Ich ließ das auf sich beruhen, was immer sie damit meinte.

4 Der Tag verlief ruhig. In der Kunsttherapie malte ich ein Bild von meinen Fähigkeiten, und die gestaltete ich farbenfroh und hell. Danach machte ich einen langen entspannten Spaziergang durch den Schlosspark und bewunderte die wachsende Zahl der Frühlingsblumen. Nur wenn ich an meine nächste Therapiestunde dachte, bekam ich ein mulmiges Gefühl.

Kündigen sich Katastrophen an?

Hätte ich, nachdem ich gerade eine Krise überstanden hatte, merken können, was sich da über mir zusammenbraute?

Ich hatte in der letzten Zeit jedoch oft erlebt, dass ich emotional nicht auf die Gegenwart, sondern auf Erlebnisse aus der Vergangenheit reagiert hatte. Meine Triggerreaktionen waren dafür beeindruckende Zeugnisse. Außerdem war mir mehr als deutlich bewusst, wie sehr die Erlebnisse meiner Kindheit mein Urteilsvermögen getrübt hatten.

Ich traute also meinen Gefühlen nicht, die mich vor meinem neuen Therapeuten warnten, und so nahmen die Dinge ungehindert ihren Lauf.

Schon in der Nacht hatte der Wind an Stärke zugenommen. Als ich morgens aus dem Fenster schaute, sah ich grauen Himmel und ein aufgewühltes Meer. Beim Versuch, frische Luft in mein Zimmer zu lassen, riss mir ein Windstoß den Fensterflügel aus der Hand. Mit einem Knall schlug dieser an die Hauswand. Zitternd vor Schreck lehnte ich mich hinaus, zog ihn zurück und erwartete gesprungenes Glas. Doch ich hatte Glück. Es war nichts passiert.

Als ich im Wintergarten saß, öffnete der Himmel seine Schleusen und der Regen platschte so laut auf das Glasdach, dass selbst Arnolds durchdringende Stimme nicht mehr zu hören war. Janine schaute mit ängstlicher Miene hinauf.

„Na, hoffentlich hält das!", raunte sie mir zu. Ich verzog mich gleich nach dem Frühstück wieder in mein Zimmer, legte mich in mein Bett und steckte eine CD ins Laufwerk meines Netbooks. Die Welt von Thomas Manns Dr. Faustus lenkte mich von Dr. Riedmüller ab.

Beim Mittagessen befand ich mich mehr in meiner Innen- als in der Außenwelt und maß der Tatsache, dass mir Claire blass und still gegenüber saß, kaum Bedeutung bei. So nahm ich den Unterschied zu ihrer gestrigen strahlenden Laune zwar wahr, doch drang diese Information nicht so weit in mein Bewusstsein, dass ich sie darauf angesprochen hätte.

Auch Andrea war mit sich selbst beschäftigt. Ihre Tochter hatte am Telefon geweint und sie gebeten, endlich wieder nach Hause zu kommen. Nun war sie hin und her gerissen zwischen dem Wunsch, ihr Kind zu sehen und dem Bedürfnis, sich die Erholung zu gönnen, die sie so dringend brauchte.

Wir aßen schweigend und verkrümelten uns danach gleich wieder in unsere Zimmer.

5 Angespannt betrat ich zwei Stunden später das Zimmer von Dr. Riedmüller zu meiner nächsten Sitzung. Er zeigte sich freundlich besorgt.

„Wie geht es Ihnen? Sie haben mich beim letzten Mal, wenn ich es so ausdrücken darf, etwas überstürzt verlassen."

„Es geht mir heute wieder besser. Es tut mir leid. Ich bin etwas dünnhäutig und da sind mir die Nerven durchgegangen."

„Kein Problem, kein Problem", wiederholte er väterlich. „Das kann passieren. Sie befinden sich ja schließlich in einer Klinik. Haben Sie über die Verlängerung Ihrer Zeit hier nachgedacht? Ich meine, nachdem es Ihnen gestern so schlecht ging, ist Ihnen sicher klar geworden, dass Sie viel mehr Zeit brauchen, um sich zu stabilisieren." Nein! Nicht schon wieder!

„Dr. Riedmüller, es bleibt dabei. Ich verlasse die Klinik Ende nächster Woche und suche mir ambulant vor Ort eine Therapeutin, mit der ich weiter an meinem Trauma arbeite. Ich kann mir einen längeren Aufenthalt hier einfach nicht leisten."

„Ihre Entscheidung, Frau Hundhausen, die ich nicht wirklich nachvollziehen, geschweige denn gutheißen kann, aber gut!" Er beugte sich vor und fasste mich ins Auge.

„Sie wollen also wirklich wieder zu Ihrem Mann zurück?", fragte er, bedenklich sein Haupt wiegend.

„Ja, Thomas und ich, wir geben unserer Beziehung eine neue Chance." Dr. Riedmüller hörte nicht auf, bedenklich sein Haupt zu wiegen. Ich merkte, wie sehr mich das verunsicherte.

„Spricht etwas dagegen?"

„Frau Hundhausen", begann er, „ich bin ja auch ein Mann und zudem Ihr Therapeut." Er machte eine Pause und schaute mich mitleidig an. Und dann ließ er die Katze aus dem Sack:

„Ich habe das Gefühl, dass da noch eine dritte Person im Spiel ist." Mir lief ein eiskalter Schauer über den Rücken.

„Eine dritte Person?", fragte ich. „Was für eine dritte Person meinen Sie?"

„Seien Sie nicht naiv!", wies er mich zurecht. „Wenn ein

Mann seine Frau so mir nichts dir nichts verlässt, dann steckt meist eine andere Frau dahinter."

„Thomas würde mich nicht belügen", unterbrach ich ihn hitzig.

„Frau Hundhausen!" Seine Stimme klang väterlich. „Ich möchte einfach sicherstellen, dass Sie nicht ins Messer laufen. Die meisten Männer verschweigen ihre Außenbeziehungen, da wäre Ihr Mann keine Ausnahme."

„Aber ich kenne Thomas", wehrte ich diesen schrecklichen Verdacht ab, „wir waren immer ehrlich miteinander." Dr. Riedmüller schaute mich mitleidig an. Ich merkte, wie lahm meine Versuche klangen, seinen Verdacht zu entkräften. Langsam wurde ich unsicher. Ich war seit einigen Wochen nicht mehr zu Hause. Wusste ich denn, was mein Mann tat?

War ich mir wirklich sicher, dass er nicht schon längst einen Ersatz für mich gefunden hatte und nur so lange nett zu mir war, bis ich mich so weit stabilisiert hatte, dass ich eine Scheidung verkraftete? Plötzlich spürte ich eine eiskalte Faust im Magen. Angst!

Wusste Dr. Riedmüller etwas, was ich nicht wusste? Hatte Thomas mit ihm gesprochen?

„Weshalb sind Sie sich so sicher, dass Sie Ihren Mann so gut kennen?", goss der Psychiater Öl ins Feuer meiner Angst. „Das kann ich wirklich nicht nachvollziehen, denn sonst hätte Sie sein Trennungswunsch nicht so überraschen können." Da hatte er Recht! Die Angst breitete sich in meinem Körper aus. Mein Herz hämmerte, fing an zu stolpern. Es dröhnte in meinen Ohren, kalter Schweiß brach aus allen Poren.

„Aber wer, wer sollte das sein?", stammelte ich.

„Frau Hundhausen! Seien Sie nicht kindisch. Wie lernt ein Mann eine Frau kennen? Durchs Internet? Das wäre Ihnen gar nicht aufgefallen. Und wenn ich bedenke, dass Sie so dringend zurück in die Firma müssen, obwohl Sie noch lange nicht so weit sind, dann kann ich nur daraus schließen, dass es Ihnen finanziell auch nicht gut geht. Haben Sie einen Überblick über Ihre Konten?"

„Die Finanzen regelt Thomas. Das macht er gut!", rief ich in Panik.

„Ach, das macht auch der Herr Gemahl", antwortete der Psychiater spöttisch. „Frau Hundhausen, Frau Hundhausen, sind Sie sicher, dass er da nichts für sich auf die Seite geschafft hat? Für den Neubeginn mit seiner Geliebten?" Meine Gedanken überstürzten sich. Thomas hatte davon gesprochen, ein eigenes Konto eröffnen zu wollen, eines, für das ich keine Vollmacht haben sollte.

„Aber das hat er doch gleich wieder aufgegeben, nachdem du deine Bedenken angemeldet hattest", mahnte meine innere Stimme. Dr. Riedmüller ließ mich keine Sekunde aus dem Blick, seine Miene spiegelte väterliche Fürsorge. Er schüttelte traurig sein Haupt und ließ die nächste Katze aus dem Sack.

„So eine Geschichte wirkt nicht gut auf die Kunden. Das muss ich Ihnen bestimmt nicht sagen, Frau Hundhausen. Eine Systemanalytikerin, die solch gravierenden Probleme in ihrem eigenen System nicht erkannt hat! Sie werden mit einem gewissen Schwund rechnen müssen."

„Sie machen mir Angst!", rief ich. „Hören Sie auf damit!"

„Das muss ich Ihnen sagen können", entgegnete der Psychiater ernst. „Ich will ja nur Ihr Bestes. Aber wenn ich sehe, wie wenig Sie sich im Griff haben, kann ich Ihnen nur davon abraten, diese Klinik so bald zu verlassen. Ich muss Sie sogar warnen! Wenn Sie jetzt gehen, werden Sie mit Sicherheit alles kaputt machen: Ihre Beziehung und Ihre Firma! Die letzte Patientin, die zu früh gegangen ist, hat das, ich muss das leider sagen…", er machte eine Pause und schaute mich bedeutungsvoll an, „sie hat das leider nicht überlebt!"

Jetzt hatte er mich überzeugt! Er wusste etwas, was ich nicht wusste! Thomas hatte eine Geliebte! Ich stürzte ab, brach in Tränen aus, fühlte nur noch eiskalte Panik, zitterte am ganzen Leib. Der Tunnel öffnete sich mildtätig vor mir mit seinem Versprechen auf Beendigung allen Übels.

„Ich will nicht mehr leben!", schluchzte ich. „Ich halte das nicht aus!"

„Maria, Maria", sagte der Psychiater väterlich, „als Ihr behandelnder Arzt halte ich jetzt ein Medikament für höchst angebracht." Plötzlich hatte er eine Pille in der Hand.

„Die nehmen Sie jetzt, sonst muss ich Sie in die Psychiatrie einweisen lassen! Ich kann nicht zulassen, dass Sie sich in Gefahr bringen." Ich spürte die Pille im Mund, – sie schmeckte bitter –, trank das Wasser, das er mir reichte. Jens Bramstedt stand plötzlich im Zimmer, zog mich hoch von meinem Stuhl, hielt mich fest am Arm. Mir war schwindelig. Die Welt war plötzlich eingehüllt in Watte.

6   Wir gingen. Eine Tür öffnete sich. Mein Zimmer? Es sah komisch aus, gerundete Ecken, welliger Boden. Mein Bett kam mir entgegen. Ich lag. Jemand saß neben mir. Noch eine Pille, noch ein Schluck Wasser.

„Sie wird gleich schlafen!", hörte ich eine Stimme. Eine unangenehme Stimme! Es war die Ziege! Frau Müller! Das weckte mich. Ich würde nicht schlafen, nicht, wenn sie das sagte. Ich hielt die Augen geschlossen, atmete ruhig. Es dauerte eine kleine Ewigkeit, doch dann stand sie auf und ging hinaus.

Ich setzte mich auf, hellwach und sehr wütend. Die Watte war nur in meinem Körper, mein Kopf war klar. Ich nahm mein Handy und schrieb eine SMS an Thomas: „Ich weiß Bescheid! Du Scheißkerl hast eine Geliebte! Wie kannst du mich nur so belügen! Ich hasse dich!!!" Ich drückte auf „senden".

Meine Blase meldete sich. Vorsichtig setzte ich mich auf, stellte die Füße auf den Boden. Meine Knie fühlten sich an wie Pudding. Der Boden war merkwürdig lebendig. Puddingknie und Wackelboden!

„Das sind die Scheißmedikamente", dachte. „Scheißmedikamente, Scheißleben!"

Ob ich den Weg aufs Klo schaffen würde? Welche Alternativen blieben mir? Die Ziege um Hilfe bitten – ging gar nicht! –, ins Bett oder nebens Bett pinkeln – igitt! –, oder ins Bad wanken. Ich entschied mich. No risk no fun!

Langsam stand ich auf. Der Boden schien mit mir zu tanzen, die Wände schaukelten. Ich krallte mich am Bücherregal fest. Polternd fiel ein Buch zu Boden. Allmählich beruhigte sich das wilde Treiben unter mir, langsam arbeitete ich mich die wenigen Schritte vor ins Bad und ließ mich auf die Schüssel sinken. Geschafft! Ich spritzte mir kaltes Wasser ins Gesicht, putzte mir die Zähne, cremte mich ein.

Der Druck in meinem Körper war furchtbar, gleichzeitig fühlte ich mich irrsinnig aggressiv. Jetzt durfte mir keiner quer kommen!

Mein Handy keckerte. Ich tastete mich zurück zum Bett

und las Thomas Antwort: „Deine Unterstellungen befremden mich sehr. Ich habe keine Geliebte! Ich möchte nicht mit dir sprechen."

Fassungslos starrte ich auf das Display und die Wahrheit schlug wie eiskaltes Wasser über mir zusammen.

Ich hatte ihm Unrecht getan!

Wenn er sich jetzt von mir trennte, war ich selbst schuld! Wie konnte ich nur!

„In allen Punkten der Anklage schuldig!", brüllte mein innerer Richter.

Die Aggression, die sich gegen ihn gerichtet hatte, wandte sich jetzt mit voller Wucht gegen mich. Verzweifelt wählte ich alle Telefonnummern, unter denen Thomas sonst erreichbar war. Er meldete sich nicht.

Ich spürte den unwiderstehlichen Impuls, mir die Arme blutig zu kratzen, den Kopf gegen die Wand zu schlagen. Eine Stimme in mir schrie dagegen an:

„Hör auf damit, sonst landest du in der Geschlossenen! Du brauchst Hilfe!" Aber von wem? Die Pflege konnte ich nicht rufen, nicht, wenn Frau Müller Dienst hatte. Meine Therapeutin war im Urlaub und Thomas hatte ich verärgert, so sehr verärgert, dass er mir das niemals verzeihen würde. Hektisch klickte ich mich durch mein Telefonverzeichnis. Da! Andreas Handynummer! Wieso war ich nicht gleich darauf gekommen? Ich schrieb: „Komm sofort. Ich drehe durch!" Kurze Zeit später klopfte es leise an meiner Tür. Andrea schlüpfte herein.

„Du lieber Gott, was ist denn mit dir passiert?", fragte sie entsetzt. Ich zitterte am ganzen Leib, hatte panische Angst, und fühlte gleichzeitig den Impuls, das Wasserglas vom Tisch an die Wand zu knallen. Oder noch lieber eine Flasche

Rotwein, wenn ich eine gehabt hätte! Wortlos zeigte ich ihr mein Handy. Sie las, was ich geschrieben und was Thomas geantwortet hatte.

„Wer hat dir denn diesen Floh ins Ohr gesetzt?", unterbrach Andrea meine wilden Phantasien. „Wer hat dir gesagt, dass dein Mann eine Geliebte hat?"

„Der Riedmüller!", rief ich. „Er war sich so sicher, dass ich geglaubt habe, dass er etwas weiß."

„Was hat der mit dir gemacht? Kannst du mal von vorne anfangen?", fragte mich Andrea mit gefährlich ruhiger Stimme. „Ich steig da nämlich nicht mehr durch. Es ging dir prima, bis dieser Scheißpsychiater dich in seine Fänge bekam. Seitdem stürzt du täglich ab und brauchst irgendwelche Drogen."

„Ich kann nicht mehr!", schluchzte ich. „Ich hab alles kaputt gemacht! Ich bring mich um!"

„Komm runter, sonst stell ich dich unter die kalte Dusche!", antwortete Andrea trocken. „Du spürst die Psychopharmaka! Bei manchen wirken sie paradox, und das scheint bei dir der Fall zu sein. Dann beruhigen sie nicht, sondern machen dich total aggressiv. Eine kalte Dusche wirkt da Wunder." Eine kalte Dusche? Ich schaute sie verunsichert an. Sie grinste.

„Kein Scheiß, ich mach das wirklich! Du musst jetzt viel Wasser trinken", sie reichte mir ein Glas, „damit das Zeug so schnell wie möglich aus deinem System gespült wird." Folgsam leerte ich das Glas, das sie sofort wieder füllte.

„Schieß los! Was ist passiert?" Ich erzählte von meiner Sitzung bei Dr. Riedmüller. Andrea schaute zuerst ungläubig, dann ärgerlich, dann platzte sie.

„Das ist ja kriminell! Maria, du Schaf, hast du nicht gemerkt, dass der alles getan hat, damit du verlängerst? Der hat ganz gezielt alle deine Knöpfe gedrückt, der Scheißkerl! Hast du dir mal überlegt, was die Klinik an dir in der Woche verdient? Jede Woche mehrere tausend Euro! Rechne mal zusammen, was denen entgeht, wenn du nach vier Wochen verschwindest. Mensch, Maria, hier wird Versicherungsbetrug in großem Stil betrieben! Das hat mit dir und Thomas überhaupt nichts zu tun. Ich hab keine Ahnung, ob dein Mann eine Außenbeziehung hat. Aber das solltest du dringend mit ihm persönlich klären. Ist er denn schon mal fremd gegangen?"

„Nein", antwortete ich kleinlaut, „und er hat mich auch noch nie belogen. Der kann noch nicht einmal beim Spielen schummeln."

„Warum sollte er jetzt damit anfangen? Warum sollte er dir Hoffnungen machen, dass eure Beziehung eine Chance hat, wenn er bereits eine andere hat? Das macht doch alles keinen Sinn!" Ich schluckte.

„Was mach ich denn jetzt?" Ich war völlig ratlos. „Er will nicht mit mir reden."

„Gib mir mal seine Nummer. Ich ruf ihn an und klär das für dich." Sie notierte sich die Zahlen. „Es wäre am besten, wenn du jetzt schläfst, damit du morgen wieder ansprechbar bist." Folgsam legte ich mich wieder ins Bett. Sie schaute mich sehr ernst an.

„Sei jetzt klug, Maria. Kein Gezicke mehr, keine Szenen. Du verhältst dich kooperativ, sonst bist du ganz schnell in der Geschlossenen. Mit Suizid ist nicht zu spaßen. Die stehen vor Gericht, wenn du dich umbringst, und da ist Schluss mit Lustig! Deshalb wirst du mit Medikamenten abgefüllt, die dich so außer Gefecht setzen, dass du dich gar nicht umbringen kannst."

„Was soll ich nur tun?", jammerte ich völlig aufgelöst.

„Schlafen!", sagte Andrea trocken.

„Bitte, ich kann erst schlafen, wenn ich weiß, dass Thomas mir verziehen hat." Ich bettelte wie ein Kind. Sie wandte den Blick zum Himmel, nahm ihr Handy und wählte.

„Hallo, Thomas", sagte sie, „Sie kennen mich nicht. Ich bin Andrea. – Ach, dann kennen Sie mich aus Marias Erzählungen? Nein, bitte legen Sie nicht auf. Ich muss da etwas Wichtiges klarstellen." Und dann erzählte sie ihm die ganze scheußliche Geschichte. Er ließ sie reden.

„Das ist Versicherungsbetrug und Körperverletzung, wenn Sie mich fragen. – Ob Maria mit Ihnen sprechen will? Da können Sie Gift drauf nehmen! Sie steht allerdings unter starken Medikamenten." Andrea hielt mir das Handy ans Ohr.

„Thomas?", flüsterte ich.

„Maria", sagte Thomas und da wusste ich, dass er mir verziehen hatte. „Wir hatten doch abgesprochen, dass du nicht mehr zu diesem Arschloch gehst! Versprich mir, dass du das jetzt lässt."

„Okay", flüsterte ich und merkte, wie mir die Augen zufielen. Das Handy verschwand von meinem Ohr. Ich versank in wohliger Dunkelheit.

Teil V
Lösung

1 Am nächsten Morgen war der Boden immer noch leicht wellig und die Wände schwankten, doch ich fand die Dusche und danach fühlte ich mich wohler.

Unruhig lief ich in meinem Zimmer auf und ab. Ich fühlte mich in der Klinik nicht mehr sicher. Ich hatte erlebt, dass jemand, dessen Aufgabe es gewesen wäre, mir zu helfen, stattdessen versucht hatte, mich zu manipulieren. Eine weitere Therapiestunde bei Dr. Riedmüller war deshalb undenkbar, und selbst wenn Frau Brodersen einen anderen Therapeuten für mich fände, würde dieser bei der Übergabe von den Eindrücken des Psychiaters erfahren. Wie sollte es mir gelingen, das Bild der instabilen, suizidgefährdeten Patientin zu revidieren? Ich konnte mir beim besten Willen nicht mehr vorstellen, einem anderen Therapeuten an dieser Klinik mein Vertrauen zu schenken, und welchen Sinn hatte eine Therapie, wenn ich meinem Therapeuten nicht vertraute?

Die Medikamente würde ich auf keinen Fall nehmen. Auch das würde auffallen und dann befände ich mich in einer richtigen Zwickmühle, denn wenn ich die Medikamente verweigerte, galt ich als akut suizidal und dann drohte die Psychiatrie. Was würde dann aus meiner Firma und aus meiner Ehe? Ich dachte an den Film „Einer flog übers Kuckucksnest". War ich in einem ähnlichen Film gelandet?

In mir formte sich ein Entschluss. Es gab nur eine Lösung: Ich musste so schnell wie möglich von hier verschwinden. Ob Thomas mir helfen würde?

Ich ging zum Frühstück hinunter in den Wintergarten. An der Rezeption begrüßte mich Jens Bramstedt und reichte mir eine gut gefüllte Medikamentenbox: morgens, mittags und abends zwei Pillen.

„Möchten Sie die erste Dosis gleich nehmen?", fragte er.

„Ich habe einen empfindlichen Magen", flunkerte ich, „ich muss erst mal frühstücken." Damit gab er sich zufrieden. Ich setzte mich an einen freien Platz an der Frühstückstafel und verzog die Mundwinkel zu einem Lächeln.

„Guten Morgen", begrüßte ich die versammelte Runde.

„Geht es dir wieder besser?", fragte Klaus.

„Ich hatte eine depressiven Schub", sagte ich und er nickte verständnisvoll. Ein depressiver Schub war hier völlig in Ordnung. „Aber heute geht es mir viel besser. Ich habe ein neues Medikament bekommen und das hilft mir."

„Welches?", fragte Hedwig interessiert.

„Keine Ahnung", antwortete ich wahrheitsgemäß, „so dicke weiße Pillen."

„Meine sind rosa", sagte Arnold, „rosa wie die Liebe." Er kicherte. „Bald komm ich hier raus, und dann hab ich einiges nachzuholen." Alle schienen zu wissen, was er damit meinte, denn alle lachten. Claire kam herein und setzte sich auf den Stuhl mir gegenüber. Sie sah blass aus und schaute mich aus großen, angsterfüllten Augen an.

„Ich kann hier nicht bleiben", flüsterte sie mir zu.

„Lächeln", raunte ich zurück, „erzähl mir das später. Reiß dich zusammen!"

„Was habt ihr denn da zu tuscheln?", wollte Hedwig wissen.

„Ich bin sicher, das willst du gar nicht wissen, Hedwig", hörte ich Andreas fröhliche Stimme. Sie musste gerade hereingekommen sein.

„Es gibt Dinge im Leben einer Frau..." Sie setzte sich neben Claire, legte einen Arm um ihre Schultern und flötete:

„Mädels, begleitet ihr mich in den Großstadtdschungel?

Ich hab da so ein geiles Top gesehen und brauche euren fachfraulichen Rat, ob es mir wirklich steht. Oder habt ihr Termine?" Claire schüttelte den Kopf.

„Ich hab heute Morgen frei!"

„Ich habe gleich nach dem Frühstück eine Massage", antwortete ich, „aber danach bin ich auch frei."

„Dann treffen wir uns in einer Stunde auf dem Parkplatz", ordnete Andrea an.

2   Ich ging auf mein Zimmer und warf die Medikamente für den Vormittag in die Toilette. Dann schrieb ich eine SMS an Thomas: „Ich muss hier ganz schnell raus!" Seine Antwort kam postwendend: „Da sind wir einer Meinung! Ich packe gerade das Auto und hole dich!" Vor Erleichterung kamen mir die Tränen. Ich wählte seine Nummer.

„Hallo Maria!", sagte er.

„Wann kommst du?", fragte ich.

„Heute Abend, wenn die Psychiater zu Hause sind und keinen Wirbel machen. Diese Klinik ist wirklich schrecklich. Ich habe heute Morgen dort angerufen und mich nach deinem Befinden erkundigt. Das Büro hat mich mit deinem Therapeuten verbunden. Das ist ja ein ganz manipulativer Mensch!" Ich seufzte vor Erleichterung auf.

„Hast du das ähnlich empfunden?"

„Das siehst du ganz richtig, Maria. Dein Doktor schlug so einen jovialen Wir-Männer-verstehen-uns-Ton an und meinte, du seist eine schwerkranke Frau und bräuchtest intensive psychiatrische Betreuung und Medikamente. Sag mal, nimmst du diese Pillen?"

„Nein, die schmeiß ich weg", antwortete ich.

„Das ist gut, da bin ich erleichtert", sagte Thomas. „Dann versuchte er mir weiszumachen, du hättest derartig überzogene Bedürfnisse, dass kein Mensch in der Lage sei, sie zu befriedigen."

„Was!", unterbrach ich ihn. „Das stimmt doch überhaupt nicht!"

„Beruhige dich, Maria, das hab ich ihm nicht geglaubt. Dazu kenne ich dich zu gut. Die joviale Stimmung veränderte sich denn auch schlagartig, als ich ihn fragte, wieso er mir eine Außenbeziehung unterstellt und unsere Firma für bankrott erklärt hätte und wieso es dir – seit er deine Behandlung übernommen hatte – plötzlich so schlecht ginge."

„Das hast du ihn gefragt?" Ich staunte. „Was hat er geantwortet?"

„Zum Inhalt therapeutischer Gespräche würde er sich nicht äußern, das ginge mich nichts an! Ich antwortete, dass der Inhalt dieses Gesprächs mich und mein Leben beträfe und deshalb sehr wohl etwas anginge. Er sagte, er hätte zu tun und legte auf. Da war mir klar, dass du in dieser Klinik nicht mehr sicher bist und dass ich dich hole!" Vor Erleichterung wurde mir schwindelig. Endlich jemand, der mir bestätigte, dass das, was ich erlebt hatte, genauso war, wie ich es empfand!

„Maria, bist du noch da?" Thomas Stimme klang verunsichert.

„Ja", sagte ich leise. „Ich bin noch da und ich bin dir so dankbar."

„Halte durch bis heute Abend. Ich fahr jetzt los!"

3   Die Massage konnte mich heute nicht entspannen. Die Masseurin bearbeitete unverdrossen meinen Rücken. Neben uns hämmerte jemand auf dem Klavier.

„Sie sind heute sehr verspannt", stellte die Masseurin fest.

„Bei dem Krach kann ich mich nicht entspannen", erklärte ich.

„Die machen Musiktherapie", sagte die Masseurin entschuldigend und legte eine CD in ihren Rekorder: Vogelgezwitscher mischte sich mit Klaviergehämmer, Syntheziser-Weichspülermusik verschmolz mit analog erzeugtem Saitenlärm. Sie verzog das Gesicht.

„Das ist auch nicht wirklich besser", erfasste sie die Kakophonie und stellte den Rekorder wieder ab.

„Ist es nicht anstrengend für Sie, bei diesem Lärm zu arbeiten?", fragte ich und lenkte das Gespräch auf dieses unverfängliche Thema.

„So ein Krach ist zum Glück selten", antwortete sie, „aber mich nervt es auch." Sie lachte. „Versuchen wir, das Beste aus der Situation zu machen.

Nach der Massage traf ich mich mit Andrea und Claire auf dem Parkplatz vor der Klinik. Wir fuhren zum Schlosspark und gingen gleich zu unserem Pavillon, der glücklicherweise auch heute nicht verschlossen war. Andrea schaute Claire und mich mit ernstem Gesicht an.

„Wie geht es dir heute, Maria?"

„Besser. Ich spüre die Wirkung der Medikamente nur noch ganz schwach. Aber ich muss hier weg und zwar so bald wie möglich. Eine weitere Stunde bei dem Mistkerl ertrage ich nicht! Der weist mich in die Psychiatrie ein, und ob die anderen Therapeuten hier viel besser sind, das bezweifle ich." Andrea nickte.

„Du willst wirklich weg?"

„Ja, sonst passiert noch etwas, was sich nicht so leicht wieder gerade biegen lässt wie die Geschichte gestern." Ich umarmte sie. „Danke, danke Andrea!"

„Ist ja schon gut, meine Liebe. Ich will eigentlich auch weg. Meine Tochter braucht mich und so toll ist es hier nun auch wieder nicht." Ich schaute die beiden an. Sollte ich sie in mein Geheimnis einweihen? Ich traf eine Entscheidung.

„Ich verrate euch jetzt ein Geheimnis. Thomas holt mich heute ab. Das dürft ihr niemandem verraten. Ich will keine Diskussionen mit den Psychiatern, ich will hier einfach nur verschwinden."

„Wann kommt er?", fragte Andrea.

„Nach dem Abendessen, wenn außer dem Nachtdienst niemand mehr im Haus ist." Claire hatte uns mit unbewegtem Gesicht zugehört.

„Was ist mit dir, Claire?", fragte ich. „Du siehst aus, als hättest du einen Geist gesehen." Claire zuckte zusammen und hielt sich die Hand vor den Mund.

„Woher weißt du das?", fragte sie mit dünner Stimme.

„Hallo?", rief Andrea. „Claire, alles in Ordnung bei dir?" Claire schüttelte entschieden den Kopf.

„Nein, gar nichts ist in Ordnung. Ich fürchte um mein Leben!" Jetzt schauten wir sie beide erstaunt an.

„Du fürchtest um dein Leben?", fragte ich. „Kannst du das ein bisschen genauer erklären?" Claire schaute zu Boden.

„Das darf ich nicht", antwortete sie leise. „Wenn ich das tue, dann muss ich sterben."

„Heiliger Strohsack!", entfuhr es Andrea. „Bist du noch ganz dicht? Was haben die mit dir gemacht?" Plötzlich kam mir ein Gedanke.

„War das dieser Tanztherapeut?", bohrte ich. „Vorgestern warst du total aufgedreht und heute fürchtest du um dein Leben! Was hat dieser geile Bock dir angetan?" Claire schüttelte verzweifelt den Kopf.

„Wenn ich das sage, dann stirbt entweder er oder ich!"

„Das ist verdammter Blödsinn!", rief Andrea erbost. „Den knöpf ich mir vor, diesen Mistkerl!"

„Nein, bitte, bitte nicht", stammelte Claire. Sie schlug die Hände vors Gesicht. „Bitte helft mir, dass ich von hier wegkomme!" Wir schauten sie erstaunt an.

„Du auch? Du willst auch weg?"

„So schnell wie möglich", rief sie voller Angst.

„Das gibt ja einen richtigen Ausbruch! Maria, du und ich. Gut, dass ich mich aufs Flüchten verstehe." Andrea grinste, wurde aber sofort wieder ernst. „Also, Claire, schieß los! Was ist passiert?"

„Piet hat eine Voodoo-Zeremonie mit mir gemacht." Wir starrten sie an.

„Er hat was?", fragte Andrea mit weit aufgerissenen Augen. Mir blieb vor Schreck und Erstaunen der Mund offen stehen.

„Er hat eine Voodoo-Zeremonie mit mir gemacht", wiederholte Claire störrisch. „Er ist ein Houngan, ein Heiler und Priester. Das ist in Afrika und in der Karibik so was Ähnliches wie ein Heilpraktiker in Deutschland."

„Spinn ich?", fragte Andrea und sie erwartete offensichtlich keine Antwort. „Wir befinden uns in einer privaten Klinik für psychosomatische Medizin und da hat ein dort angestellter Tanztherapeut mit dir einen Voodoo-Zauber veranstaltet? Und er hat dir gedroht, dass einer von euch beiden zu Tode kommt, wenn du verrätst, was er da getrieben hat? Habe ich das richtig verstanden?" Claire nickte, den Blick zu Boden gerichtet.

„Ich habe schreckliche Angst", sagte sie leise. „Es war ganz furchtbar!"

„Was hat er mit dir gemacht?", drängte ich. „Den zeig ich an!"

„Maria!", rief Claire mit Panik in der Stimme. „Tu das nicht! Dann hetzt er uns die Geister an den Hals!"

„Die Geister halte ich nicht für das Problem", meinte Andrea trocken. „Aber auf den Wirbel, den die Polizei veranstalten würde, habe ich ehrlich gesagt auch keinen Bock. Willst du jetzt eine Riesenwirbel, Maria?" Ich schüttelte den Kopf. Das hatte ich mir nicht überlegt. Nein, einen Riesenwirbel wollte ich auch nicht.

„Was in dieser Klinik passiert, geht ja auf keine Kuhhaut!", schimpfte Andrea. „Versicherungsbetrug! Schwarze Magie!"

„Das war keine schwarze Magie", unterbrach sie Claire. „Piet ist ein weißer Magier, ein Heiler. Die Geister sind so was Ähnliches wie unsere Engel." Andrea stieß einen lauten Seufzer aus.

„Also gut, du Unschuldslamm", sagte sie mit resignierter Stimme. „Warum fürchtest du dann um dein Leben?"

„Piet ist Mitglied in einer Art Geheimbund", erklärte Claire. „Er musste schwören, dass er nur Eingeweihte behandelt."

„Und wenn er dieses Versprechen bricht, droht ihm die Todesstrafe? Und der hat dir weisgemacht, er wäre so etwas wie ein Heilpraktiker?" Entrüstet sprang sie auf. „Das wär mal was für die deutschen Heilpraktiker! Wenn einer sein Berufsversprechen bricht, dann wird er auf der Stelle liquidiert! Das würde den Konkurrenzkampf außerordentlich beleben. Schicken die Geister jetzt eine Todesschwadron? Müssen auch wir um unser Leben fürchten?"

„Ich weiß doch nicht", jammerte Claire. „Ich glaube, das übernehmen die Geister selbst."

„Hast du nicht gesagt, dass er kein Schwarzmagier ist und mit Engeln arbeitet?" Andrea war jetzt richtig sauer. „Seit wann bringen die Leute um? Und du glaubst diesen Scheiß? Ich glaub was ganz anderes! Ich glaube, dass er ganz einfach Angst hat, seinen Job in der Klinik zu verlieren, wenn du auspackst. Deshalb versucht er, dich mit diesem magischen Brimbamborium einzuschüchtern. Und? Hat es wenigstens geholfen? Bist du geheilt?" Claire schüttelte mutlos den Kopf.

„Überhaupt nicht. Jetzt hab ich noch viel mehr Angst." Andrea umarmte sie spontan.

„Du Schaf! Ich hätte nie gedacht, dass du so naiv bist. Aber gut. Lass uns retten, was zu retten ist. Erzähl uns, was der Kerl getan hat. Dann müssen die bösen Geister drei Frauen umbringen. Ich wette, das ist ihnen zu viel!" Claire schaute mutlos zu Boden. Dann strich sie sich langsam durchs Haar und schaute uns an.

4   „Also gut. Ihr wisst, dass ich meine Kindheit in Südamerika verbracht habe. Auch dort gehen Menschen zu Schamanen und lassen sich heilen. Vielleicht fand ich seinen Vorschlag deshalb gar nicht so abwegig. Voodoo ist immerhin Staatsreligion in Haiti und in Benin!

Piet sagte, meine Depressionen kämen daher, dass meine Beziehung zur spirituellen Ebene gestört sei. Dies geschehe durch den Einfluss böser Geister. Er könne sich mit einem mächtigen Loa, einem Engelwesen verbinden, und mit seiner Hilfe ein Ritual durchführen, das meine Beziehung zur Spiritualität heilt und die bösen Geistwesen vertreibt, die meine Krankheit verursachen."

„Und das hast du ihm geglaubt?", entfuhr es mir.

„Mir geht es von Tag zu Tag schlechter", rechtfertigte sich Claire. „Andrea hat doch auch Kontakt zu einer Geistheilerin und lässt sich behandeln."

„Die macht Pranaheilung und kein Voodoo", gab Andrea zurück, „und danach fühle ich mich besser und habe keine Todesangst!"

„Ist ja schon gut", lenkte Claire ein. „Wir haben vorgestern Morgen einen Termin ausgemacht und danach ging es mir total gut. Piet sagte, abnehmender Mond sei genau richtig für das Ritual und außerdem war Donnerstag, und Donnerstag ist diesem Heilerengel, Papa Loco, geweiht."

„Deswegen warst du vorgestern so überdreht", unterbrach ich sie. „Andrea und ich, wir haben uns richtig Sorgen um dich gemacht."

„Das hab ich gemerkt. Ich durfte euch doch nichts verraten!" Claire standen Tränen in den Augen. Ich umarmte sie.

„Ist schon gut. Keine von uns wird sterben und Piet auch nicht. Ich bin Andreas Meinung. Er will auf keinen Fall seinen Job verlieren und deshalb hat er dich eingeschüchtert. Komm, lass es raus! Danach geht es dir sicher besser." Claire kuschelte sich an meine Schulter.

„Wahrscheinlich hast du Recht! Wir trafen uns in seinem Raum. Überall brannten Kerzen. In kleinen Messinggefäßen verbrannte irgendetwas Duftendes. Piet trug ein langes weißes Gewand. Ich hätte ihn fast nicht erkannt, so verändert wirkte er auf mich.

In der Mitte des Raumes hatte er einen kleinen Tisch aufgebaut, auf dem zwei gelbe Kerzen standen. Vor den Kerzen lag eine Stoffpuppe aus weißem Stoff mit grünen Augen und roten Wollhaaren."

„Echt, eine Puppe? Das ist ja wie im Kino!", rief ich. Claire nickte. Sie holte tief Luft.

„Neben der Puppe lagen verschiedene Sachen: ein Stück Pergamentpapier, eine Feder, ein Gefäß mit roter Flüssigkeit und ein Korb mit getrockneten Kräutern. Ich musste mich vor diesen Altar setzen. Zuerst nahm er eine Flasche, goss sich Wasser in die Hand und spritzte das Wasser über dem Altar. Er sagte, es sei Weihwasser aus der Kirche, um den Altar zu einem heiligen Ort zu weihen. Dann fing er an zu trommeln. Er trommelte einen monotonen Rhythmus und rief dabei:

Papa Legba, öffne das Tor für mich, Ago eh
Papa Legba, öffne das Tor für mich!
Öffne das Tor, Papa Legba,
Papa, ich will hindurch, und wenn ich wiederkomme,
werde ich den Loas danken.

Das rief er immer wieder, mindestens eine halbe Stunde lang. Dann hörte er plötzlich auf zu trommeln, fing an zu tanzen und verdrehte die Augen, so dass das Weiße sichtbar wurde. Er geriet in Trance, und rief immer wieder: *Papa Loco, Papa Loco.* Dabei machte er fürchterliche Grimassen!"

„Wie gruselig", entfuhr es mir. „Ich hätte das nicht ausgehalten, ich wäre abgehauen."

„Wäre ich auch am liebsten", stimmte mir Claire zu. „Ich konnte nicht. Ich fühlte mich wie erstarrt, wie festgeklebt am Boden." Sie schaute uns unsicher an. „Worauf habe ich mich da nur eingelassen?"

„Erzähl weiter", drängte Andrea. „Das ist ja spannender als jeder Krimi!"

„Piet nahm eines dieser qualmenden Messinggefäße, schwenkte es und rief weiter nach Papa Loco. Plötzlich zuckte er am ganzen Leib und ich befürchtete schon einen epileptischen Anfall. Doch dann wurde er ruhig, schaute mich sehr ernst und gütig an und ging auf mich zu. Mir fiel auf, dass er ein Bein nachzog und hinkte. Es schien nicht mehr Piet zu sein, der vor mir stand. Er sah plötzlich viel älter aus."

„Heftig!" entfuhr es Andrea.

„Er sprach mit einer anderen Stimme, nahm die Puppe, zeigte sie mir und sagte, er habe sie mir ähnlich gemacht. Damit sie aber wirklich zu meinem Ebenbild würde, sollte ich ihm Haare und Nägel von mir geben. Er nahm eine Schere und schnitt mir ein paar Haare und den Fingernagel meines Zeigefingers ab. Die steckte er zusammen mit einigen Kräutern in eine Öffnung in der Puppe und nähte die Puppe danach zu. Dann nahm er das Pergamentpapier, tauchte die Feder in die rote Flüssigkeit und schrieb damit meinen Namen auf das Papier."

„Rote Flüssigkeit? Und er schrieb mit einer Feder? Wie bei Harry Potter!", rief ich.

„Schrieb er mit Blut?"

„Das befürchte ich. Ich habe mich nicht getraut, ihn zu fragen, denn ich war starr vor Angst. Dann nahm er die Puppe und blies ihr in Mund und Nase. Er zog ein Stück Schnur aus der Tasche seines Gewands und kam näher. Ich versuchte, von ihm weg zu kriechen, denn ich dachte, er würde mich erwürgen. Er hielt mich fest und ich schloss mit meinem Leben ab. Doch er tat mir nichts, nahm die Schnur und band mir die Puppe an den Körper, etwa auf Höhe meines Herzens.

Plötzlich hatte er eine Nadel in der Hand und trieb die Nadel der Puppe mitten ins Herz. In diesem Augenblick bin ich umgekippt!"

„Du bist ohnmächtig geworden?", fragte Andrea alarmiert. „Hat er dich missbraucht?" Claire schüttelte den Kopf.

„Er hat meine Lage nicht ausgenutzt, wenn du das befürchtest. Nein, ich wurde nicht vergewaltigt."

„Du wurdest vergewaltigt", sagte ich ärgerlich, „nur nicht sexuell! Der ist doch wirklich nicht ganz bei Trost, dieser Idiot!"

„Plötzlich lag ich auf dem Boden", fuhr Claire fort. „Piet beugte sich über mich. Er war wieder er selbst und sehr besorgt. Er müsse das Ritual zu Ende führen, sagte er, aber es würde mich nicht mehr erschrecken. Dann nahm er mir die Puppe ab und wickelte sie mit dem Pergament in ein weißes Stück Stoff. Er zündete die beiden gelben Kerzen auf dem Altar an und legte die eingewickelte Puppe zwischen die Kerzen. Dann rief er:

Papa Loco, lade diese Puppe auf mit Licht, damit der Geist von Claire hell wird und ihr Trübsinn verschwindet.

Diesen Spruch sagte er sieben Mal, deshalb habe ich ihn mir gemerkt. Danach verbeugte er sich in jede Himmelsrichtung und bedankte sich bei allen Geistern, die ihm bei der Zeremonie geholfen hatten, zog mich hoch und meinte, ich sei jetzt geheilt. Zum Abschied schärfte er mir ein, dass ich nichts verraten dürfe, weil sonst einer von uns sterben müsse. Ich war völlig fertig, und ich habe keine Ahnung, wie ich in mein Zimmer gekommen bin. Seitdem kriege ich nachts kein Auge mehr zu. Ich muss hier weg! So schnell wie möglich! Andrea, Maria, helft mir! Bitte helft mir!" Sie brach in Tränen aus. Ich nahm sie in die Arme und wiegte sie, streichelte ihr übers Haar. Andrea schaute uns beide kopfschüttelnd an.

5 „Mädels", sagte sie, „unsere Zeit in diesem Etablissement neigt sich ganz offensichtlich dem Ende zu. Schade, dass wir dann auch auf alle Annehmlichkeiten verzichten müssen. Ihr braucht jetzt klare Köpfe. Ich kann hier einfach gehen, doch euch beide haben die Herren Psychiater auf dem Kieker. Wenn ihr nicht aufpasst, droht euch die Einweisung in die Geschlossene. Gefühlsausbrüche sind ab jetzt vollkommen kontraproduktiv!" Sie betrachtete uns beide, die völlig aufgelöste Claire und mich.

„Claire, meine Liebe", sagte Andrea trocken, „wenn du hier weg willst, dann reiß dich zusammen. Du wirst heute Nachmittag alle Termine wahrnehmen und dich dabei kooperativ und vor allem ruhig verhalten. Dasselbe gilt für dich, Maria. Denk dran, dass du so tun musst, als würdest du die Medikamente nehmen. Sei ein bisschen müde, schau verschlafen und stell vor allem keine intelligenten Fragen."

„Ich habe heute noch ein Gespräch bei meinem Therapeuten", sagte Claire ängstlich. „Was soll ich ihm erzählen?"

„Du hast doch sicher noch ein paar Geschichten auf Lager, die er noch nicht kennt", sagte Andrea. „Werd jetzt bloß nicht paranoide! Wir haben uns entschieden, eine Klinik zu verlassen, die uns nichts mehr bringt. Mehr passiert hier gerade nicht. Wir türmen schließlich nicht aus Alcatraz!"

„Und was sagt die Krankenkasse dazu? Kriegen wir keinen Ärger?", fragte Claire ängstlich.

„Nein, wir kriegen überhaupt keinen Ärger", sagte Andrea. „Ich habe mich informiert. Die Krankenkasse ist froh, wenn sie die hohen Rechnungen der Klinik nicht mehr bezahlen muss. Wir sind freie Menschen und können tun und lassen, was wir wollen. – Auch wenn uns in der Klinik suggeriert wird, dass wir unfähig sind, Entscheidungen zu unserem eigenen Besten zu treffen." „Wie soll ich packen? Ich hab keinen Koffer", sagte Claire kleinlaut.

„Nimm doch Müllsäcke", schlug ich vor, „die findest du unten im Wirtschaftsraum im Schrank ganz oben links."

„Und wo soll ich dann hin?"

„Gibt es niemanden, bei dem du die nächste Zeit bleiben kannst?", fragte Andrea. Claire überlegte.

„Vielleicht bei meiner Schwester. Die wohnt ganz in der Nähe."

„Dann ruf sie am besten gleich an. Maria, wann wird Thomas hier sein?"

„Ich denke, so zwischen neun und zehn heute Abend. Er meinte, er wolle den Herren Psychiatern lieber nicht über den Weg laufen."

„Ich ruf ihn an und organisiere, dass ihr Claire bei ihrer Schwester abliefert. Jetzt fahren wir zurück, damit wir nicht zu spät zum Mittagessen kommen." Wir standen auf und ich machte die geschnitzte Holztür zum letzten Mal hinter uns zu. Claire nahm ihr Handy aus der Tasche und wählte die Nummer ihrer Schwester. Andrea lief zielstrebig los. Ich blieb stehen und schaute zurück. Würde ich den verwunschenen Pavillon jemals wieder sehen?

6 An der Rezeption hatte Frau Brodersen Dienst. Sie winkte mir zu.

„Hallo, Frau Hundhausen, ich hab da was für Sie!" Sie reichte mir einen kleinen Zettel. Ein Termin für mich? 15.00 Uhr Therapie bei Dr. Riedmüller. Ein Sondertermin bei dem Psychiater! Ich spürte, wie sich die Angst in meinem Magen zu einem eiskalten Klumpen verdichtete. Ich ging auf mein Zimmer und wählte Thomas Nummer.

„Thomas, ich hab heute einen Sondertermin bei dem Riedmüller. Soll ich da überhaupt hingehen?"

„Nein, das lässt du bleiben", antwortete Thomas energisch. „Entweder du kriegst es hin, so zu tun, als ob dich die Medikamente umgenietet hätten, oder du nimmst tatsächlich eine von den Pillen. Leg dich ins Bett und rühr dich nicht vom Fleck! Hörst du? Versprich mir das!"

„Und wenn er mich einweist?", fragte ich und spürte, wie die Angst in mir hochstieg.

„Ich habe mich erkundigt", sagte Thomas. „Er kann dich nicht einfach einweisen. Du bist ein freier Mensch! Und wenn er es trotzdem tut, bist du gleich wieder draußen. Wenn du den Ärzten in der Psychiatrie erzählst, wie der versucht hat, dich zu manipulieren, kriegt er ein Verfahren an den Hals. Außerdem kann ich als dein Ehemann die Verantwortung für dich übernehmen!"

„Ich hab so große Angst", sagte ich mit zittriger Stimme.

„Dazu hast du keinen Grund, auch wenn es sich für dich so anfühlt. Lass dich bloß nicht verrückt machen! Halte durch, es sind nur noch wenige Stunden."

„Und was geschieht mit Claire?"

„Andrea hat mich angerufen. Wir bringen Claire zu ihrer Schwester. Sie wohnt glücklicherweise auf unserem Weg.

Wir werden erwartet und können die Nacht dort verbringen. Sei ganz ruhig! Es wird alles gut!"

7 Beim Mittagessen verhielt ich mich ruhig, sprach wenig und blieb in mich gekehrt. Claire unterhielt sich mit Andrea über einen Film, den sie beide gesehen hatten. Die anderen ließen uns in Ruhe. Nach dem Essen ging ich gleich auf mein Zimmer.

Ich musste mir eine Strategie überlegen, um diese Therapiestunde zu schwänzen. Eines war klar: Ich war keine so gute Schauspielerin, dass ich einem Psychiater gegenüber die Wirkung von Psychopharmaka hätte vortäuschen können. Also musste ich wirklich eine Pille schlucken.

Ich nahm die Medikamentenbox vom Tisch: In jedem Fach lagen zwei Tabletten: die dicke weiße – die die Wände und den Boden schaukeln ließ – und die kleine weiße, die ich schon kannte, wenn auch in der halben Dosierung. Die doppelte Dosis sollte ausreichen, um mich in Tiefschlaf zu versetzen.

Ich schaute auf die Uhr: Es war jetzt zwei. Noch eine Stunde bis zu meinem Termin! Ich nahm die dicke weiße Pille und warf sie in die Toilette. Die kleine weiße Pille schluckte ich und lege mich aufs Bett. Schon nach kurzer Zeit legte sich wohlige Schwere auf meine Glieder. Ich fühlte mich angenehm müde. Die Angst, die Anspannung, alle belastenden Gefühle lösten sich in Wohlgefallen auf. Ich nahm den Hörer des Haustelefons. Frau Brodersen meldete sich.

„Frau Hundhausen, was kann ich für Sie tun?"

„Die Medikamente – machen – mich – fertig", sagte ich mit schleppender Stimme. „Ich – bin – so – müde – kann –

nicht – aufstehen."

„Ich komme zu Ihnen", sagte Frau Brodersen. Es klopfte an meiner Tür und dann stand sie neben meinem Bett. Ich schaute sie kurz an, doch dann fielen mir die Augen zu.

„Frau Hundhausen?"

„Will – schlafen", murmelte ich und hörte zufrieden, dass sie den Raum verließ. Wenig später klopfte es wieder an meiner Tür, diesmal lauter und bestimmter. Ich antwortete nicht. Die Tür öffnete sich und Schritte näherten sich meinem Bett.

„Frau Hundhausen?", fragte Dr. Riedmüller.

„Will – schlafen", murmelte ich ohne mich zu rühren und atmete tief. Ich hörte, dass der Psychiater die Medikamentenbox nahm. Da zwei Fächer leer waren, musste er denken, dass ich alle Tabletten geschluckt hatte.

„Wahrscheinlich ist die Medikation etwas zu hoch", sagte er. „Frau Brodersen, achten Sie darauf, dass sie heute Abend nur die Hälfte bekommt und berichten Sie mir, wie sie sich verhält. Wir lassen sie jetzt schlafen." Als die Zimmertür zuklappte, konnte ich endlich zufrieden grinsen. Geschafft! Hatte ich mir etwas vorgenommen? Ach, egal, das konnte warten. Aufatmend überließ ich mich dem wohligen Dunkel.

8 Etwas Kaltes, Nasses weckte mich.

„Lass das!", murmelte ich verschlafen.

„Du bist mir eine Ausbrecherin", hörte ich eine vertraute Stimme. „Geht's noch, Maria? Verpennt ihre eigene Flucht!" Ich schreckte hoch.

„Scheiße, habe ich verschlafen?" Andrea lachte.

„Fast, meine Liebe. Hast du schon gepackt?" Gepackt?

„Nein!" Mit einem Satz sprang ich aus dem Bett. Das Zimmer lag im Halbdunkel.

„Wie spät ist es?"

„Neunzehn Uhr. Wir gehen jetzt zum Abendessen. Danach kannst du packen. Claire und ich sind schon fertig!"

„Ich hätte heute einen Sondertermin bei meinem Therapeuten gehabt", erklärte ich Andrea, während wir die Treppe zum Speiseraum hinuntergingen. „Das hab ich mir nicht zugetraut und einfach eine von den kleinen Weißen genommen und dann hab ich wohl geschlafen."

„Gut, dass du deine Babysitter hast", bemerkte Andrea trokken. Im Wintergarten brannten die kleinen, orangefarbenen Tischlämpchen und tauchten den Raum in sanftes Licht. Die großen Bäume im Garten wirken wie Scherenschnitte gegen den blasslilafarbenen Abendhimmel. Auf dem Buffet gleich hinter der Tür häuften sich, wie immer, verführerische Speisen. Der Duft von mit Käse überbackenem Kartoffelgratin ließ mir das Wasser im Mund zusammenlaufen.

„Die erstklassige Rundumversorgung dieses Etablissements werde ich vermissen", raunte mir Andrea wehmütig zu. „Ab Morgen heißt es wieder: Brauchst du eine helfende Hand, dann schau an das Ende deines rechten Arms!" Ich musste lachen. Claire erwartete uns schon. Sie hatte Gratin auf ihrem Teller und winkte uns freudig zu.

„Nehmt so viel ihr kriegen könnt! Der Gratin schmeckt superlecker. Ich wette, Andrej hat Küchendienst!" Ich war beeindruckt. Sie war eine bessere Schauspielerin als ich. Ich lachte über Arnolds Späße, lauschte Lorenzos Klagen über geldgierige Musikagenten, versuchte, Klaus und Manuela aufzuheitern, denen es heute nicht gut ging, und freute mich mit Ingrid über die neue Wohnung, die sie gestern gefunden hatte. Selbst mit Hedwig gelang mir ein freundliches Gespräch.

„Heute sehe ich euch zum letzten Mal", dachte ich, „und ich möchte euch in guter Erinnerung behalten." Dann stellte ich zum letzten Mal meinen Teller in den Servierwagen und stieg die Treppe hoch in mein Zimmer. Die Schränke waren rasch geleert. Ich stopfte die Sachen einfach in meine Tasche. Aufräumen konnte ich zu Hause. Zu Hause! Wie wunderbar das klang! Ich hatte wieder ein Zuhause. Ich hatte wieder eine Partnerschaft. Als Andrea eintrat, war ich bereit.

„Ich bin fertig", sagte ich ruhig. „Wie sollen wir hier verschwinden? Spazieren wir vor den Augen der Nachtschwester einfach zur Haustür hinaus oder klettern wir bei Nacht und Nebel aus dem Fenster?"

„Das würde dir so passen!" Andrea lachte. „Ein spektakulärer Ausbruch aus der Hochsicherheitsklinik Söderborg! Wie wäre es, wenn wir die Bettlaken aneinanderknüpfen und uns abseilen? Nein, nein, wir gehen ganz normal zur Haustür hinaus."

„Was sagen wir der Nachtschwester?"

„Dass wir uns entschieden haben, die Klinik heute Abend zu verlassen. Komm, wir gehen zu den anderen und verabschieden uns." Wir stiegen die Treppen zum Aufenthaltsraum hinunter, wo Claire uns schon erwartete. Die anderen saßen vor dem Fernseher und schauten einen Film. Ich öffnete das Fenster und schaute hinaus aufs Meer. Leise plätscherten die Wellen an den Strand, eine Möwe kreischte, ein Fischerboot verließ tuckernd den Hafen. Der Leuchtturm malte seine Lichtfinger weit hinaus bis an den Horizont. Das Meer würde ich sehr vermissen.

„Schön, nicht wahr?", sagte Claire, die zu mir getreten war. Ich nickte.

„Das Meer ist groß", sagte ich. „Wir finden eine Stelle, die noch schöner ist." Sie lachte leise. Mein Handy keckerte. Eine SMS von Thomas: „Ich stehe unten. Ich freu mich auf dich!" Thomas war da! Plötzlich klopfte mir das Herz bis zum Hals und Angst kroch in meinen Magen.

Würden wir es schaffen?

Würde es mir gelingen, mich selbst um mein verlassenes Kind zu kümmern, statt Thomas damit zu belasten? Ich schaute Claire und Andrea an.

„Es ist so weit!", sagte ich. „Thomas wartet unten." Wir stellten uns neben den Fernseher und Andrea sagte ganz ruhig:

„Wir wollten uns von euch verabschieden. Wir verlassen die Klinik." Langsam wandten sich uns alle Blicke zu.

„Was sagst du da?", fragte Lorenzo.

„Wir gehen!", wiederholte Claire. „Dies ist nicht mehr der richtige Ort für uns." Ein paar Sekunden herrschte Schweigen. Dann sprachen alle durcheinander.

„Sei ihr völlig durchgedreht?"

„Das solltet ihr nicht überstürzen!"

„Ihr kriegt Ärger mit der Versicherung!"

„Das könnt ihr doch nicht machen!"

„Claire, bist du wahnsinnig?"

„Ihr seid doch viel zu krank."

„Schon wieder Maria!"

„Weiß das dein Therapeut?"

„Ihr könnt doch nicht einfach gehen!"

„Kommt", sagte Andrea, drehte sich um und zog Claire am Arm mit sich. Ich folgte den beiden. An der Tür drehte ich mich um. Ich sah in erschrockene Gesichter.

„Ich wünsch euch alles Gute! Lebt wohl!", sagte ich und lief die Treppen hinauf, den anderen hinterher. Zum letzten Mal schloss ich mein Zimmer auf, schaute in alle Schränke, unters Bett, in die Dusche. Ich hatte nichts vergessen. Mein Koffer stand gepackt hinter der Tür. Ich nahm ihn, hängte mir die Handtasche um den Hals und ließ den Schlüssel in der Zimmertür stecken.

„Wie in einem Hotel", dachte ich. „Und jetzt reise ich ab!" Ich wartete im Flur bis Andrea und Claire, beladen mit Koffern, Taschen und Müllsäcken, aus ihren Zimmern kamen. Plötzlich öffnete sich die Tür zum Treppenhaus und Manuela stand vor uns.

„Ich hab gedacht, ich helf euch tragen", sagte sie. „Ich werde euch vermissen!" Sie schnappte sich einige von Claires Müllsäcken und ging voraus. An der Rezeption blieben wir stehen. Die Nachtschwester saß im Pflegezimmer. Sie schaute uns erstaunt an und kam heraus an die Theke.

„Was gibt denn das?", fragte sie.

„Wir verlassen die Klinik", sagte Andrea.

„Wer verlässt die Klinik? Sie alle zusammen?"

„Ich bleibe hier", antwortete Manuela. „Die anderen gehen." Auf dem Hals der Nachtschwester bildeten sich rote Flecken.

„Haben Sie das mit Ihren Therapeuten besprochen?", fragte sie aufgeregt. „Sind die damit einverstanden? Warum hat mich niemand informiert?" Aufgeregt griff sie zum Telefon.

„Wir haben niemanden gefragt und das müssen wir auch

nicht", antwortete ich. „Wir sind freie Menschen und wir haben entschieden, dass wir die Klinik jetzt verlassen." Die Nachtschwester rang nach Worten.

„Aber, aber", stammelte sie, „das gab es noch nie! Und gleich drei! Wo wollen Sie denn hin? Bleiben Sie doch noch die Nacht und besprechen Sie Morgen alles in Ruhe. Ich bin sicher, wir werden eine Lösung finden."

„Auf Wiedersehen!", sagte Andrea und reichte ihr die Hand. „Und danke für alles."

„Danke!", sagte auch ich. „Ich habe mich von Ihnen sehr gut betreut gefühlt."

„Danke!", sagte Claire und umarmte die erstaunte Frau. „Es liegt nicht an Ihnen, dass wir gehen."

Die große Tür zur Klinik öffnete sich. Thomas stand da und schaute uns an. Mein Herz machte einen freudigen Sprung.

„Alles klar? Können wir fahren?" Dann nahm er wie selbstverständlich meine Tasche, gab mir einen Kuss auf die Lippen und zog mich an der Hand hinaus, raus aus der Klinik. Er lud das Gepäck in den Kofferraum unseres Wagens.

Ich blieb stehen und schaute zurück. Ich hatte hier sehr viel Hilfe erfahren, hatte Dinge über mich lernen dürfen, die mich zu einem anderen Menschen gemacht hatten. Dafür war ich außerordentlich dankbar. Gleichzeitig hatte ich erlebt, wie leicht das überlegene Wissen von Psychotherapeuten dazu eingesetzt werden konnte, Menschen zu manipulieren und abhängig zu machen. Thomas trat zu mir und legte den Arm um meine Schulter. Ich schmiegte mich an ihn.

„Komm", sagte er, „reiß dich los. Wir sollten hier verschwinden." Andrea wuchtete die letzte Tasche in ihr Auto, trat zu mir und umarmte mich zum Abschied.

„Wir bleiben in Kontakt", rief sie, drückte Claire und Manuela, setzte sich in ihr Auto und fuhr davon. Claire schaute ihr wehmütig nach.

„Ohne Andrea und dich hätte ich es nicht geschafft", sagte sie leise und krabbelt auf den Rücksitz. Thomas ließ den Motor an, legte den Gang ein und fuhr langsam los. Manuela stand auf dem Parkplatz und winkte uns hinterher. Die Straße machte eine letzte Biegung und dann lag das Städtchen hinter uns.

„Kannst du nochmal kurz anhalten?", bat ich. Ich ließ das Fenster herunter und atmete in vollen Zügen die Luft ein, die so gut nach Meer roch. Dann schloss ich das Fenster.

„Es ist gut", sagte ich, „du kannst weiterfahren."

9   Was bleibt noch zu berichten? Wir lieferten Claire bei ihrer Schwester ab und verbrachten die halbe Nacht damit, unsere Erlebnisse zu erzählen.

Am nächsten Morgen fuhren Thomas und ich nach Hause. Auf dem Küchentisch stand ein Blumenstrauß mit einem Kärtchen, auf dem mich meine Haushälterin herzlich willkommen hieß. Ich packte meine Tasche aus und füllte die Waschmaschine. Alles fühlte sich wunderbar normal an. Thomas und ich, wir gingen völlig anders miteinander um, vorsichtiger, rücksichtsvoller und liebevoller. Zuerst einmal fuhren wir drei Wochen in den Urlaub und in diesem Urlaub kamen wir uns wieder sehr nahe. Endlich konnten wir wieder miteinander reden, miteinander schmusen und miteinander schlafen. Von Trennung war keine Rede mehr.

Danach organisierten wir unseren Alltag um, so dass

genügend Zeit für unser Privatleben blieb. Die beruflichen Probleme ließen wir konsequent in der Firma.

Meine größte Angst erwies sich als unbegründet: Mein Mann erwartete gar nicht von mir, dass ich immer perfekt reagierte. Das sei ein Missverständnis, sagte er, denn natürlich mache auch er eine Menge Fehler.

Es wäre sicher schwieriger geworden, wenn Thomas nicht auch an sich gearbeitet hätte. Doch auch er hatte in der Therapie viel über sich erfahren und auch er hatte sich verändert.

Wir hörten völlig damit auf, den anderen für Triggerreaktionen verantwortlich zu machen, denn wir hatten verstanden, dass diese Gefühle nichts mit unserer Gegenwart zu tun hatten. Stattdessen kümmerte sich jeder um seine eigene Geschichte.

Dies bewirkte, dass die destruktiven Streitigkeiten, in denen wir uns vor der Krise verstrickt hatten, völlig aufhörten. Konflikte klärten wir stattdessen konstruktiv.

Wie wir das machten?

Im Gegensatz zu zwei traumatisierten Kindern können zwei erwachsene Menschen sehr wohl Kompromisse aushandeln.

Wie es mir mit meinem Trauma erging?

Einige Triggerreaktionen hatte ich wirklich aufgelöst. So gelang es mir, meine Versorgungswünsche selbst zu erfüllen. Auch die Angst vor Donner gab es nicht mehr. Mein verlassenes Kind brauchte eine Weile lang die Unterstützung einer Traumatherapeutin, die in meiner Stadt praktizierte.

Ob ich mich noch einmal bei der Klinik meldete?

Ja, das tat ich.

Ich bedankte mich für die hervorragende Arbeit meiner

Therapeutinnen und ließ Herrn Dr. Riedmüller ausrichten, es ginge mir trotz seiner Sitzungen gut.

Von einer Anzeige bei der Ärztekammer sah ich ab – zu viel Wirbel.

Andrea machte eine Woche Ferien mit ihrer kleinen Tochter. Danach stieg sie mit Volldampf wieder in ihr Geschäft ein. Statt der Seebrücke baut sie jetzt einen Hafen. Die Inspiration zu diesem Projekt fand sie in Söderborg.

Claire brauchte eine Weile, bis sie sich von den Belastungen der Klinik erholte, doch inzwischen ist sie wieder fit und kreiert herrlich verrückte Mode. Zu ihrer nächsten Show sind wir eingeladen!

Kommen Sie doch auch!

Sie finden die Termine im Internet!

Nachwort

Viele Leser kennen mich als Autorin von Fachbüchern. Nach meinem letzten Werk, einem umfassenden Lehrbuch, wuchs in mir der Wunsch, das Thema systemische Psychotherapie, insbesondere aber die destruktiven Auswirkungen von Kindheitstraumata auf Beziehungen, einmal ganz anders anzugehen.

Die Geschichte, die ich in diesem Roman erzähle, ist sowohl fiktiv als auch real. Dazu zitiere ich Henning Mankell: „Was ich schreibe, *könnte* so geschehen sein, wie ich es erzähle. Aber es ist nicht notwendigerweise so gewesen. Im vorliegenden Buch gibt es viele solcher gleitenden Übergänge zwischen dem, was wirklich geschehen ist, und dem, was denkbar wäre" (Der Feind im Schatten, S.589).

Sie werden Maria, Andrea und Claire also nie im Café oder auf der Straße treffen. Diese Frauen sind keine realen Menschen, sondern entstammen meiner Phantasie. Viele Bestandteile ihrer Geschichten habe ich im Internet recherchiert, anderes in Büchern gelesen, das meiste ausgedacht. Jede Ähnlichkeit mit lebenden Personen ist also zufällig.

Wenn sich trotzdem Leserinnen und Leser angesprochen fühlen, dann deshalb, weil die Themen dieses Buches viele Frauen und Männer berühren. Viele Paare gehen durch Krisen und nicht wenige bringen sich um den Lohn, weil sie zu früh aufgeben, den Weg nicht kennen oder den Preis nicht zahlen wollen, den die Beschäftigung mit dem eigenen Schatten kostet.

Das Städtchen Söderborg an der Ostsee und die Klinik sind ebenfalls sowohl fiktiv als auch real. Die Vorbilder für das Städtchen befinden sich in Skandinavien. Sie sind also real. Die Komposition der einzelnen Vorbilder zu einem Städtchen entstammt dagegen meiner Phantasie.

Die Klinik „Corpus et Anima" und die dort beschriebenen Therapeuten sind ebenfalls meine freie Erfindung. Und doch hat diese Klinik etwas mit der Realität zu tun: Immer noch werden Menschen mit Beziehungstraumata in vielen psychosomatischen Kliniken völlig falsch behandelt. Häufig geraten sie in Therapieprogramme für Suchtkranke, Burnout-Kranke oder Depressive, und diese Programme passen nicht für Traumaopfer.

Wenn das Trauma überhaupt diagnostiziert wird, arbeiten viele Therapeuten immer noch so, dass sie die traumatischen Erlebnisse aufdecken, ohne dass die Betroffenen Strategien lernen, um die dadurch geweckten Gefühle zu verarbeiten. In der Regel verschlimmert dieses Vorgehen den Zustand der Betroffenen, denn es kommt zu einer Überflutung mit belastendem Material und somit zu einer Retraumatisierung. Diese Verschlimmerung wird dann mit Psychopharmaka behandelt, womit der Patient in einen regelrechten Teufelskreis gerät: Die Gespräche verschlimmern sein Leiden; – er wird mit Psychopharmaka beruhigt, – wodurch er lernt, dass er seinen Gefühlen ohnmächtig ausgeliefert ist; – dadurch wird er immer abhängiger von seinen Therapeuten und den von ihnen verordneten Medikamenten, – die seine Situation durch die Gespräche und die Medikamente jedoch verschlimmern.

Wenn die Krankenkassen die Zahlungen nach drei Monaten einstellen, geht es dem Traumaopfer trotz intensiver therapeutischer und psychiatrischer Behandlung meist nicht besser sondern schlechter. Nicht nur in meiner Praxis sammeln sich solche Berichte.

Der Patient muss entweder Glück haben, dass sich ein Arzt oder Psychotherapeut mit dem Thema auskennt und die richtigen Werkzeuge vermittelt, oder er ergattert einen Platz in einer der Traumakliniken, in denen hervorragende Arbeit geleistet wird.

Ein Wort auch zur Craniosacraltherapie: Ich möchte keinesfalls den Eindruck erwecken, dass bei jeder Sitzung vergangene Traumata erinnert werden. Dies war notwendig für die Dramaturgie meiner Geschichte. Es kann jedoch geschehen und in einigen Ausbildungsinstituten wird auch darauf eingegangen.

Dass Therapeuten sexuelle Beziehungen zu ihren Patientinnen eingehen oder eingehen wollen, passiert leider gar nicht so selten. Patienten sind abhängig von ihren Therapeuten. Therapeuten, die dies sexuell ausnützen, machen sich strafbar. Nur wenige dieser Fälle werden jedoch angezeigt. Die betroffenen Frauen, die mir bekannt sind, sagten übereinstimmend, der Therapeut sei der erste Mann, der nett zu ihnen gewesen wäre, und schützten ihn. Es bleibt zu hoffen, dass sich die Sensibilität gegenüber dieser Form des sexuellen Missbrauchs erhöht.

Wo ich mich in diesem Roman befinde?

In jedem Wort. Schließlich habe ich ihn geschrieben. Trotzdem ist der Roman keine Autobiographie. Aspekte von mir finden Sie in Marias Therapeutinnen und natürlich in jeder der drei Frauen. Hätte ich sie sonst erschaffen können?

Ich möchte allerdings nicht den Eindruck erwecken, ich könnte Traumata in der von mir im Buch beschriebenen Weise schnell und schmerzlos in meiner Praxis heilen. Dies Buch ist ein Roman und kein Therapieprotokoll! Traumatherapie gleicht dem Entschärfen von Sprengsätzen. Wenn die Bombe gefunden ist, braucht es Zeit, um ihr die Sprengkraft zu nehmen.

Auch dieses Buch konnte nur entstehen, weil mir viele Menschen geholfen haben.

In erster Linie bedanke ich mich bei meinem Mann. Du bist mir nicht nur ein wunderbarer Partner, einfühlsamer Freund und inspirierter Kollege: du hast mir nie gestattet, weniger als mein Bestes zu geben und zu leben. Ohne dich hätte ich die wichtigsten Entwicklungen nicht gemacht, stünde ich nicht dort, wo ich heute stehe. Ohne dich wüsste ich nicht, was Liebe wirklich bedeutet.

Dann bedanke ich mich bei meinem Sohn Marian, intelligent, warmherzig, unbequem und integer. Ich bedanke mich bei dir, weil du mich oft an meine Grenzen gebracht und mich damit gezwungen hast, neue Wege auszuprobieren, um dir gerecht zu werden.

Susanne Schefczyk, danke dafür, dass du das Manuskript so einfühlsam korrigiert hast.

Ich bedanke mich bei Susanne Fabig. Sie gaben mir entscheidende Hinweise.

Dagmar Fischer und Sabine Hettlich, ich danke euch. Wenn ich euch nicht kennengelernt hätte, hätten diesem Buch entscheidende Aspekte gefehlt.